Trackbook Nord-Ost

Der Nordosten Deutschlands ist eine der am dünnsten besiedelten Regionen Europas, selbst Flächenländer wie Spanien oder Frankreich haben deutlich mehr Einwohner pro Quadratkilometer. Von den Kreidefelsen auf Rügen zu den kilometerlangen Sandstränden der Ostseeküste, über jahrhundertealte Wälder und ausgedehnte Seen im Müritz-Gebiet, bis zu den weiten Heideflächen der Lausitz: Hier ist viel Raum zum Entdecken. Und ab und an kommt in diesem Gebiet, das größer ist als das isländische Hochland, sogar ein Gefühl von Wildnis auf.

Eine Trackbook-Tour durch den „wilden" Nordosten ist aber auch eine Reise durch tausende Jahre Geschichte – von der Steinzeit bis zu den wechselhaften Ereignissen der neuen deutschen Vergangenheit im letzten Jahrhundert und den aktuellen Entwicklungen, die einen Blick in die Zukunft ermöglichen.
Am besten erfährt man diese Vielfalt auf einer Trackbook-Tour auf den unzähligen Nebenstrecken, weit abseits der Hauptverkehrsadern und Touristenattraktionen. Der Nordosten bietet mit alten Handelswegen, schmalen Ortsverbindungsstraßen, malerischen Kopfsteinpflasteralleen, aufgelassenen Bahnstrecken, rustikalen Sandpisten und historischen Überlandstrecken die ideale Basis für Entdecker im „slow travel" Modus.
Mit einer guten Portion Neugier und etwas Abenteuergeist offenbaren sich sowohl 4000 Jahre alte Großsteingräber, wunderschöne Badestellen, beinahe vergessene Prachtbauten aus dem Mittelalter, romantische Ortschaften, aber auch Zeugnisse des Größenwahns der NS-Zeit und die Widersprüche der DDR.

Das Trackbook soll ausdrücklich kein weiterer Reiseführer sein und enthält deshalb nur wenige Informationen zu Kultur, Geschichte, Restaurants oder Unterkünften. Es ist als zusätzliche Informationsquelle für Erkundungstouren auf den abenteuerlichsten Strecken der Region gedacht.
Und jetzt: Kurs Nord-Ost! Wir wünschen Euch eine erlebnisreiche Reise und wunderschöne Zeit beim Erkunden dieser Region.

Melina und Matthias

Inhalt

Inhalt

Routenübersicht

Routenübersicht

Routenübersicht

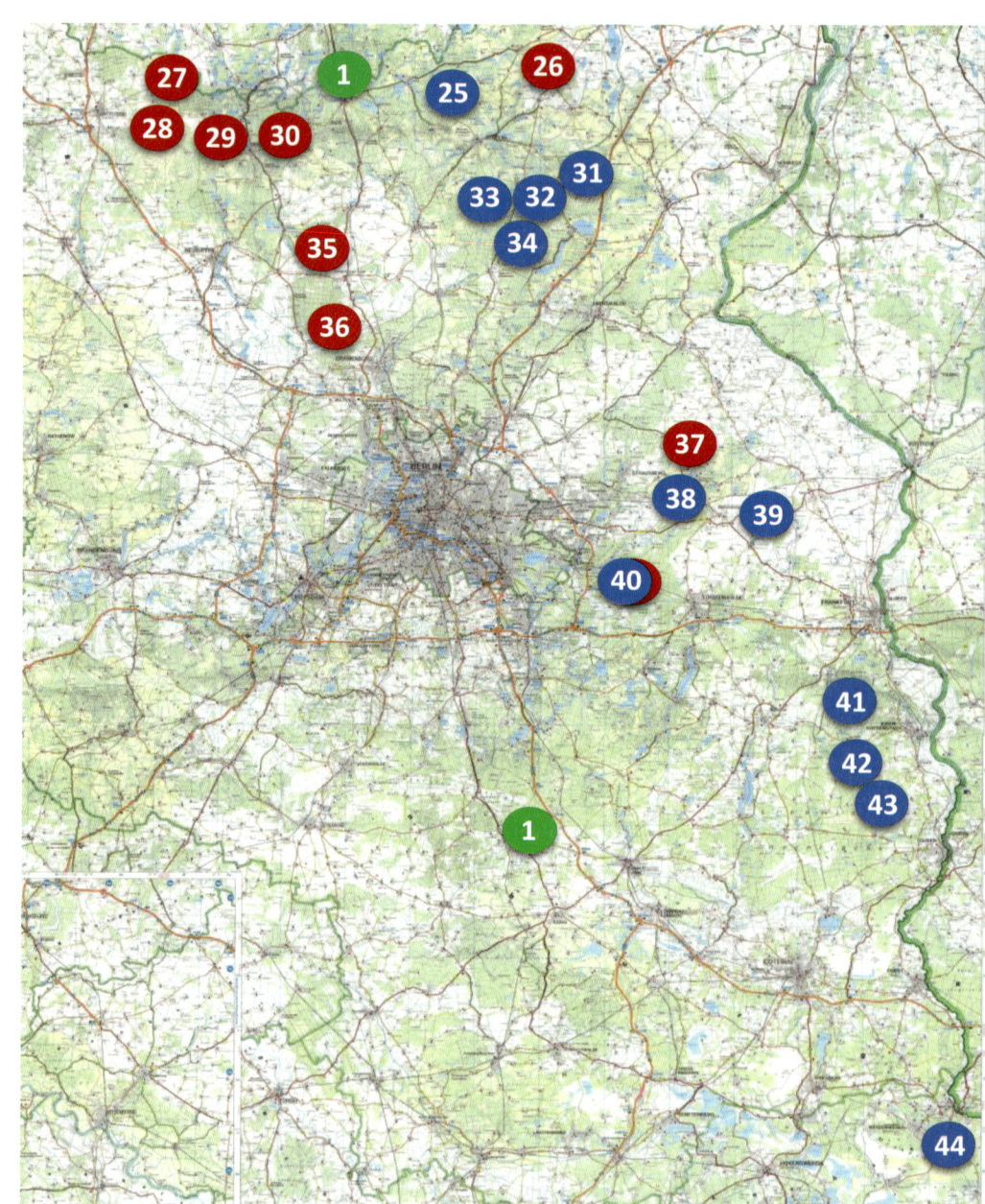

Unsere Streckenauswahl

In der Weite des Nordostens finden sich noch abwechslungsreiche und ursprüngliche Tracks, die man nicht unbedingt in einer dichtbesiedelten und hochentwickelten Industrienation wie Deutschland erwarten würde.

Da mit Landkarten oder auch digitalen Tools nur schwer herauszufinden ist, welche der Strecken lohnend und legal befahrbar sind, haben wir in diesem Trackbook eine Auswahl von Abenteuer- und Erlebnistracks zusammengestellt, die den Facettenreichtum des Nordostens in seiner Vielfalt erfahrbar machen. Auch haben wir die beschrieben Tracks in ihrer Schwierigkeit kategorisiert, um Euch die Entscheidung zu einer Befahrung mit Eurem Fahrzeugtyp zu erleichtern. Mit den ausgewählten Tracks wollen wir Euch tatsächlich verführen in die jeweiligen Regionen einzutauchen – bitte nutzt diese Anregungen, um auch selbst noch die ein oder andere Strecke zu erkunden und für Euch die Vielfalt dieser Region zu entdecken.

Wir haben darauf geachtet, dass es nicht nur staubt oder holpert, sondern haben Tracks ausgewählt, die zu landschaftlich oder kulturell lohnenden Zielen führen. Neben den beschriebenen Tracks gibt es noch eine Vielzahl weiterer Strecken. Diese enden jedoch allzu oft in Sackgassen oder an Verbotsschildern.

Unsere Streckenauswahl

Bei der Auswahl der beschriebenen Tracks haben wir versucht nur Strecken aufzunehmen, die auch legal befahrbar sind. Reine Wald- und Feldwege dürfen - unabhängig vom Fahrbahnbelag - nur von Forst- und Landwirtschaft befahren werden. Dazu ist vor Ort keine gesonderte Ausschilderung nötig. Wege von überörtlicher Bedeutung oder anderer Nutzung können jedoch befahren werden. Vor Ort ist es dann jedoch schwierig zu beurteilen, um welche Kategorie es sich handelt und es kann im Zweifel zu unterschiedlicher Auslegung kommen. Strecken, bei denen es uns so schien, als wäre dort Fahrzeugverkehr fehl am Platze oder unerwünscht, haben wir nicht mit aufgenommen Bitte nutzt vor Ort Euren gesunden Menschenverstand – es kann zwischenzeitlich auch schon zu neuen Sperrungen gekommen oder eine Befahrung im Moment einfach unpassend sein.

Obwohl das Befahren der Tracks für die Einheimischen oft noch zum Alltag gehört, ist Rücksicht und Mitdenken notwendig, um diese auch zukünftig für die Allgemeinheit offenzuhalten. Durch Raserei im Trophystil und anderes rücksichtsloses Verhalten ist es nur eine Frage der Zeit, bis die Möglichkeiten Deutschland auf Backroads zu erkunden weiter eingeschränkt werden.

Wir haben für Euch ein paar Verhaltenstipps auf der nächsten Seite zusammengefasst.

Der Trackbook-Knigge

Wer die Welt individuell Erkunden und abenteuerlich Entdecken möchte, denkt wahrscheinlich nicht als erstes an Deutschlands Nordosten. Die ausgewählten Tracks sind keine Ersterkundungen, sondern unsere Routen führen zum Teil auf über jahrhunderte alten historischen Verbindungsstrecken durchs Land.

Bei der Fahrt durch diese wenig besiedelte Region gehört die Nutzung ungeteerter Strecken hier noch zum Alltag.

Wir haben ein paar Tipps zusammengestellt, die uns allen helfen können, damit das auch in Zukunft noch möglich ist.

- Bleibe immer auf den Strecken - achte Privatgrundstücke.
- Nimm Rücksicht auf Wanderer, Radfahrer, Reiter und Anwohner. Passiere sie langsam, staubarm und mit Abstand.
- Sei tolerant – es gibt verschiedenste Reisearten und Schwerpunkte beim Erkunden.
- Respektiere die Einheimischen, freundliches Grüßen hilft.
- Fahre nicht auf gesperrten Strecken.
- Hinterlasse keinen Müll.
- Unbedingt die Einschränkungen und Verbote zum Feuermachen beachten. Waldbrände sind ein großes Problem und bei diesem Thema versteht niemand Spaß.
- Freies Campen ist verboten.
- Sei freundlich und hilfsbereit zu anderen, sich gegenseitig zu unterstützen macht das Leben leichter.
- Im Zweifelsfall – dreh lieber um!

Badestellen

Bei unserer Recherche haben wir in der Nähe folgender Tracks Bademöglichkeiten und offizielle Badestellen gefunden. Bitte beachtet stets die Hinweise vor Ort zu Badeerlaubnis oder eventuellen Einschränkungen:

- **Track 2**   Wittower Fähre
- **Track 13** Peenetal
- **Track 14** Schloss Badow
- **Track 18** Treptow See
- **Track 19** Bobziner Schleuse
- **Track 20** Hallalit
- **Track 24** Kleiner Mann was nun
- **Track 25** Himmelpfort

- **Track 29** Zechliner Hütte
- **Track 31** Angie
- **Track 35** Schloss Meseberg
- **Track 36** Neuendorfer Weg
- **Track 37** Märkische Schweiz
- **Track 39** Behlendorf
- **Track 44** Mužakowska hola

Viel Spaß beim Baden!

Unterwegs im Nordosten

Bäume springen fast nie zur Seite.

Der gesamte Nordosten Deutschlands ist mittlerweile von einem gut ausgebauten Netz von Landstraßen und Autobahnen erschlossen. Sobald man jedoch die großen Überlandstrecken verlässt, ist Entschleunigung angesagt. Der Verkehr lässt deutlich nach, der Straßenbelag wird rauer, Tank- und Einkaufsmöglichkeiten werden rarer.

Wir empfehlen jedoch, statt immer nur in den Ketten einzukaufen, bei sich bietender Gelegenheit die kleinen, regionalen Einkaufsläden, Metzgereien, Fischräuchereien, Obst und Gemüsestände zu besuchen – hier gibt es manch leckere Überraschung.

Für Pausen bieten sich auf manchen Tracks sehr gemütliche Gasthöfe an – wir haben einige in den Beschreibungen aufgeführt.

Besonders in der Dämmerung ist mit Tieren auf der Fahrbahn zu rechnen.

Der Förster im Wald erspart die Säge im Kofferraum.

Fahrzeuge

Personenwagen

Autos, die nicht gebaut wurden, um befestigte Straßen zu verlassen, egal ob mit zwei oder vier angetriebenen Rädern. Bodenfreiheit mindestens 10 cm.
Beispiele: VW Golf, Toyota Prius, Mercedes S Klasse.

- Können einen Teil der blauen Strecken ganzjährig befahren, müssen umsichtig bewegt werden, um Schäden zu vermeiden.
- Können einen Teil der roten Strecken bei Trockenheit mit guter Fahrspurwahl und etwas Einsatzbereitschaft befahren.

Liebe Käfer- und Trabbifahrer – selbstverständlich könnt Ihr Euch wegen der größeren Bodenfreiheit auch etwas mutiger an den roten Tracks versuchen.

Vans

Robuste Fahrzeuge mit 2WD, für kommerziellen Einsatz gebaut, mind. 15 cm Bodenfreiheit. Beispiele: VW Bus, Ford Transit, Fiat Ducato.
Ca. max. Maße H x B x L: 230 x 200 x 550.
In diese Kategorie fallen auch SUV mit 2WD.

- Keine Probleme beim vorsichtigen Befahren der blauen Strecken.
- Können die blauen Strecken ganzjährig befahren.
- Können die roten Strecken bei Trockenheit mit Vorsicht und bei Nässe mit Abenteuergeist und etwas Geschick befahren.

Fahrzeuge

SUV

4x4-Fahrzeug mit leicht erhöhter Bodenfreiheit, keine Untersetzung, von uns vorausgesetzte Bodenfreiheit mind. 15 cm.
Beispiele: VW Tiguan, Hyundai Santa Fe, Toyota RAV, Dacia Duster

- Haben keine Probleme auf **blauen Strecken.**
- Können ganzjährig die **roten Strecken** fahren. Vorsichtige Fahrweise und gute Fahrspurwahl vorausgesetzt, um Schäden an Reifen und Unterboden zu vermeiden.

Geländewagen

4x4-Fahrzeuge, die für den off-road Einsatz konstruiert wurden. Mit kurzem ersten Gang oder Untersetzungsgetriebe, einfachem Motor- und Getriebeschutz, robuste Reifen, einer Wattiefe von mindestens 50 cm und einer Bodenfreiheit von mehr als 20 cm.
Beispiele: Land Rover Discovery, Toyota LandCruiser, VW Touareg, sowie präparierte 4WD-Transporter

- Können mit Leichtigkeit und mit entspanntem Genuss auf den Tracks im Nordosten entlang cruisen.
- Für das echte Abenteuer sofort Kurs Nord-Ost einschlagen, wenn heftiger Schneefall oder Dauerregen angesagt ist.

Lastwagen / Expeditionsmobile

Nicht die Geländetauglichkeit, sondern die Größe und das Gewicht von LKW reduziert den Bewegungsspielraum auf den Tracks. Wir haben bei der Trackaufzeichnung darauf geachtet, welche Einschränkungen bestehen. 2WD-LKW sollten Naturbelagstrecken bei Nässe meiden.

Wohnmobile

Lieferwagenplattform mit großem Camperaufbau. Lange Überhänge, geringe Bodenfreiheit.
Beispiele: Hymer Mobile, Wohnmobile auf Fiat Ducato, VW Crafter etc. Basis.

- Können vorsichtig manche der **blauen Strecken** **versuchen**. Die Wohneinbauten sind jedoch nicht für die höheren Belastungen ausgelegt. Wegen der Größe kann es zu Kratzern auf engen Tracks kommen.

Untergründe

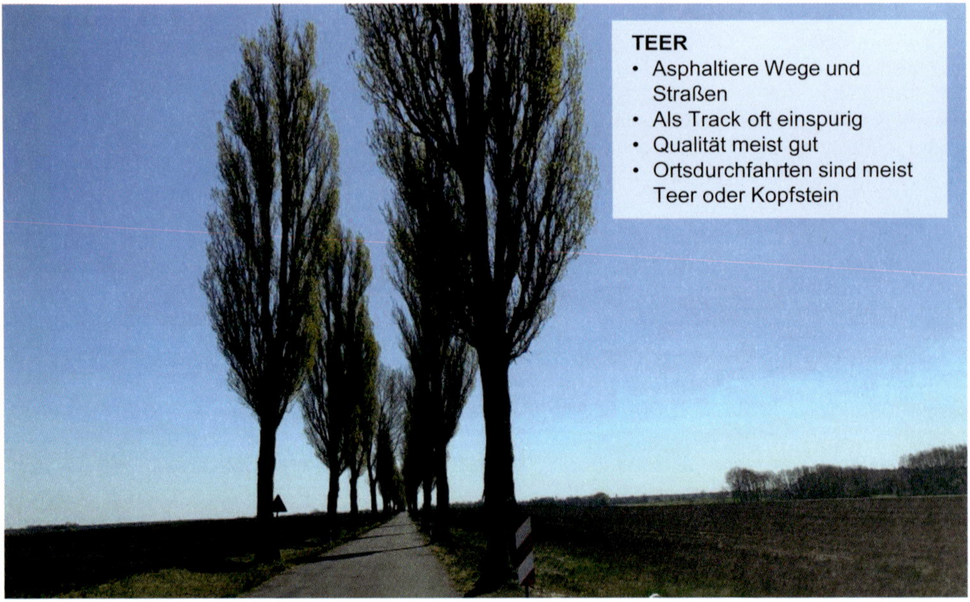

TEER
- Asphaltiere Wege und Straßen
- Als Track oft einspurig
- Qualität meist gut
- Ortsdurchfahrten sind meist Teer oder Kopfstein

KOPFSTEIN
- Meist historische Straßen
- Oft nur ein Fuhrwerk breit
- Können tief ausgefahren sein (Aufsetzen möglich)
- Alles was klappern kann, wird klappern

Untergründe

BETONSPUR
- Auch Kolonnenweg genannt
- Meist nur zwei betonierte Spuren, in Ausnahmefällen auch vollflächig betoniert
- Teilweise auch „klassisch" aus original Kolonnenweg-Beton-Fertigteilen

SCHOTTER
- Befestigter Weg mit mehr oder weniger ausgeprägter Steinauflage
- Starke Staubentwicklung bei Trockenheit
- Oft ist es schwer zu entscheiden, ist es Schotter oder schon Sand
- Aus unserer Sicht auch nach längeren Regenfällen noch gut und problemlos mit Zweiradantrieb (2WD) befahrbar

Untergründe

SAND
- Ein großer Teil der Tracks verläuft auf sandigem Untergrund, teilweise auf jahrhundertealten Trassen.
- Sandtracks können, wie hier abgebildet, nur aus zwei Fahrspuren mit relativ hartem Sand bestehen, jedoch auch aus einer breiten schon fast pistenhaften Sandtrasse mit weicherem Sand (siehe Bild Track 5).
- Oft sind auf den Sandstrecken tiefe Mulden ausgefahren, die sich bei Regen in lange und recht tiefe Pfützen verwandeln.

NATURBELAG
- Tracks mit nur wenig Unterbau auf unterschiedlichen Untergründen.
- Bei Nässe rutschig, mit sehr tiefen Pfützen. In den entstehenden Schlammpassagen kann Allradantrieb und Bodenfreiheit sehr hilfreich sein.
- Es sind oft breite und relativ häufig befahrene Wege, aber manchmal auch nur Fahrspuren mit Grünstreifen dazwischen. Besonders diese sehr schmalen Wege bergen ein hohes Abrutschrisiko von der Strecke und sollten bei Nässe nur nach Besichtigung der kritischen Passagen und sehr vorsichtig befahren werden.

Vorbereitung

Reifen

Niederquerschnittsreifen (niedrige Seitenwand) sind nur sehr eingeschränkt für die Befahrung der Tracks geeignet. Beim Durchschlagen in Schlaglöchern oder durch Steine kann es Löcher geben oder sogar die Felge beschädigt werden. Generell ist ein vollwertiges Ersatzrad sehr empfehlenswert.

Da die meisten Tracks recht grobe Oberflächen haben, lohnt es sich, den Luftdruck leicht zu senken, sodass eine kleine Wölbung in der Flanke zu sehen ist. Der Reifen kann so mehr der kleinen Stöße aufnehmen und filtern. Dies schützt zum einen den Reifen selbst, zum anderen schont es Fahrzeug und Insassen.

Einige der Tracks weisen für Nichtgeländewagen recht tief ausgefahrene Fahrspuren auf. Diese Passagen lassen sich meist durch versetztes Fahren außerhalb der Hauptspur langsam passieren. Auch Bodenwellen können bei zu viel Impuls zu teuren Aufsetzern führen. Neben vorausschauender Fahrweise, kann für PKW, Vans und SUVs zumindest der Schutz der Ölwanne für das Befahren der Tracks eine Überlegung wert und im Falle eines Falles auch die günstigere Option sein.

Schwierigkeitsstufen

Die beschriebenen Tracks verlaufen oft auf unbefestigten, nicht staubfreien Wegen. Bei Trockenheit, mit etwas Fahrkönnen und Vorsicht, sind alle Strecken sehr wahrscheinlich auch mit PKW mit normaler Bodenfreiheit machbar. Der Schwierigkeitsgrad liegt deutlich unter dem unserer anderen Trackbooks, wir haben deshalb die Definition der Schwierigkeitsgrade angepasst. Der größte Teil der Tracks wurde mit einem serienmäßigen VW California 4motion abgefahren – an einigen Stellen war etwas Augenmaß nötig.

Wer es gerne etwas anspruchsvoller möchte, sollte die Strecken im Winter oder nach langen Regenperioden befahren. Allradantrieb kann dann durchaus beruhigend sein.

Wir lehnen jede Verantwortung für Schäden oder Verletzungen oder juristische Konsequenzen ab, die evtl. im Zusammenhang mit der Nutzung dieses Trackbooks entstehen.
Bitte nutze deinen gesunden Menschenverstand!

 Präparierte und teilweise befestigte Wege mit einzelnen einfachen Sand- und Schotterpassagen. Auch mit 2WD-PKW meist ganzjährig befahrbar.

 Wege mit unpräparierten Naturpassagen, weicheren Sandabschnitten und tiefen Fahrspuren. Mind. 15 cm Bodenfreiheit sinnvoll Bei Nässe und im Winter teilweise 4WD empfehlenswert.

Schwierigkeitsgrade

Straße
- **1** Route 96

Leicht
- **2** Wittower Fähre
- **3** Starkow
- **4** Weg der Kreide
- **11** Klostermühle
- **12** Hagensruhm
- **14** Schloss Badow
- **19** Bobziner Schleuse
- **20** Hallalit
- **25** Himmelpfort
- **31** Angie
- **32** Carinhall
- **33** Buran
- **34** Schorfheide
- **38** Hoppegarten
- **39** Behlendorf
- **40** Straße der Befreiung
- **41** Siehdichum
- **42** Wasserscheide
- **43** Lieberoser Heide
- **44** Mužakowska hola

Mittel
- **5** Schmacht
- **6** Starkow
- **7** Am Wald
- **8** Tour der Steine
- **9** Kühlung
- **10** Leonorenwald
- **13** Peenetal
- **15** Frachtweg
- **16** Alter Postweg
- **17** Heuweg
- **18** Treptow See
- **21** Zollhaus
- **22** Elbtaldüne
- **23** N.P. Müritz
- **24** Kleiner Mann was nun?
- **26** Prenzlauer Berg
- **27** Es fährt kein Zug...
- **28** Bombodrom
- **29** Zechliner Hütte
- **30** KKW
- **35** Schloss Meseberg
- **36** Neuendorfer Weg
- **37** Märkische Schweiz
- **40** Straße der Befreiung

Trackbook lesen leicht gemacht

Das Trackbook ist wie ein klassisches Roadbook aufgebaut. Das bedeutet, dass wichtige Positionen einer Strecke durch Piktogramme dargestellt werden. Diese zeigen, woher Du kommst, was auf Dich zukommt und wohin Du fahren sollst. Falls es für eine Kreuzung kein Symbol gibt: Einfach intuitiv der Hauptstrecke folgen. Wir erklären an einem Beispiel wie die Symbole zu lesen sind:

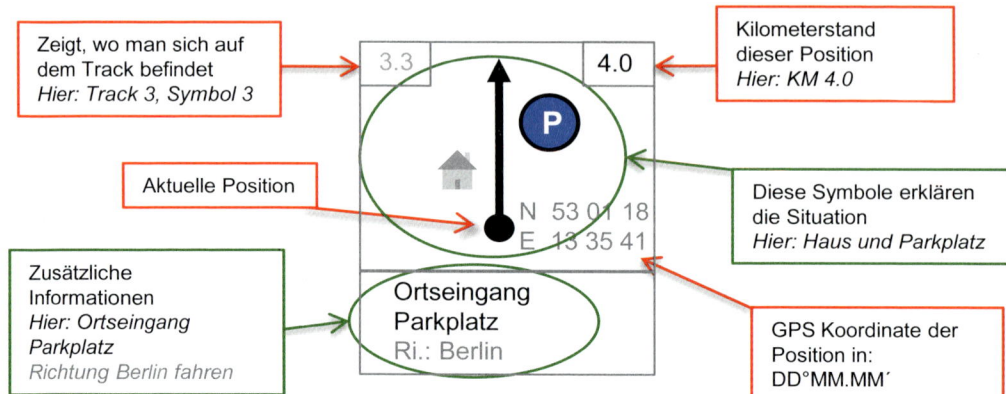

Zeigt, wo man sich auf dem Track befindet
Hier: Track 3, Symbol 3

Kilometerstand dieser Position
Hier: KM 4.0

Aktuelle Position

Diese Symbole erklären die Situation
Hier: Haus und Parkplatz

Zusätzliche Informationen
Hier: Ortseingang Parkplatz
Richtung Berlin fahren

GPS Koordinate der Position in:
DD°MM.MM′

N 53 01 18
E 13 35 41

Ortseingang
Parkplatz
Ri.: Berlin

Besondere Symbole und ihre Bedeutung

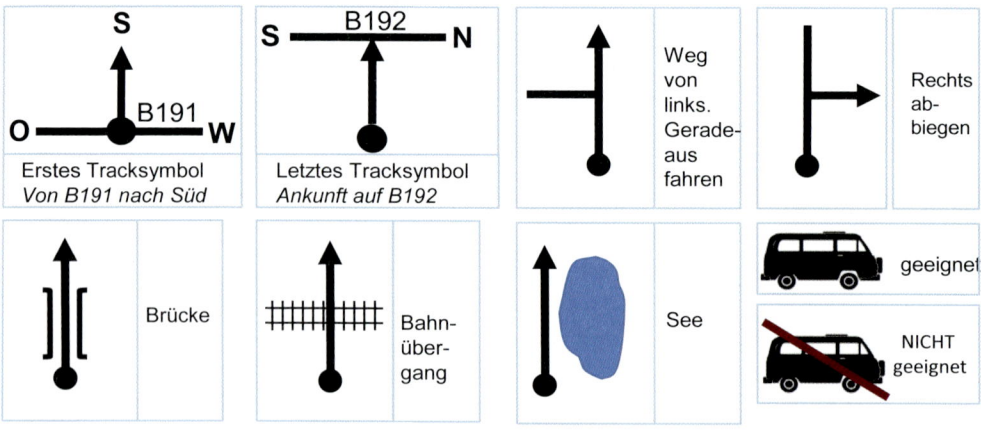

Erstes Tracksymbol
Von B191 nach Süd

Letztes Tracksymbol
Ankunft auf B192

Weg von links. Geradeaus fahren

Rechts abbiegen

Brücke

Bahnübergang

See

geeignet

NICHT geeignet

22.0 / 0.0 — KM-Zähler auf 0.0 stellen

Wir sind alle Tracks abgefahren und die Kilometerangaben wurden mit einem GPS-Gerät aufgezeichnet, Fahrzeugkilometerzähler können hiervon abweichen. Obwohl ein GPS-Gerät sehr genau misst, kann es z. B. im Wald zu Abweichungen kommen. Deshalb bitte sowohl Eure Tachoabweichung als auch mögliche Messungenauigkeiten des GPS im Auge behalten und mitdenken. Kilometrierung und Koordinaten können leicht abweichen.
Bei größeren Abweichungen haben wir wahrscheinlich einen Fehler gemacht und freuen uns, wenn Ihr uns diesen durchgebt.

Los geht´s

Route 96

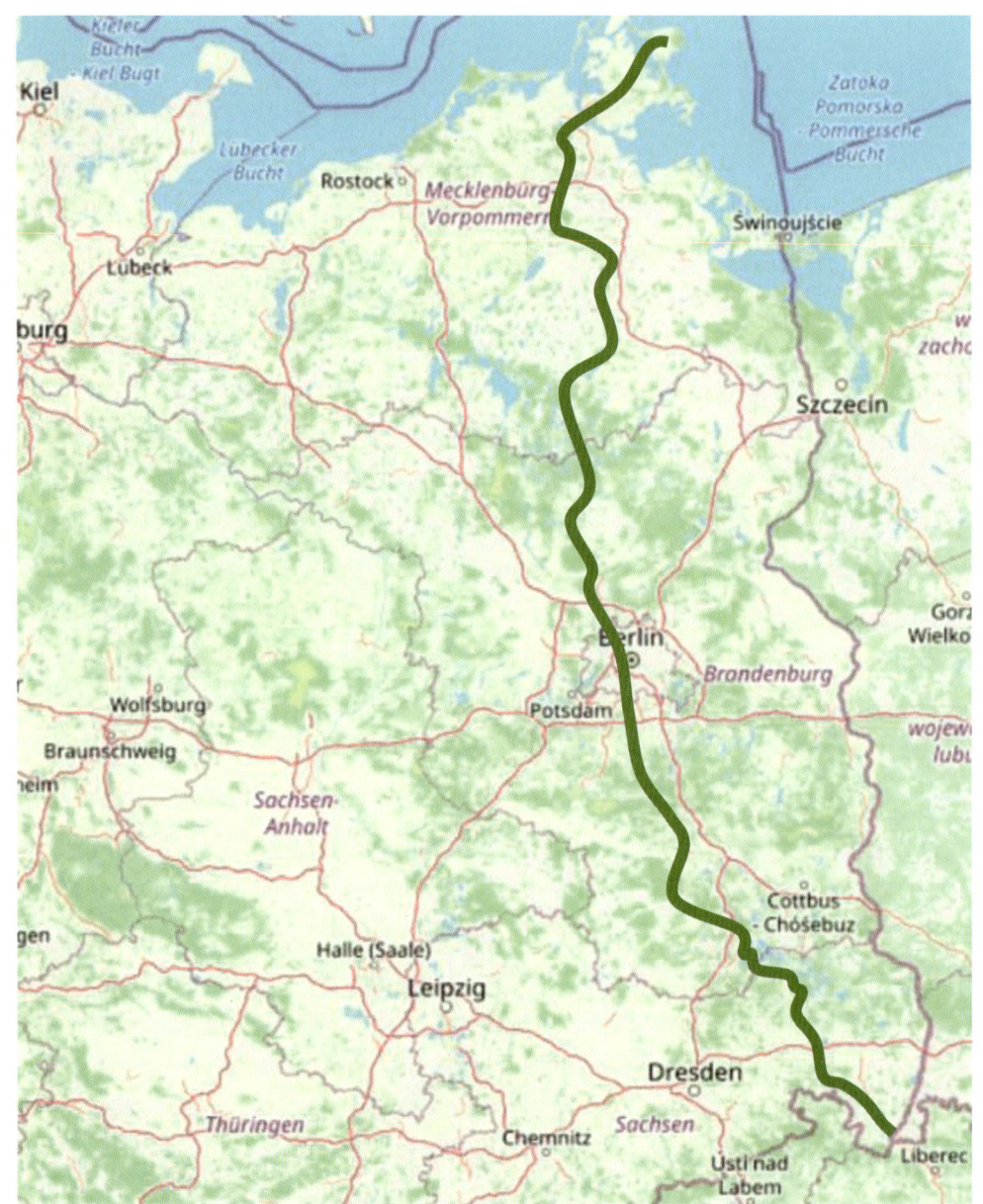

Karte: Daten von OpenStreetMap,
Veröffentlicht unter ODbL

Route 96

Orientierung: 1
Länge: 520 km
Dauer: 1- 7 Tage

Die F96 (heute B96) war mit über 500 km von Zittau an der tschechischen Grenze bis hinauf nach Rügen nicht nur die längste Fernstraße der DDR, sondern wird - als Verbindung von Sehnsuchtsorten - auch als die Route 66 des Ostens bezeichnet.

Ihre Ursprünge gehen in die 1830er Jahre zurück, als für den regulären Postverkehr begonnen wurde, befestigte Chausseen zwischen den Städten des Kaiserreiches anzulegen. In der Weimarer Republik wurden die einzelnen Streckenstücke endgültig zur Fernverkehrsstraße 96 zusammengefügt. Ob als R96 im Deutschen Reich, F96 in der DDR oder B96 im wiedervereinigten Deutschland - die Route 96 ist eine Erlebnisroute deutscher Geschichte, facettenreicher Kultur und der Vielfalt der Landschaften.
Natürlich wurde die Trasse über die Jahrzehnte immer wieder an die Verkehrssituation, aber auch an politische Bedarfe angepasst. Viele Teilstücke der ursprünglichen Trassenführung sind jedoch noch vorhanden und befahrbar.

Auf Wikipedia gibt es über den Verlauf und die Varianten detailliert Auskunft (https://de.wikipedia.org/wiki/Bundesstraße_96), und so steht einem ausgedehnten Roadtrip mit Ostalgie und tiefem Eintauchen in die deutsche Vergangenheit nichts mehr im Weg.

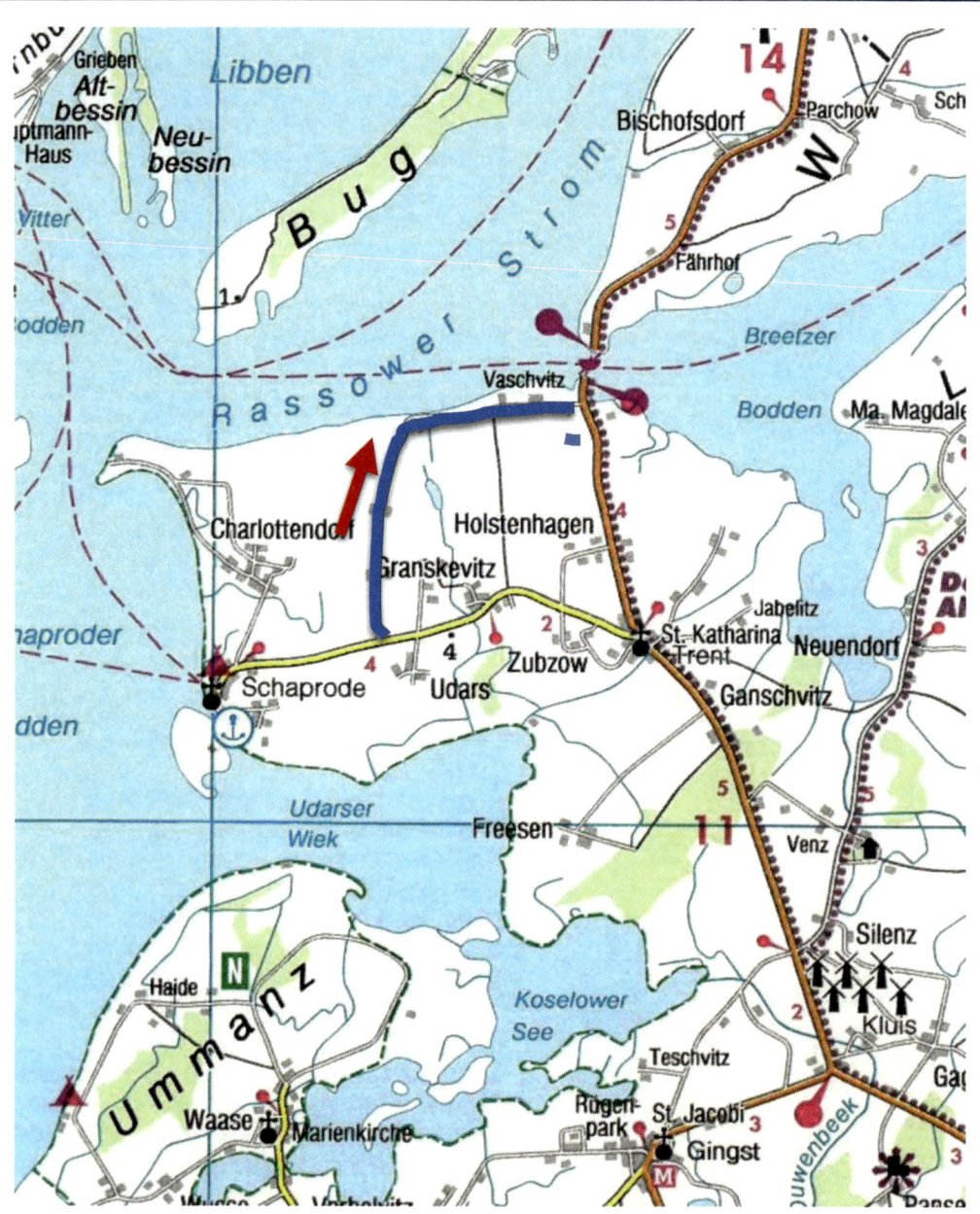

Wittower Fähre

![Orientierung: 1 / Länge: 6,1 km / Dauer: 15 min]

Schon seit dem Mittelalter ist die Überquerung der Meeresenge bei Wittow eine zeitsparende Abkürzung in den Norden von Rügen. Die kurze Fährüberfahrt kann auch heute noch perfekt in eine Insel-Umrundung eingebaut werden.

1886 wurde nicht nur die erste richtige Fähre, sondern auch gleich eine Bahnlinie hinauf in den Norden in Betrieb genommen. Eigentlich war unsere Idee bei diesem Track dem Verlauf der schon seit Jahrzehnten stillgelegten Bahnstrecke zu folgen, jedoch ist dieser nur noch in Fragmenten überhaupt erkennbar. Deshalb erschließt dieser Track - inklusive einer reizvollen Naturbelagspassage - jetzt ein vom Tourismus weitgehend unbeachtetes Stück Küste mit einer Badeoption und endet an der Zufahrt zur Fähre.

Das originale Fährschiff wurde erst 1995 nach fast 100 Jahren außer Dienst gestellt und wartet jetzt bei dem Förderverein der Rügenschen Kleinbahnen auf seine Restaurierung.

2.1	0,0

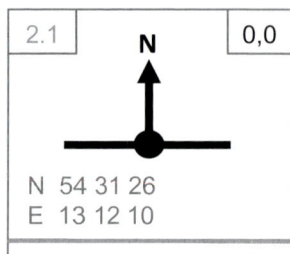

N 54 31 26
E 13 12 10

Richtung: Neuholstein
TEER

2.2	0,9

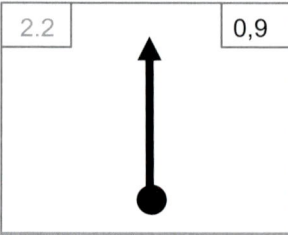

In Ort Neuholstein

2.3	1,9

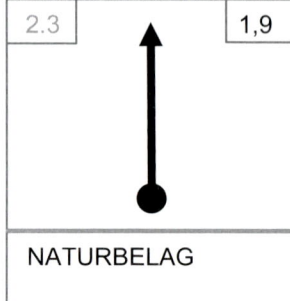

NATURBELAG

2.4	3,2

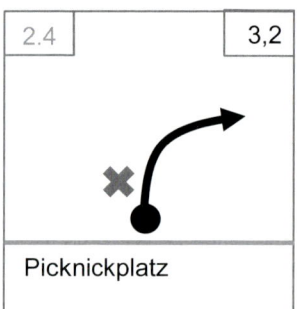

Picknickplatz

2.5	3,4

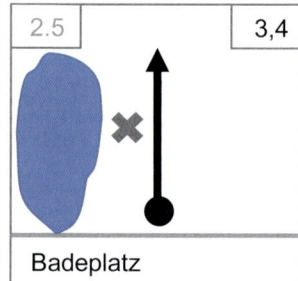

Badeplatz
BETON

2.6	4,0

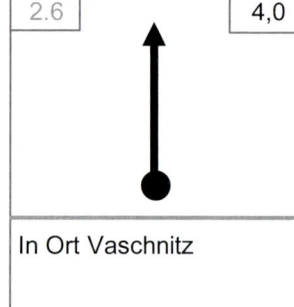

In Ort Vaschnitz

2.7	4,2

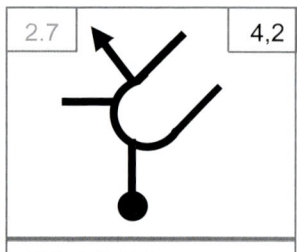

PFLASTER
Hauptstraße folgen

2.8	6,1

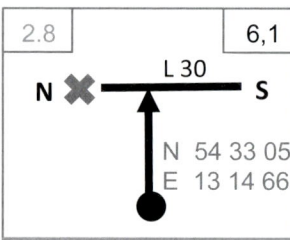

N 54 33 05
E 13 14 66

Links: zur Fähre

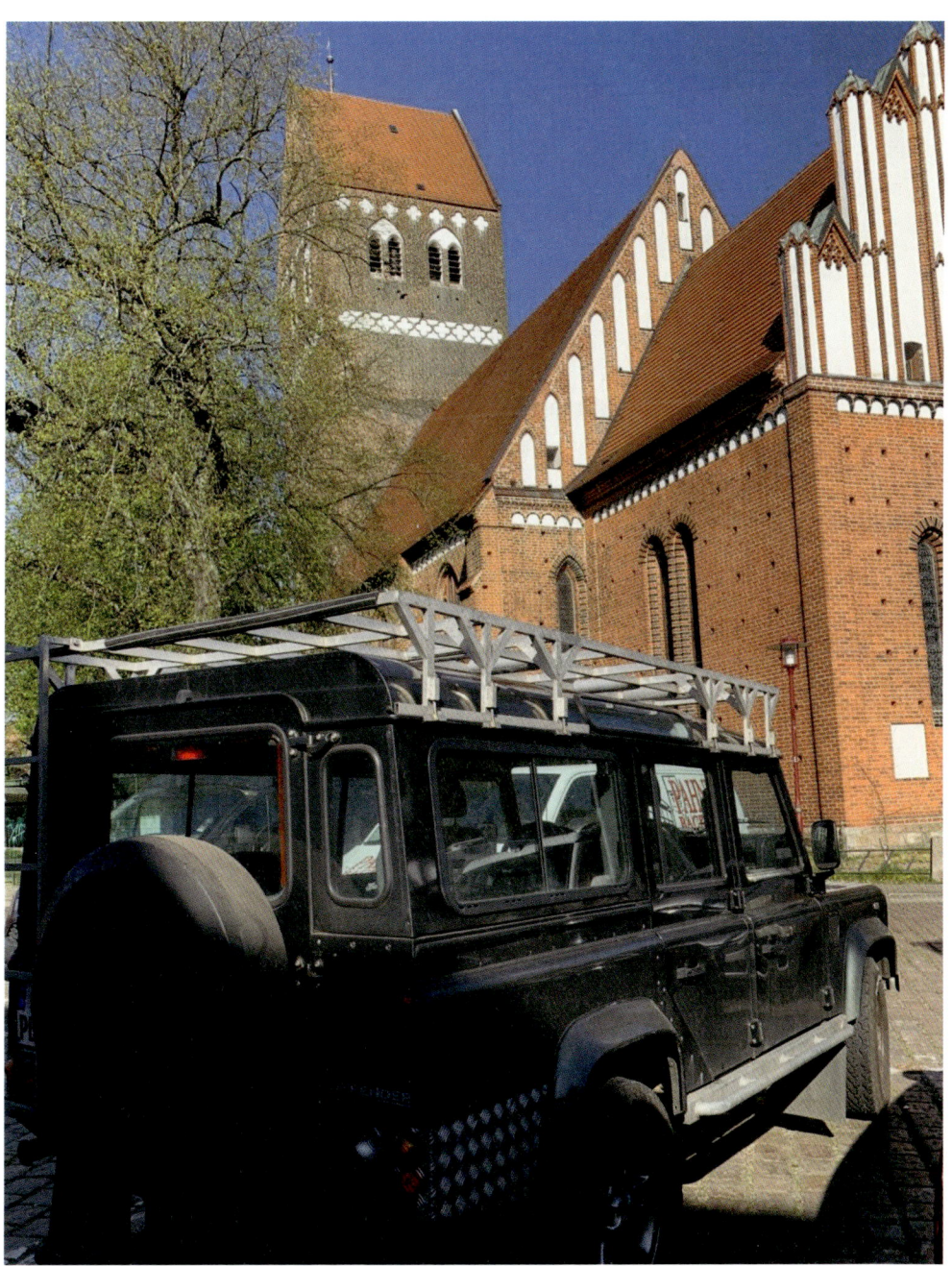

Hoch Hilgor

Orientierung: 2
Länge: 19,2 km
Dauer: 40 min

Es gibt Vermutungen, dass „Hilgor" für die alten Germanen „heiliger Berg" bedeutet haben soll. Recht unstrittig ist jedoch, dass der 43,8 m hohe Gipfel - ja, auch die Höhe des Everest wird oft mit Nachkommastelle angegeben - als Standort einer Feuerlohe gedient hat.

Diese bildete einen Baustein eines nach den religiösen Kulten nach Norden und Osten ausgerichteten Signalsystems zwischen den germanischen Burgen.
In einer Mischung fast aller Fahrbahnbeläge folgt dieser Track den Spuren des wahrscheinlich bedeutendsten Rügen-Historikers Johan Jacob Grümbke, der die Insel Anfang des 19. Jahrhunderts durchwanderte und bis ins Detail beschrieb.

Er endet bei Neuenkirchen nur zwei Kilometer südlich des Hoch Hilgor, auf dessen Gipfel seit kurzem ein neuer, zu Ehren Grümbkes benannter Aussichtsturm hervorragende Aussicht über Rügen bietet.

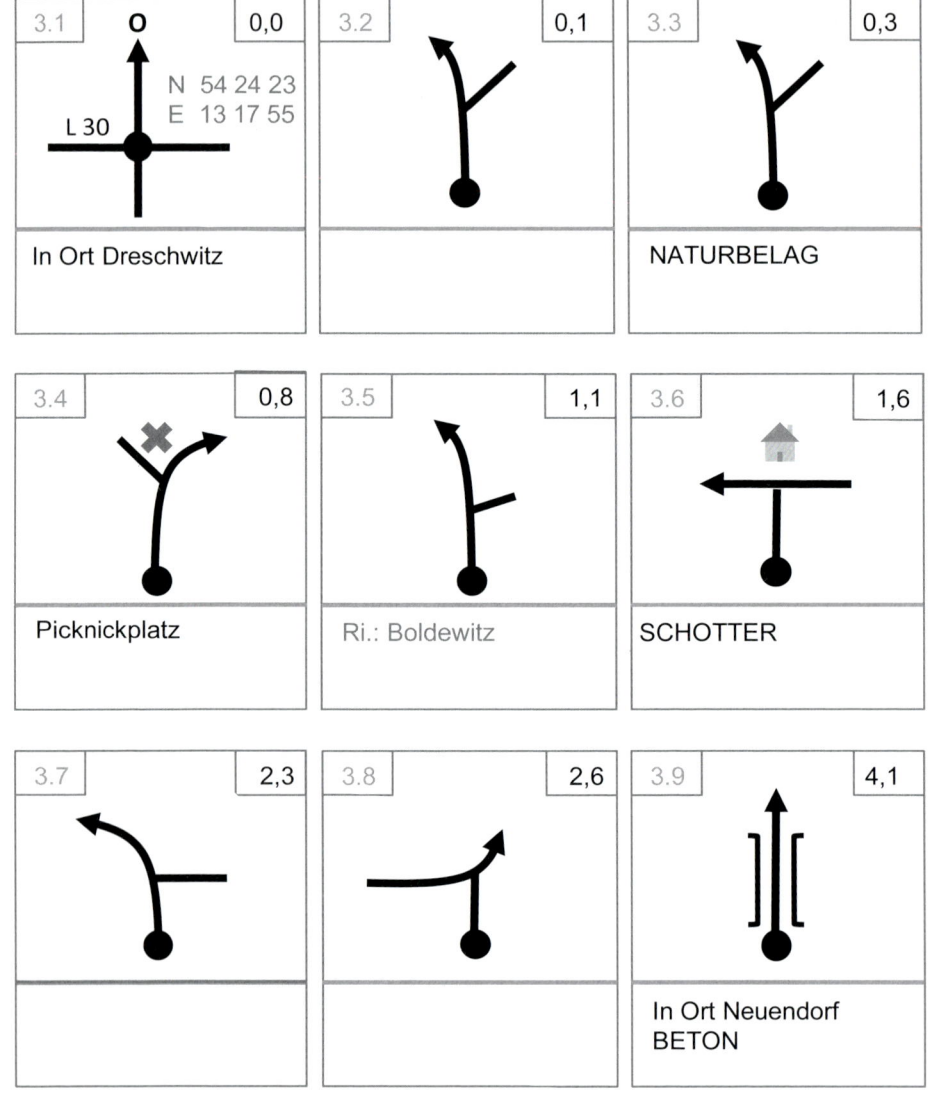

Hoch Hilgor

3.1	0,0

O
N 54 24 23
E 13 17 55
L 30

In Ort Dreschwitz

3.2	0,1

3.3	0,3

NATURBELAG

3.4	0,8

Picknickplatz

3.5	1,1

Ri.: Boldewitz

3.6	1,6

SCHOTTER

3.7	2,3

3.8	2,6

3.9	4,1

In Ort Neuendorf
BETON

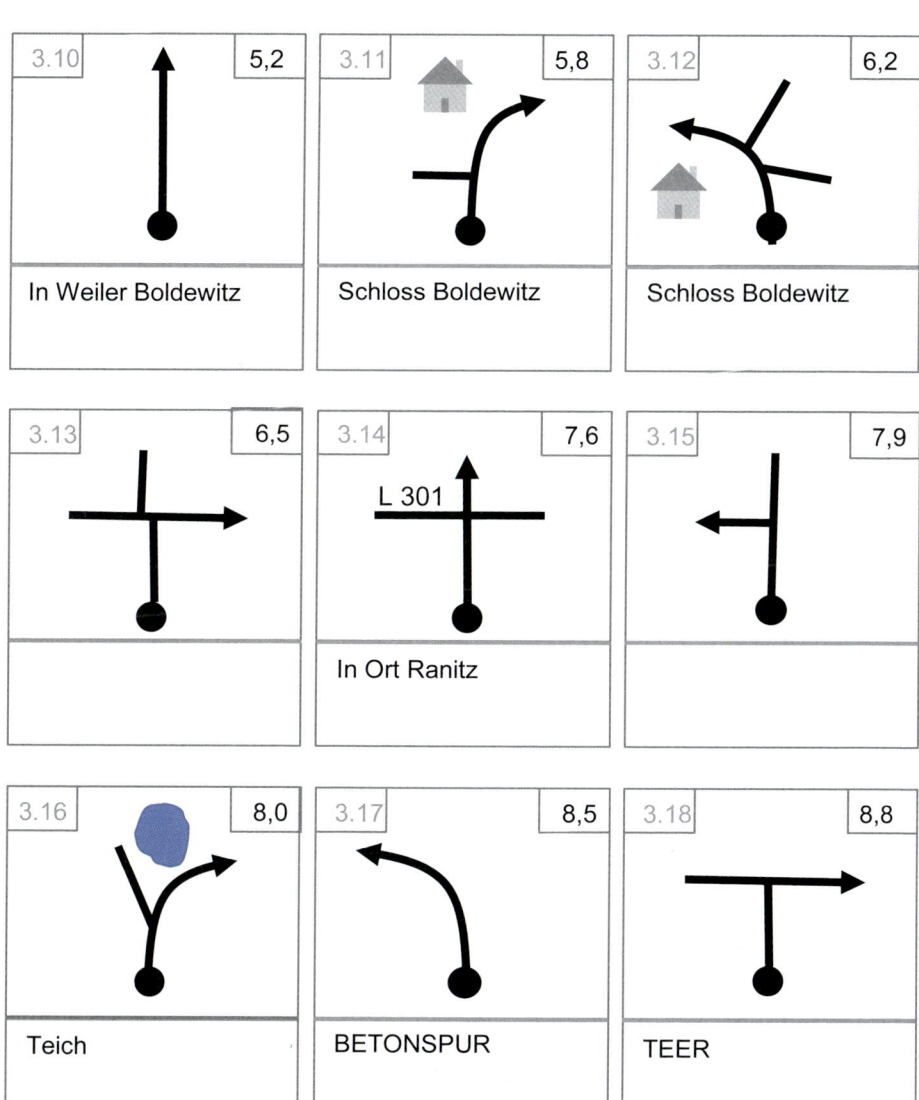

3.10	5,2	3.11	5,8	3.12	6,2
In Weiler Boldewitz		Schloss Boldewitz		Schloss Boldewitz	
3.13	6,5	3.14	7,6	3.15	7,9
		L 301			
		In Ort Ranitz			
3.16	8,0	3.17	8,5	3.18	8,8
Teich		BETONSPUR		TEER	

3.19 13,1 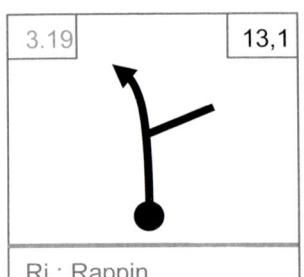 Ri.: Rappin	3.20 13,5 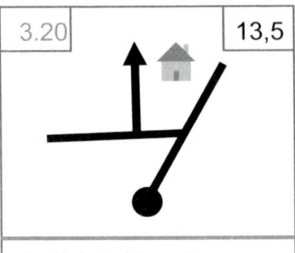 In Ort Bubkewitz SCHOTTER	3.21 14,0 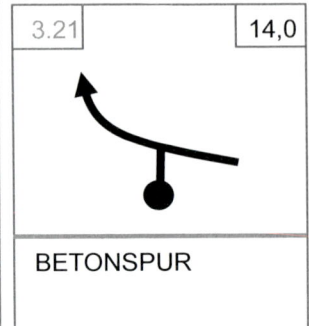 BETONSPUR
3.22 14,3 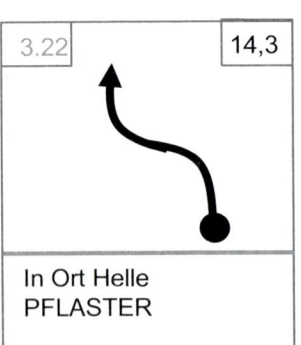 In Ort Helle PFLASTER	3.23 14,7 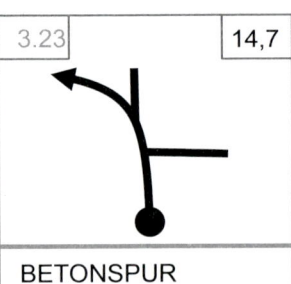 BETONSPUR	3.24 16,6 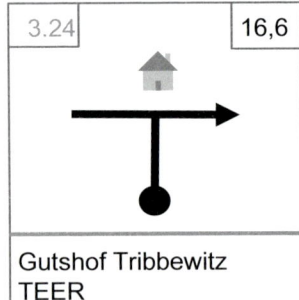 Gutshof Tribbewitz TEER Ri.: Neuenkirchen
3.25 16,8 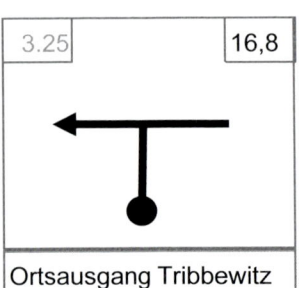 Ortsausgang Tribbewitz	3.26 19,2 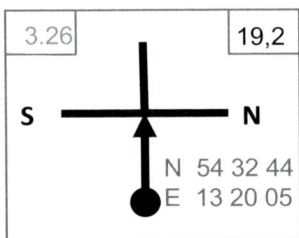 S — N N 54 32 44 E 13 20 05 In Ort Neuenkirchen Gerade: noch 1,8 km bis Hoch Hilgor	

Weg der Kreide

Findling
Nardevitz Blandow
Lohme
Gr. Stubbenkamr
117
Königsstuhl
Ranzowe
Ruschvitz
Nardevitz
Nipmerow
Hagen
5
58
Opferstein
Stubnitz
Dinosaurierland
Rügen
Quoltitz
Piekberg
Kreidemuseum
160
Nationalpark
Jasmund
Spyker
Bobbin
St. Paul
Gummanz
Neddesitz
Polkvitz
Jasmund
Polchow
Promsel
Rusewase
Sagard
Quatzendorf
Dargast
Buddenhagen
Wissower
Klinken
Neuhof
St. Michael
Lancken
Schwedenar.
96
Dobberworth
8
3
6
Sassnitz
96b
Dwasieden
Dubnitz
Semper
Findling Jastof
Fährhafen
Sassnitz
Lietzow
Neu Mukran
Kleiner
N
Prorer
Schmale
Jasmunder
Eisenbahn- u.
Technik-
Museum
Thiessow
Pulitz
Prora
Schanzenberg

36

Weg der Kreide

Orientierung: 1
Länge: 8,7 km
Dauer: 20 min

Schon seit Jahrhunderten ist Rügener Kreide nicht nur wegen der spektakulären weißen Klippen, sondern auch wegen ihrer extremen Feinporigkeit bekannt und geschätzt.

Tatsächlich ist Kreideabbau bis heute ein echter Wirtschaftsfaktor auf Rügen, jährlich werden 500.000 t abgebaut und für die Produktion von Dünger, Zement, Farben, Kosmetikartikeln und vielem mehr benötigt. Dieser Track folgt den historischen Transportwegen eines stillgelegten Tagebaus am Rand des Nationalparks Jasmund auf einer durchgehenden und teilweise sehr rauen Kopfsteinpflasterpiste. Die Strecke quert in ihrem Verlauf Rügen von Ost nach West, erlaubt Einblicke in die alten Abbaugruben, streift den 1990 in Betrieb genommenen Tagebau bei Promoisel und bietet besonders am Abend stimmungsvolle Aussicht über den Nordteil der Insel.

Schreibkreide wird übrigens nicht aus Kreide, sondern aus Gips hergestellt – nur falls jemand fragt ☺.

Weg der Kreide

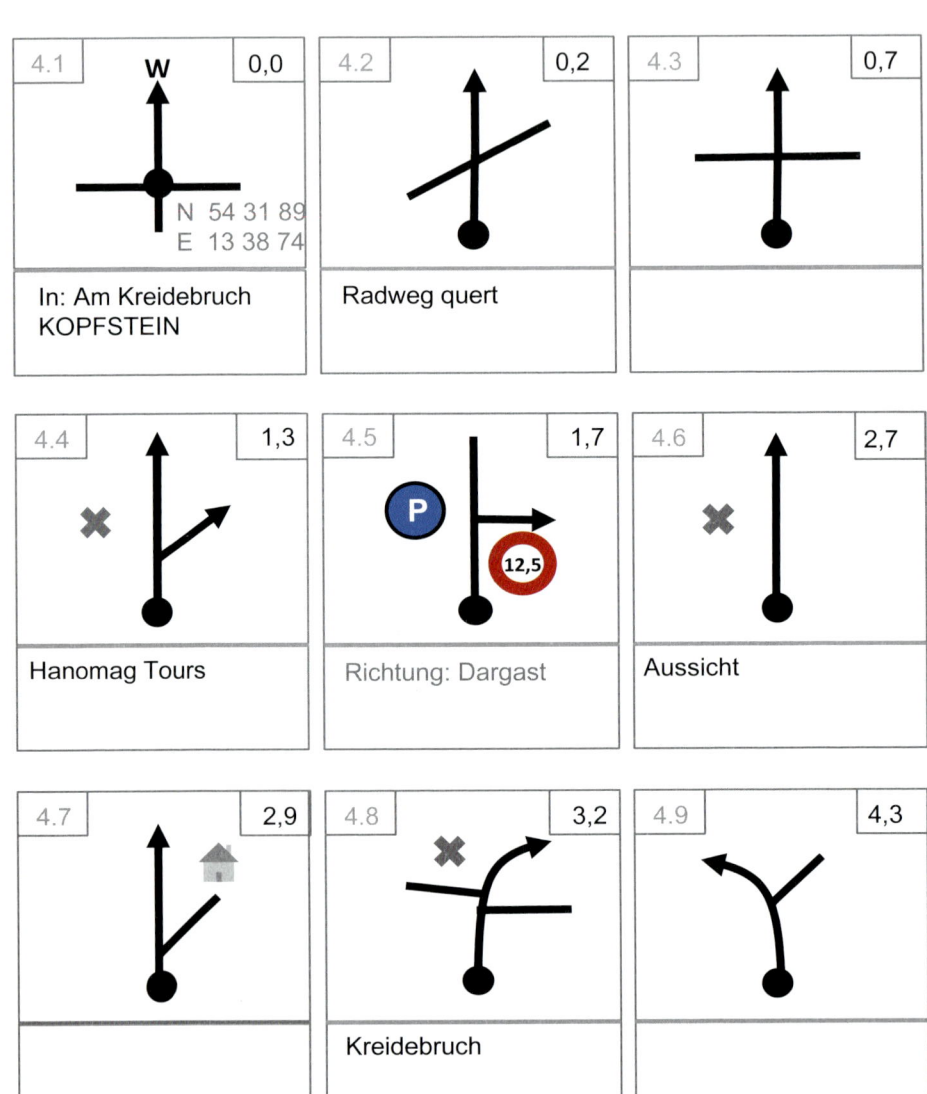

4.1 W **0,0** N 54 31 89 E 13 38 74 In: Am Kreidebruch KOPFSTEIN	**4.2** **0,2** Radweg quert	**4.3** **0,7**
4.4 **1,3** Hanomag Tours	**4.5** **1,7** P 12,5 Richtung: Dargast	**4.6** **2,7** Aussicht
4.7 **2,9**	**4.8** **3,2** Kreidebruch	**4.9** **4,3**

Weg der Kreide

4.10	4,6	4.11	5,3	4.12	5,7

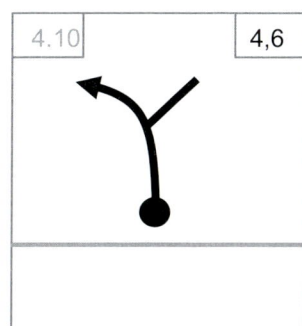 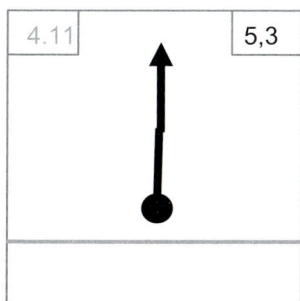 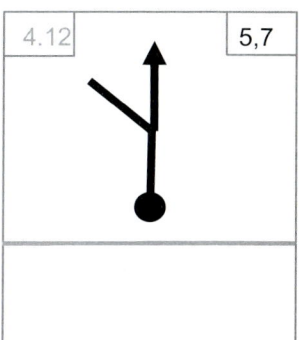

4.13	7,0	4.14	7,2	4.15	8,7

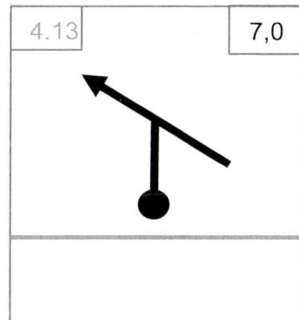 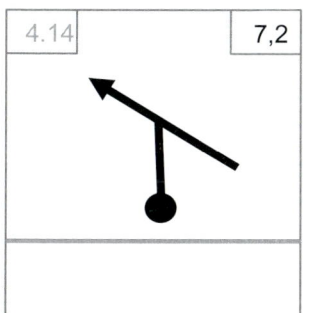 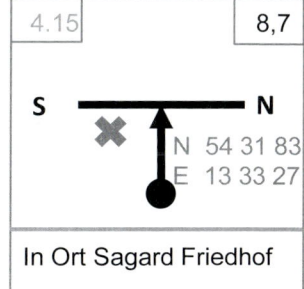

N 54 31 83
E 13 33 27

In Ort Sagard Friedhof

Schmacht

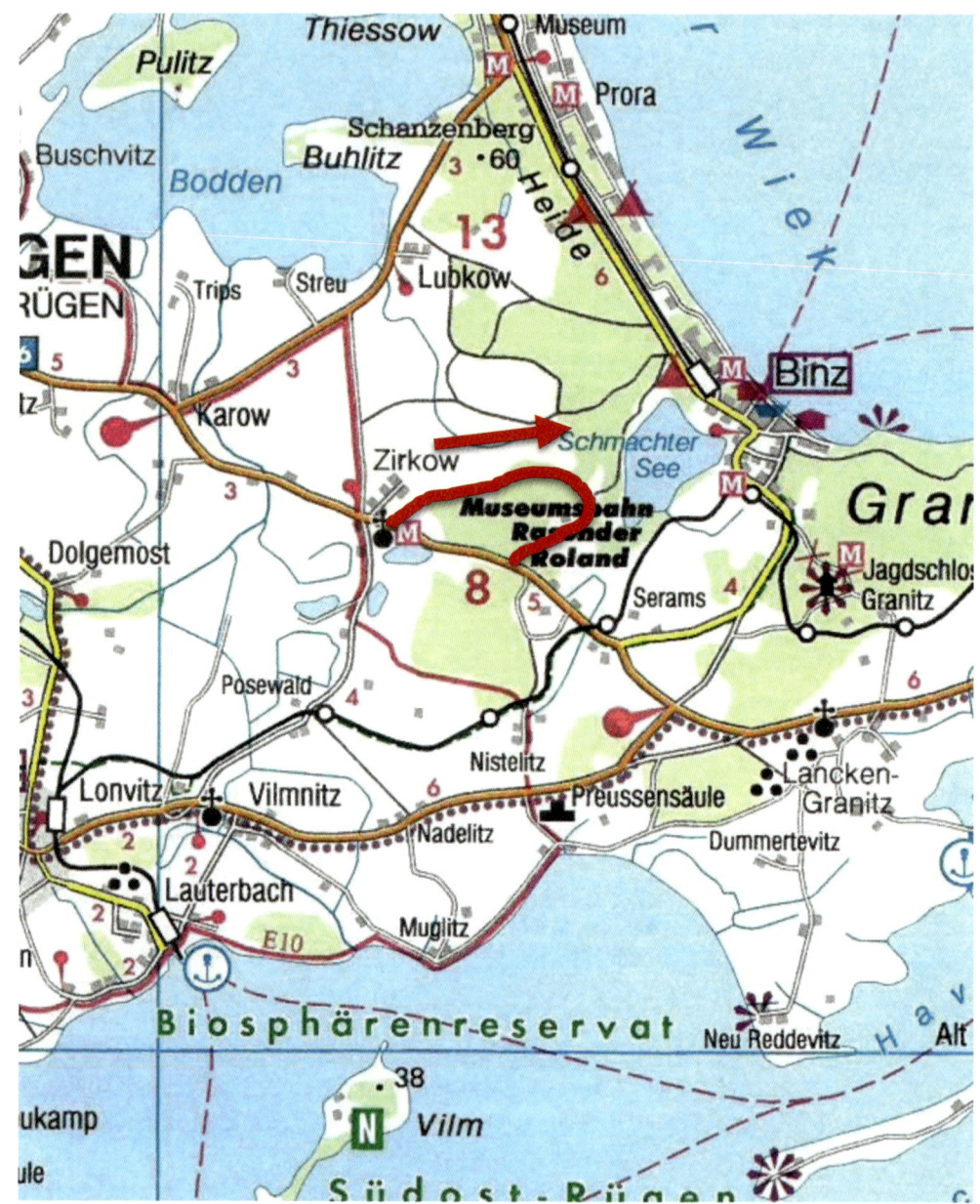

Schmacht

Orientierung: 2
Länge: 4,4 km
Dauer: 20 min

Wir geben es offen zu – Karls Erlebnisdorf und das formidable Pferdetheater könnten auch manchen Off-Roader zum Vernachlässigen seiner Backroads-Mission verführen. Zum Glück kann man manchmal alles haben.

Dieser kurze aber ausgesprochen idyllische Track führt, meist unbefestigt, nicht nur durch abwechslungsreiche Landschaft, sondern sogar in die 5000-jährige Besiedlungsgeschichte Rügens. In einer sonst nur in der Bretagne zu findender Dichte bietet sich auf Rügen ein Einblick in eine längst vergessene Welt. Großsteingräber, Menhire und Hügelgräber sind Zeugnisse aus der Jungstein- und Bronzezeit. Nur ein Teil, wie das Herzogsgrab bei Göhren oder das spektakulär gelegene Hünengrab auf der Stubbenkammer, ist touristisch erschlossen. Viele der weit über 200 Stätten, wie zum Beispiel die Hügelgräber am Rand dieses Tracks, warten auf aufmerksame Entdecker.

Jedoch sollte bei allem Staunen über frühe Zivilisationen auf deutschem Boden nicht vergessen werden, dass im alten Ägypten ungefähr zeitgleich die Pyramiden erbaut wurden …

Schmacht

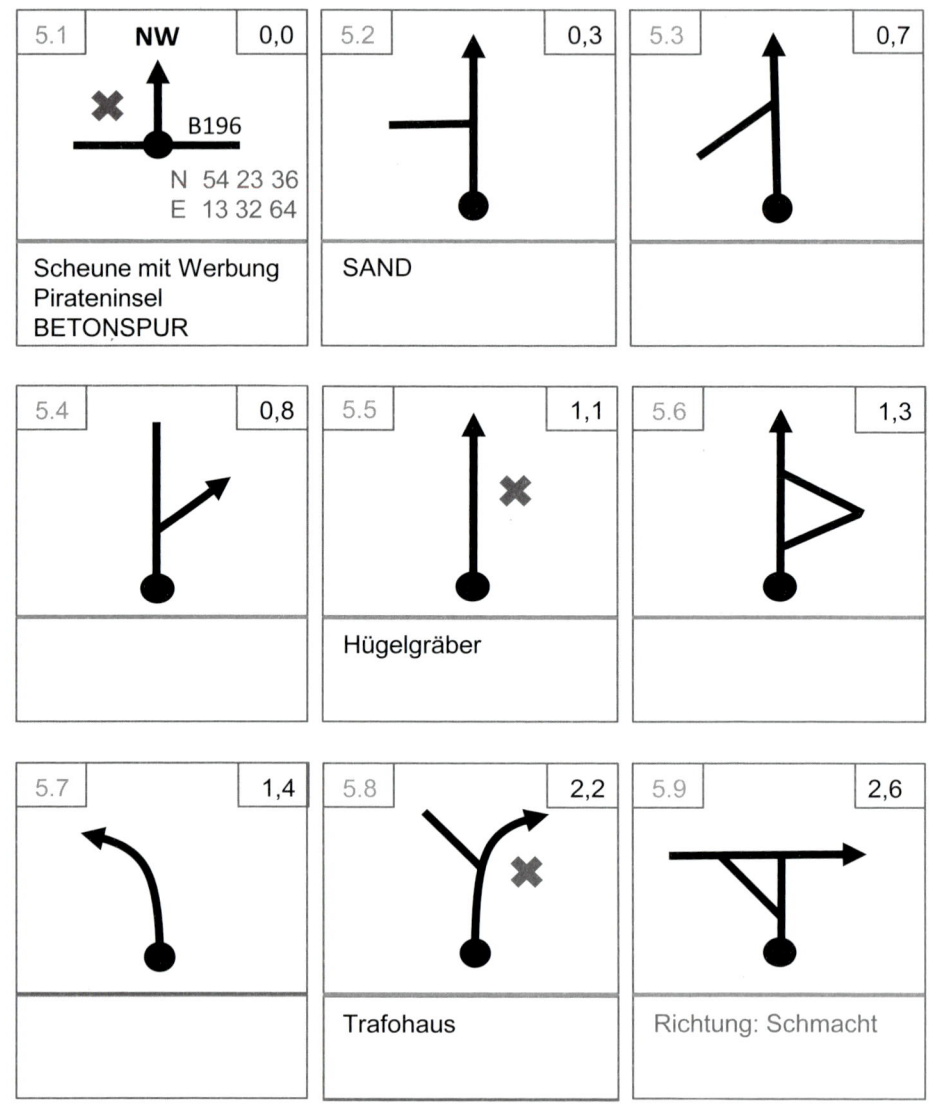

5.1 NW 0,0	5.2 0,3	5.3 0,7
B196 N 54 23 36 E 13 32 64		
Scheune mit Werbung Pirateninsel BETONSPUR	SAND	

5.4 0,8	5.5 1,1	5.6 1,3
	Hügelgräber	

5.7 1,4	5.8 2,2	5.9 2,6
	Trafohaus	Richtung: Schmacht

Schmacht

5

5.10
2,8

5.11
3,4
Weiler Schmacht

5.12
4,2

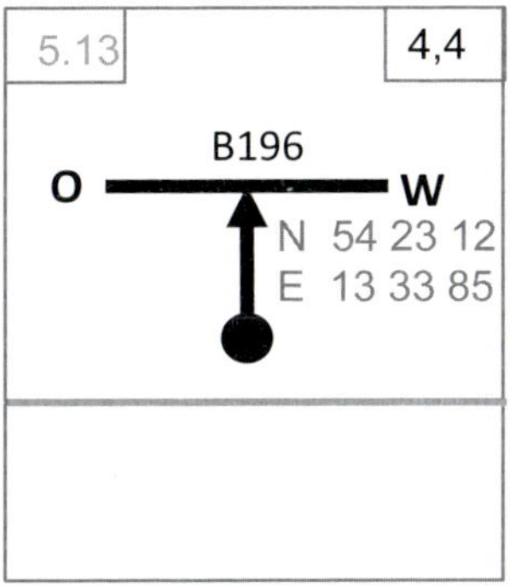

5.13
4,4
B196
O
W
N 54 23 12
E 13 33 85

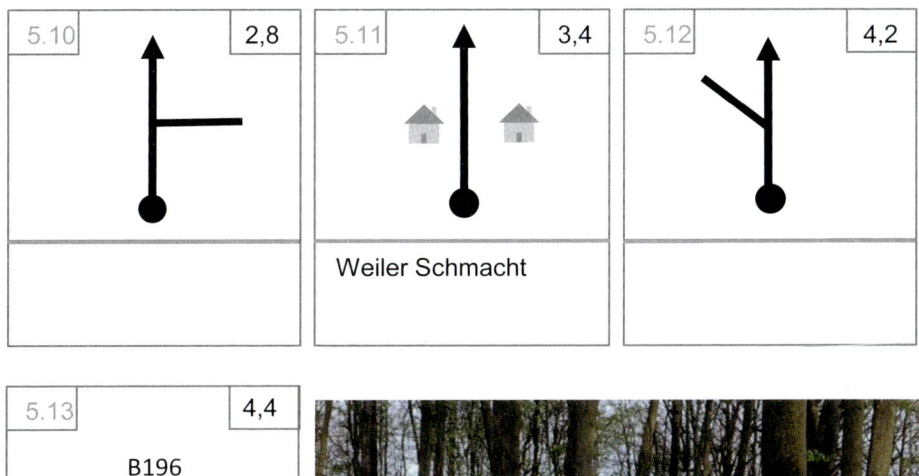

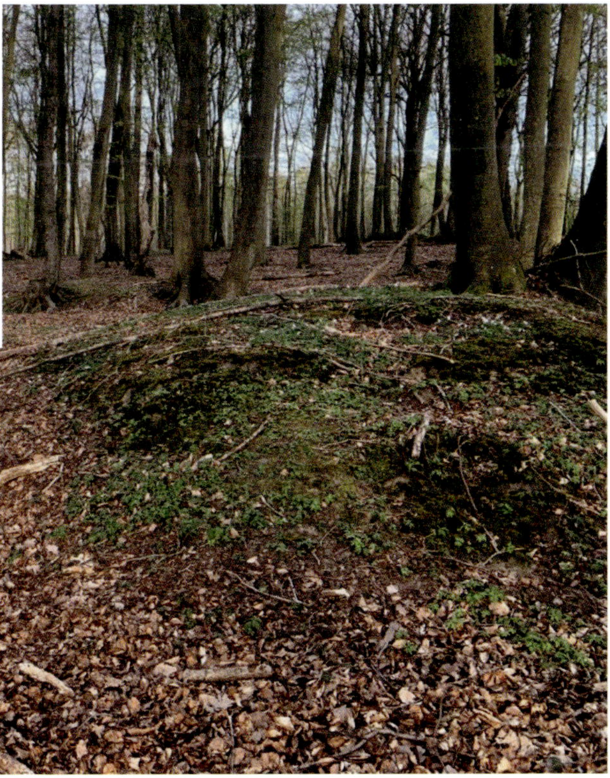

Starkow

Starkow

6

Orientierung: 2
Länge: 21,2 km
Dauer: 45 min

Wer sagt denn, dass nur, weil nichts los ist, nichts los sein muss? Das malerische Dorf Starkow auf dieser West-Ost-Querung durch die nordvorpommersche Waldlandschaft zeigt, was Engagement und gute Ideen ausmachen können.

Der Verein „Backstein Geist und Garten" hat in den letzten Jahren den über 700 Jahre alten Weiler zu einem echten Kleinod herausgeputzt und durch vielfältige Veranstaltungen attraktiv gemacht. Nicht nur Landlust-RedakteurInnen geraten beim Besuch des historischen Pfarrgartens ins Schwärmen.
Aber auch dieser Track zeigt, dass man mit etwas Freude am Experimentieren deutlich mehr Eindrücke und Fahrspaß pro Kilometer haben kann, als wenn man stumpf der schnellsten Strecke auf dem Navi folgt.

Die ersten Kilometer sind angenehm rustikal und nach längeren Nässeperioden garantiert nichts für PKW, ab Starkow geht es auf traditionellen Ortsverbindungswegen mit wechselndem Belag nach Osten.
Vom Aussichtsturm am Rand der Strecke kann man sich nochmals selbst überzeugen, dass hier soweit das Auge reicht ansonsten tatsächlich wenig los ist.

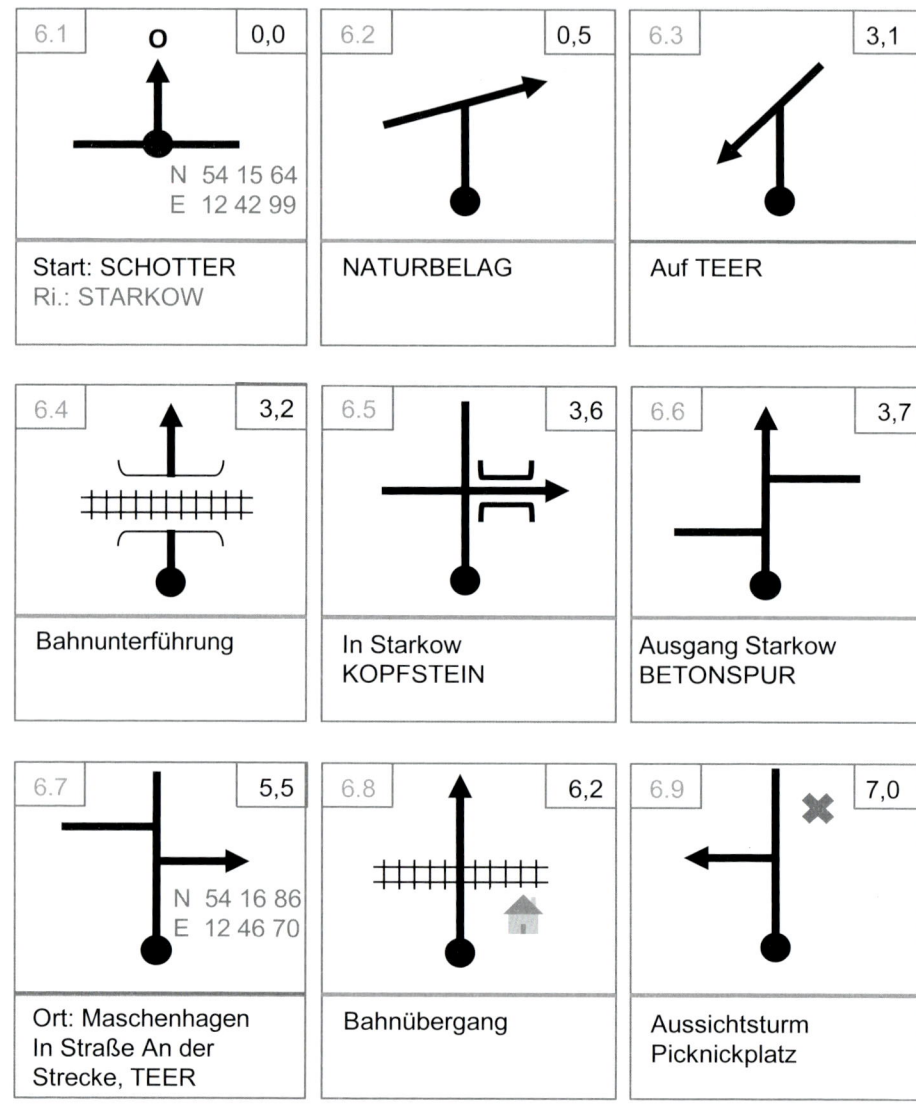

6.1	**O**	0,0

N 54 15 64
E 12 42 99

Start: SCHOTTER
Ri.: STARKOW

6.2	0,5

NATURBELAG

6.3	3,1

Auf TEER

6.4	3,2

Bahnunterführung

6.5	3,6

In Starkow
KOPFSTEIN

6.6	3,7

Ausgang Starkow
BETONSPUR

6.7	5,5

N 54 16 86
E 12 46 70

Ort: Maschenhagen
In Straße An der
Strecke, TEER

6.8	6,2

Bahnübergang

6.9	7,0

Aussichtsturm
Picknickplatz

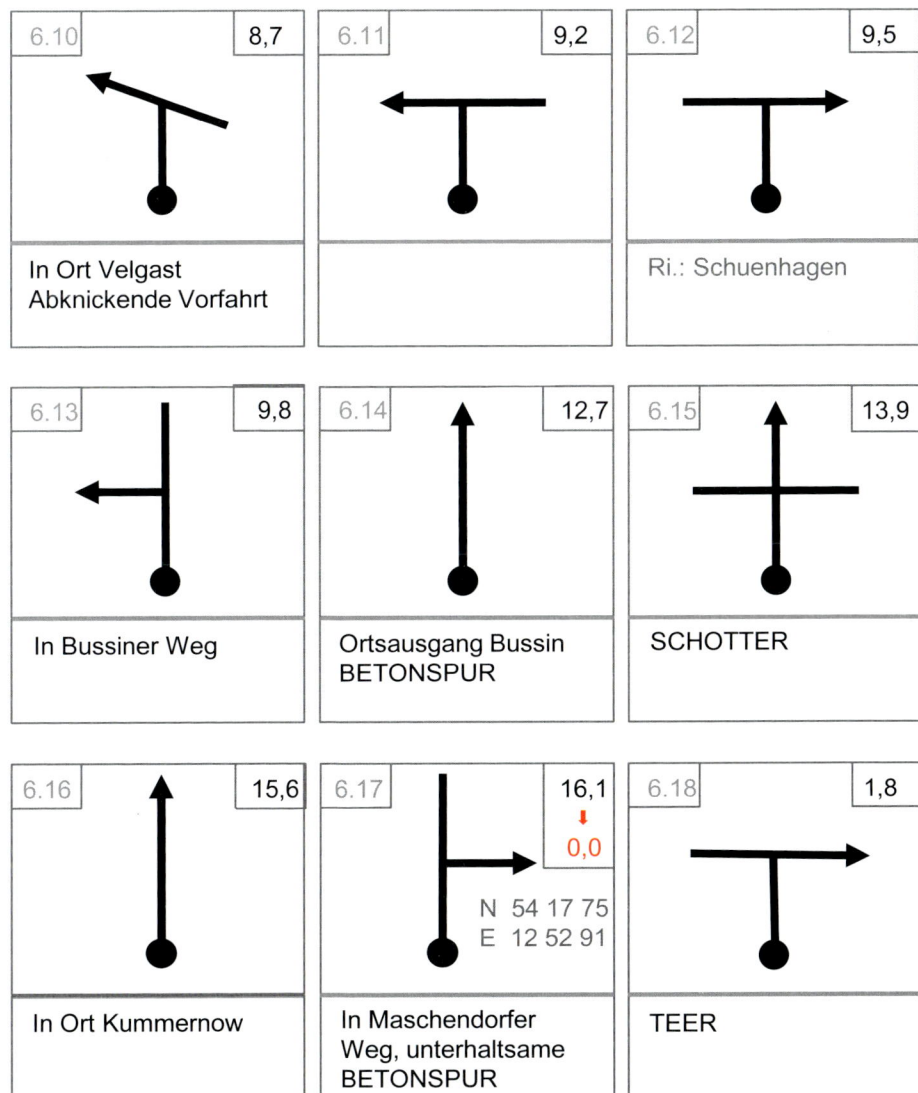

6.10 8,7	6.11 9,2	6.12 9,5
In Ort Velgast Abknickende Vorfahrt		Ri.: Schuenhagen

6.13 9,8	6.14 12,7	6.15 13,9
In Bussiner Weg	Ortsausgang Bussin BETONSPUR	SCHOTTER

6.16 15,6	6.17 16,1 ↓ 0,0 N 54 17 75 E 12 52 91	6.18 1,8
In Ort Kummernow	In Maschendorfer Weg, unterhaltsame BETONSPUR	TEER

6.19	3,1	6.20	4,1	6.21	5,1
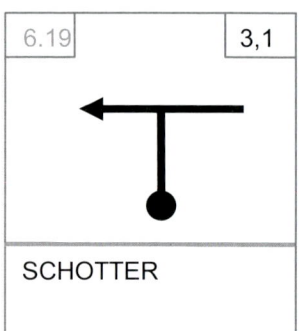		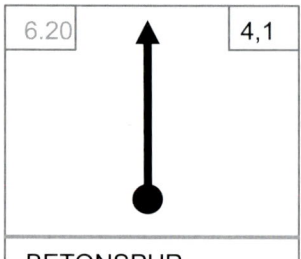		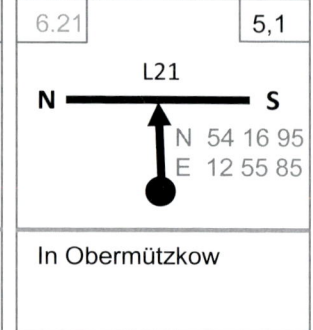	
SCHOTTER		BETONSPUR		In Obermützkow	

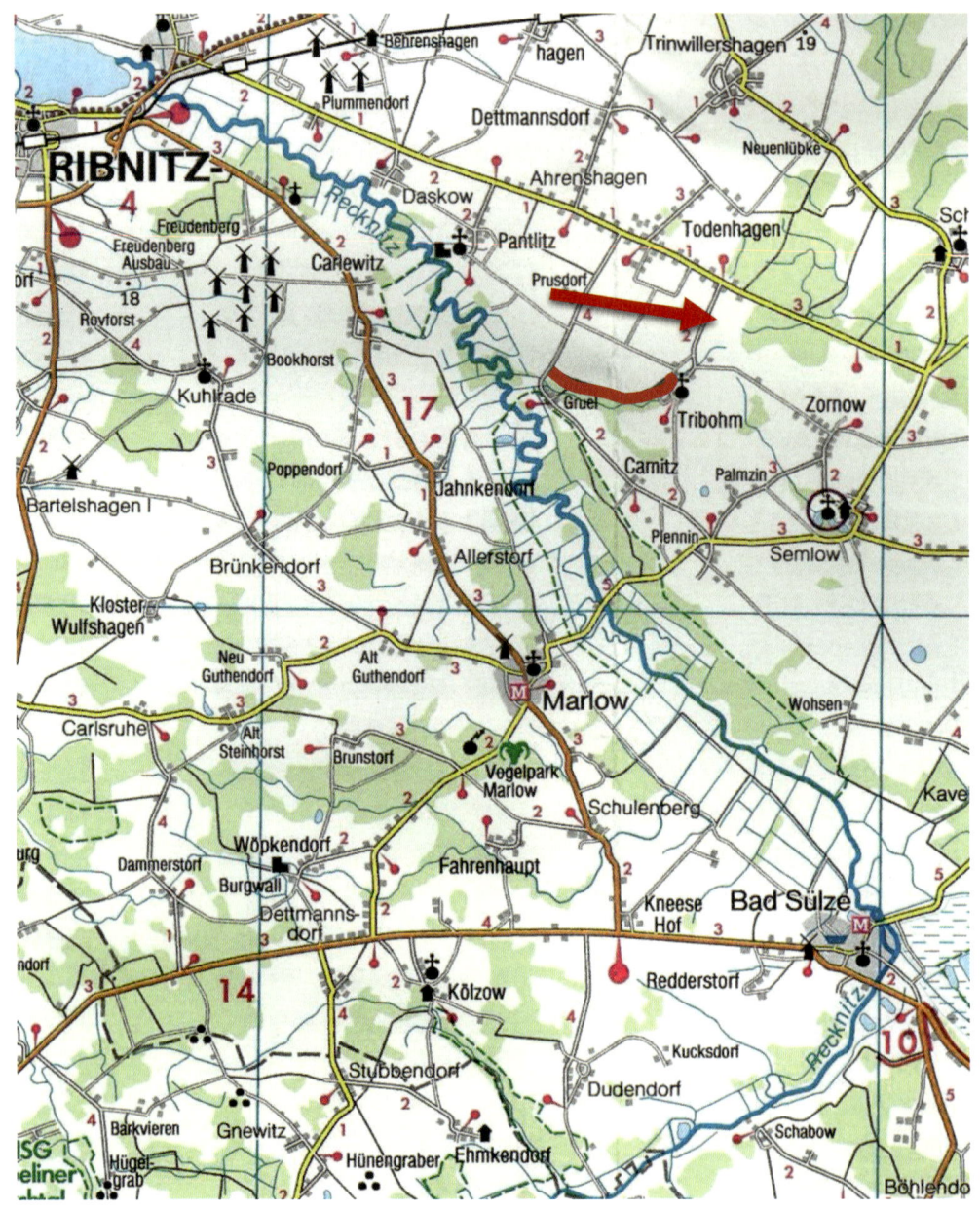

Am Wald

Orientierung: 1
Länge: 2,4 km
Dauer: 10 min

Die wahrscheinlich kürzeste Trackbeschreibung, die jemals in einem Trackbook zu finden sein wird.

Sehr naturbelassene, kurze Ortsverbindung, die bei Nässe für 2WD-Fahrzeuge zu rutschig werden könnte. Sie hat uns irgendwie, obwohl sie so kurz ist und auch keine echten Höhepunkte bietet, einfach gut gefallen.

7

Am Wald

7.1 **O** 0,0 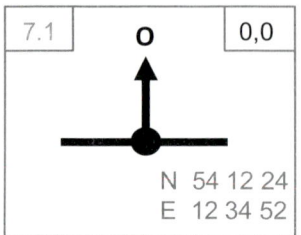 N 54 12 24 E 12 34 52	**7.2** 1,8 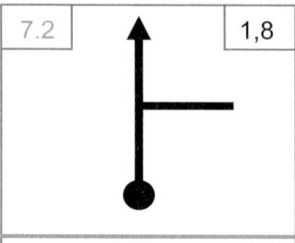	**7.3** 1,9 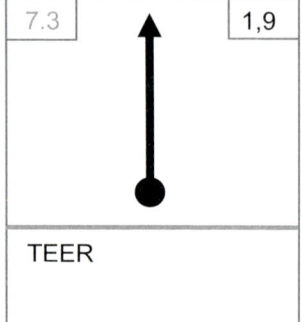
Start: In Straße am Wald, SCHOTTER / GRASWEG	Entlang Jägerzaun	TEER

7.4 2,3 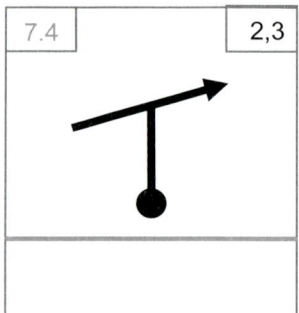	**7.5** 2,4 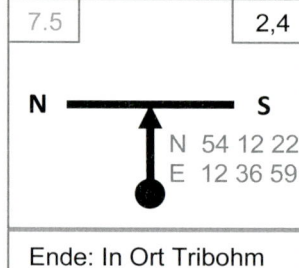 N 54 12 22 E 12 36 59
	Ende: In Ort Tribohm

Tour der Steine

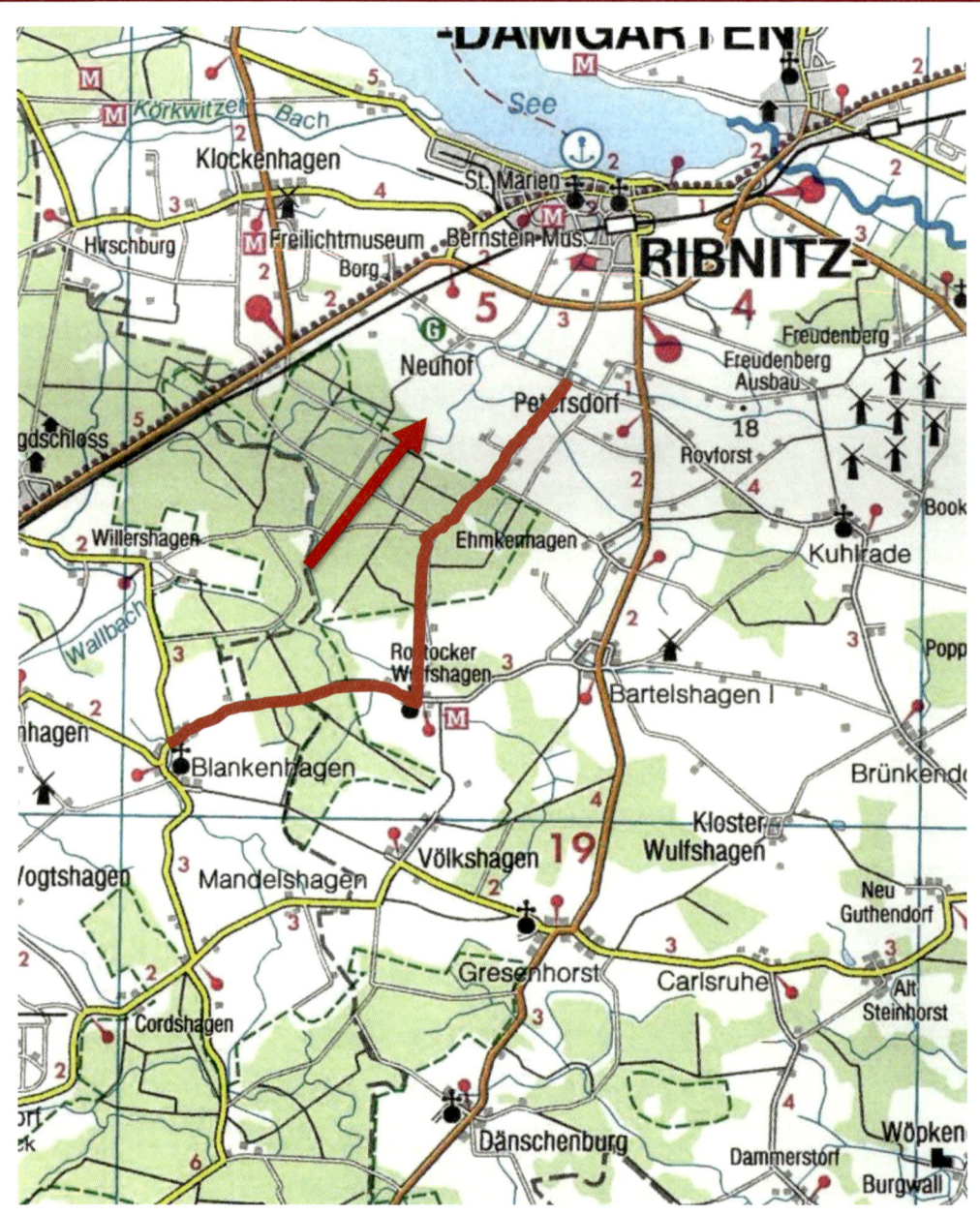

Tour der Steine

8

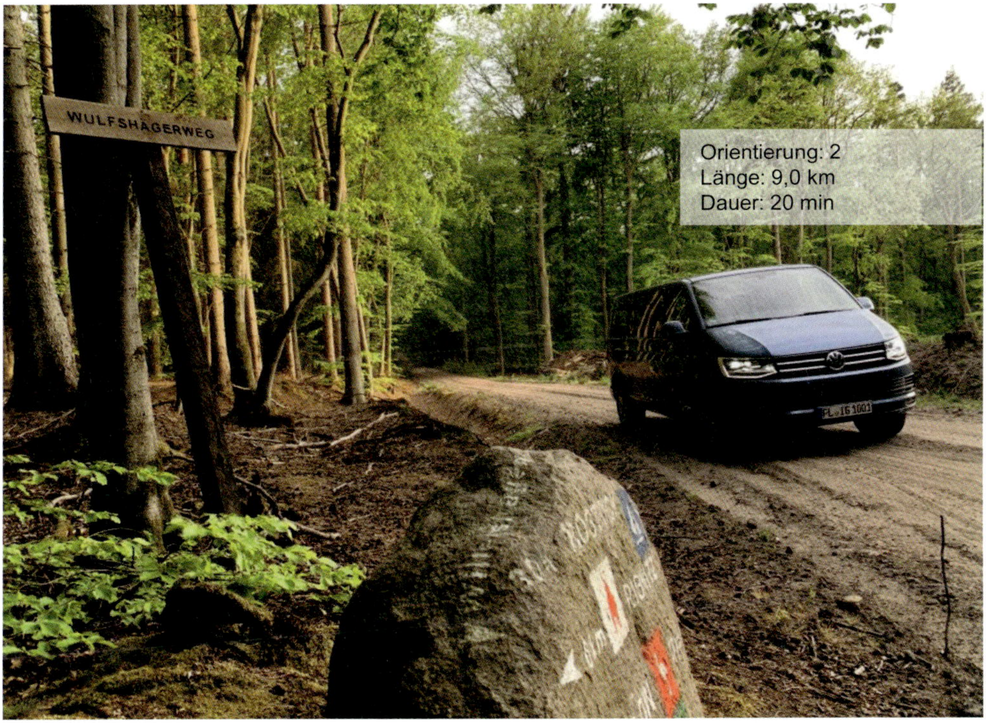
WULFSHÄGERWEG
Orientierung: 2
Länge: 9,0 km
Dauer: 20 min

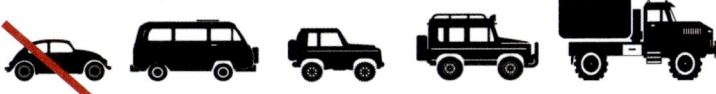

Die Gemeinde Marlow hat die jahrhundertealte Tradition, Strecken mit Wegsteinen statt Schildern zu markieren, wieder aufleben lassen.

Dieser Track folgt, in Abschnitten auf sehr schön sandigen, historischen Ortsverbindungsstraßen rund um den Ort Kloster Wulfshagen, fast bis hinauf nach Ribnitz der Küste. Er quert kleine Weiler, die in den letzten Jahren stark unter Landflucht gelitten haben und oft auf nur noch ein Viertel ihrer ursprünglichen Einwohnerzahl geschrumpft sind.

Ein Teil des Tracks ist auch Teil des Radwegenetzes der Region, bitte - so wie auch sonst - Radfahrer, Wanderer und Reiter rücksichtsvoll und staubarm passieren.

8 Tour der Steine

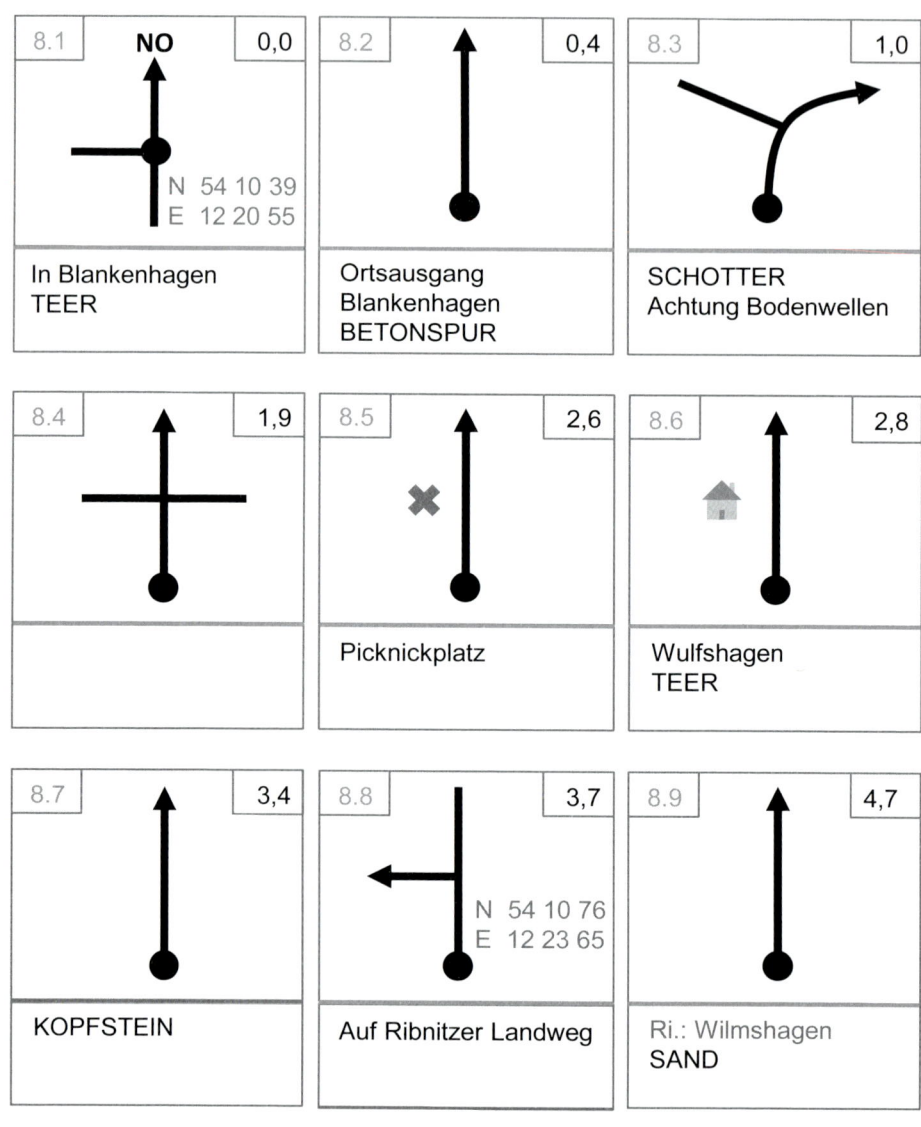

8.1 **NO** 0,0	8.2 0,4	8.3 1,0
N 54 10 39 E 12 20 55		
In Blankenhagen TEER	Ortsausgang Blankenhagen BETONSPUR	SCHOTTER Achtung Bodenwellen

8.4 1,9	8.5 2,6	8.6 2,8
	Picknickplatz	Wulfshagen TEER

8.7 3,4	8.8 3,7	8.9 4,7
	N 54 10 76 E 12 23 65	
KOPFSTEIN	Auf Ribnitzer Landweg	Ri.: Wilmshagen SAND

8.10	6,1

8.11	7,2

SCHOTTER, dann TEER

8.12	7,6

8.13	9,0

W — O
N 54 13 22
E 12 25 42

Ende: in Petersdorf

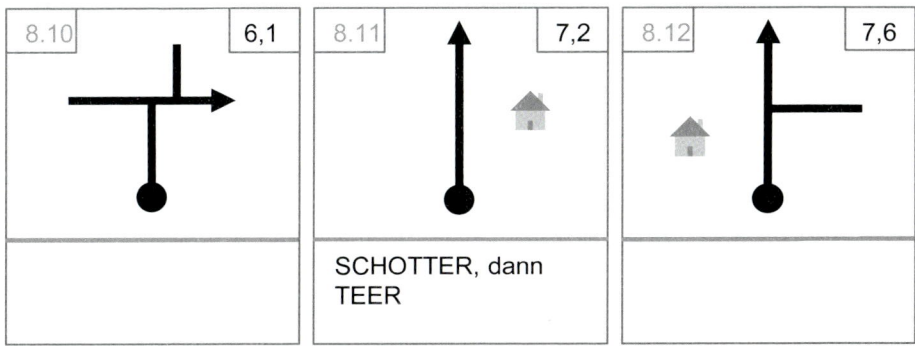

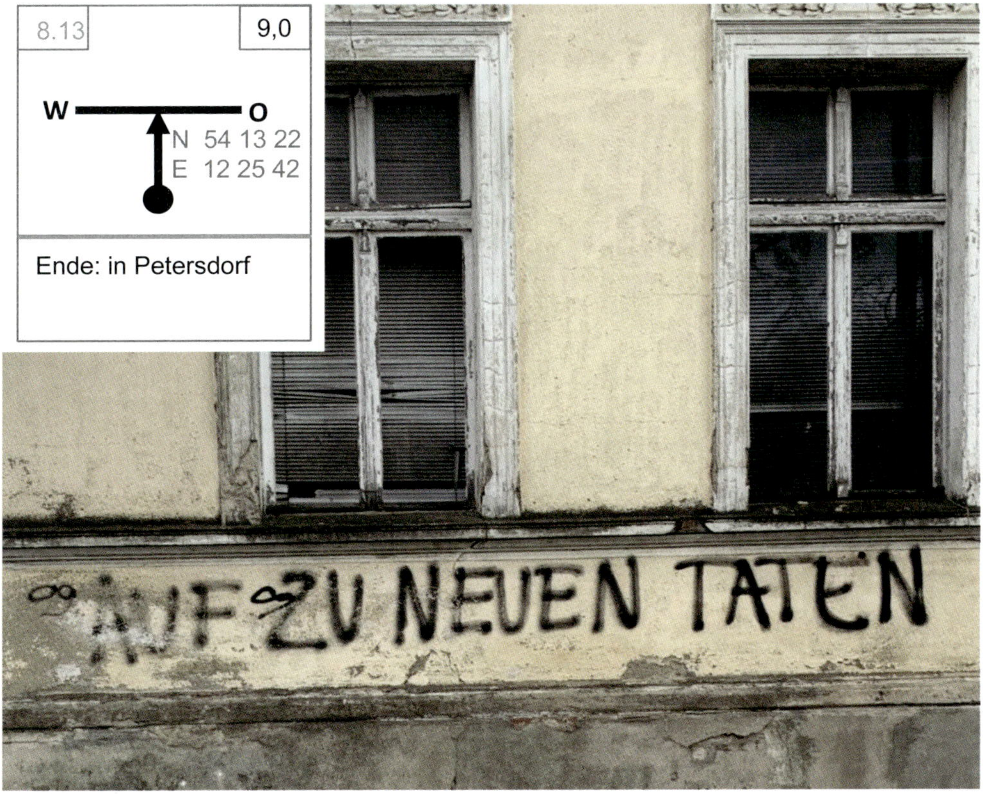

Kühlung

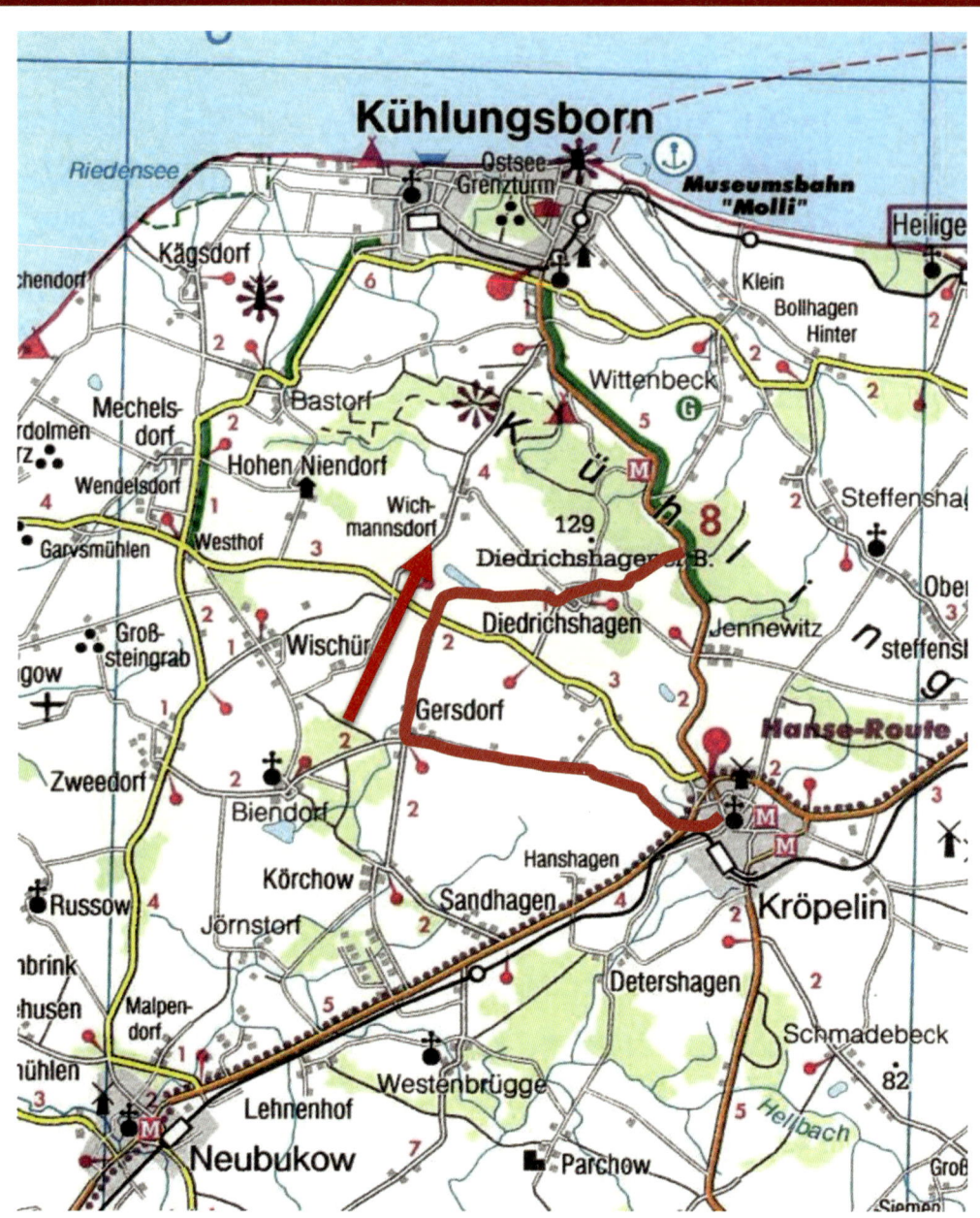

Kühlung

9

Orientierung: 2
Länge: 10,1 km
Dauer: 25 min

Manche nennen die Hügel der Kühlung „Berg" und bescheinigen dem bewaldeten Höhenrücken sogar Mittelgebirgscharakter.

Tatsächlich ragt diese eiszeitliche Moränenstauchung fast 130 m über die weite Agrarlandschaft an der Küste hinaus und so sind die leichten Übertreibungen sicherlich der Begeisterung über die Aussicht zur Ostseeküste zuzuschreiben.
Aber zugegeben: Schön ist es schon. Leider wurden in diesem Gebiet die meisten Wege deutlich ausgebaut um sie auch mit schwerem landwirtschaftlichen Gerät zu befahren. Dieser Track kombiniert die wenigen ursprünglichen Abschnitte und endet fast auf dem höchsten Punkt der Kühlung.

Wer der L11 nach Norden folgt, wird am Waldausgang bei dem seit 1990 zur Ruine verfallenden „Haus zur Kühlung" mit toller Aussicht belohnt.

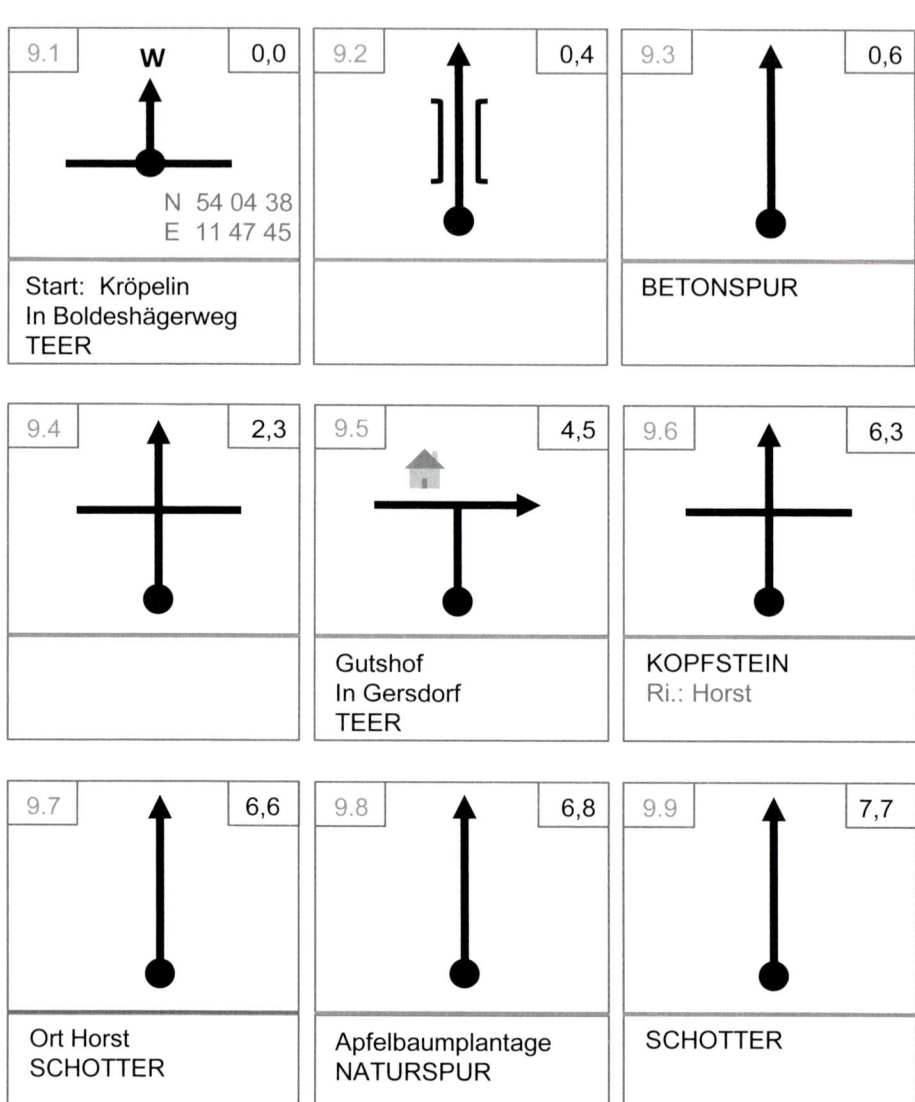

9.1	W	0,0
	N 54 04 38	
	E 11 47 45	

Start: Kröpelin
In Boldeshägerweg
TEER

9.2		0,4

9.3		0,6

BETONSPUR

9.4		2,3

9.5		4,5

Gutshof
In Gersdorf
TEER

9.6		6,3

KOPFSTEIN
Ri.: Horst

9.7		6,6

Ort Horst
SCHOTTER

9.8		6,8

Apfelbaumplantage
NATURSPUR

9.9		7,7

SCHOTTER

9.10	8,0

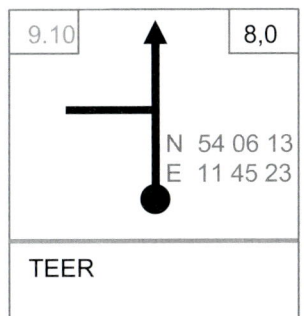

N 54 06 13
E 11 45 23

TEER

9.11	8,3

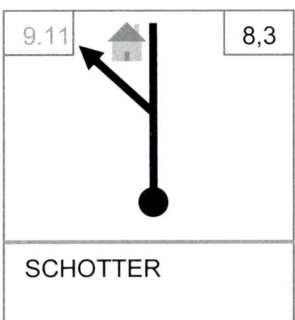

SCHOTTER

9.12	8,7

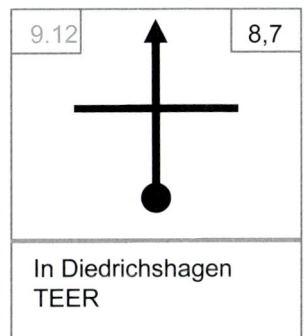

In Diedrichshagen
TEER

9.13	9,1

Ri.: Zur Kühlung
SCHOTTER

9.14	10,1

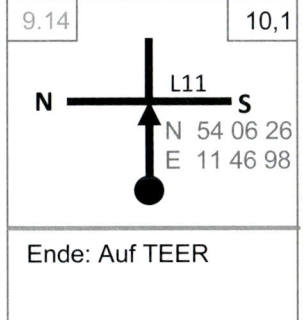

L11
N S
N 54 06 26
E 11 46 98

Ende: Auf TEER

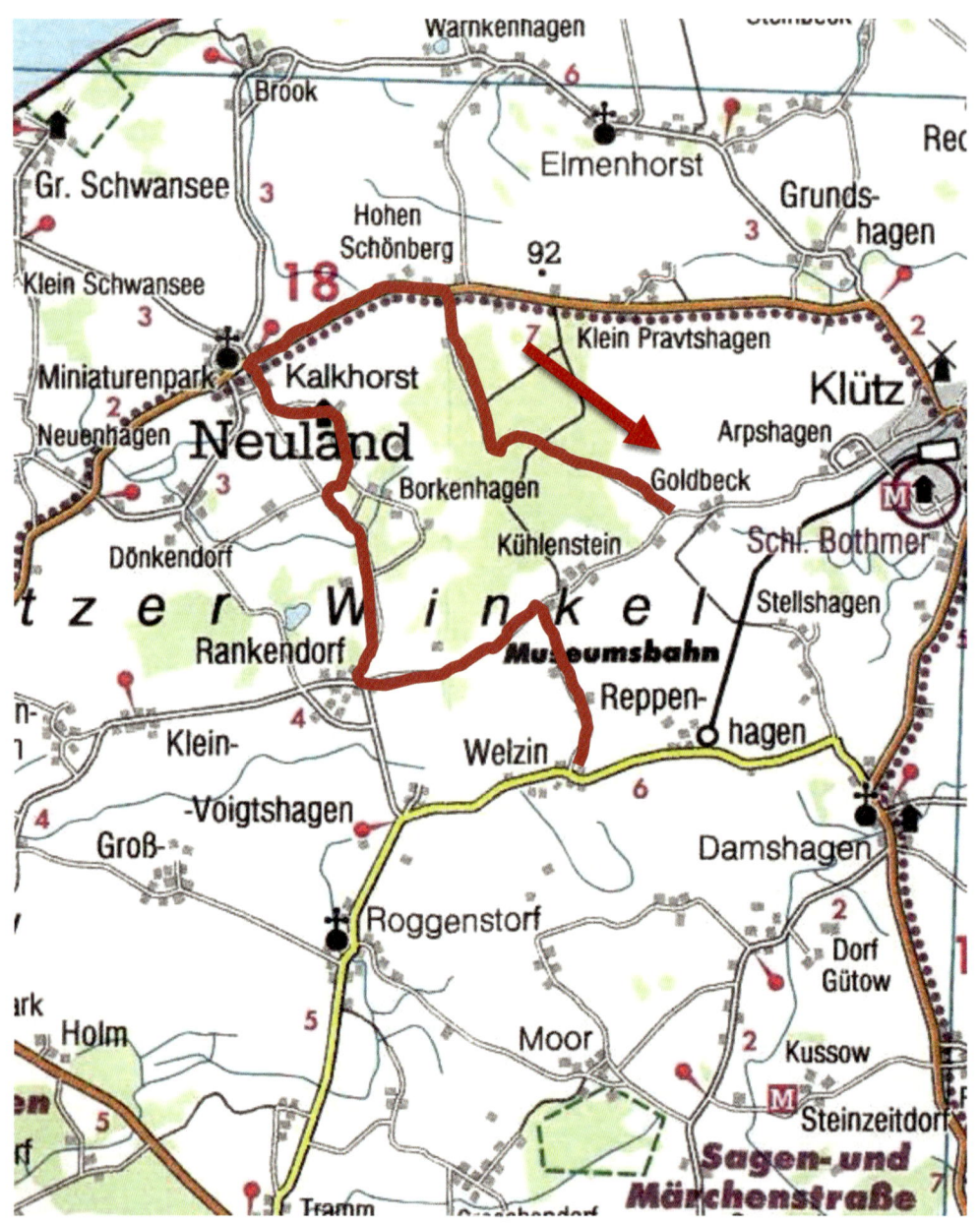

Leonorenwald

Orientierung: 2
Länge: 15,9 km
Dauer: 40 min

In trockenen Sommern kommt es regelmäßig zu Sandstürmen in dem von riesigen Monokulturen geprägten Gebiet nördlich der A20.

Wegen der hervorragenden Bodenqualität begann schon im 19. Jahrhundert die Abholzung der Wälder und mit der Industrialisierung der Landwirtschaft entstanden die bis zum Horizont reichenden Ackerflächen. Der Leonorenwald ist das größte noch bestehende Waldgebiet in dieser Region, da er sich wegen seiner vielen Moore nicht für die landwirtschaftliche Nutzung eignete. Dieser Track beschreibt einen Halbkreis auf den Sträßchen und Fahrwegen durch dieses noch sehr naturnahe Gebiet. Bitte unbedingt die Verbote beachten! Die Strecke passiert das Mitte des 19. Jh. errichtete Schloss Kalkhorst mit seinem als einer der schönsten Deutschlands prämierten Park.

Wer den vierrädrigen Untersatz stehen lässt, kann auf einem Spaziergang nicht nur die für diese Region ungewöhnlichen Mammutbäume, sondern vielleicht auch die scheue bauchige Windelschnecke aufspüren.

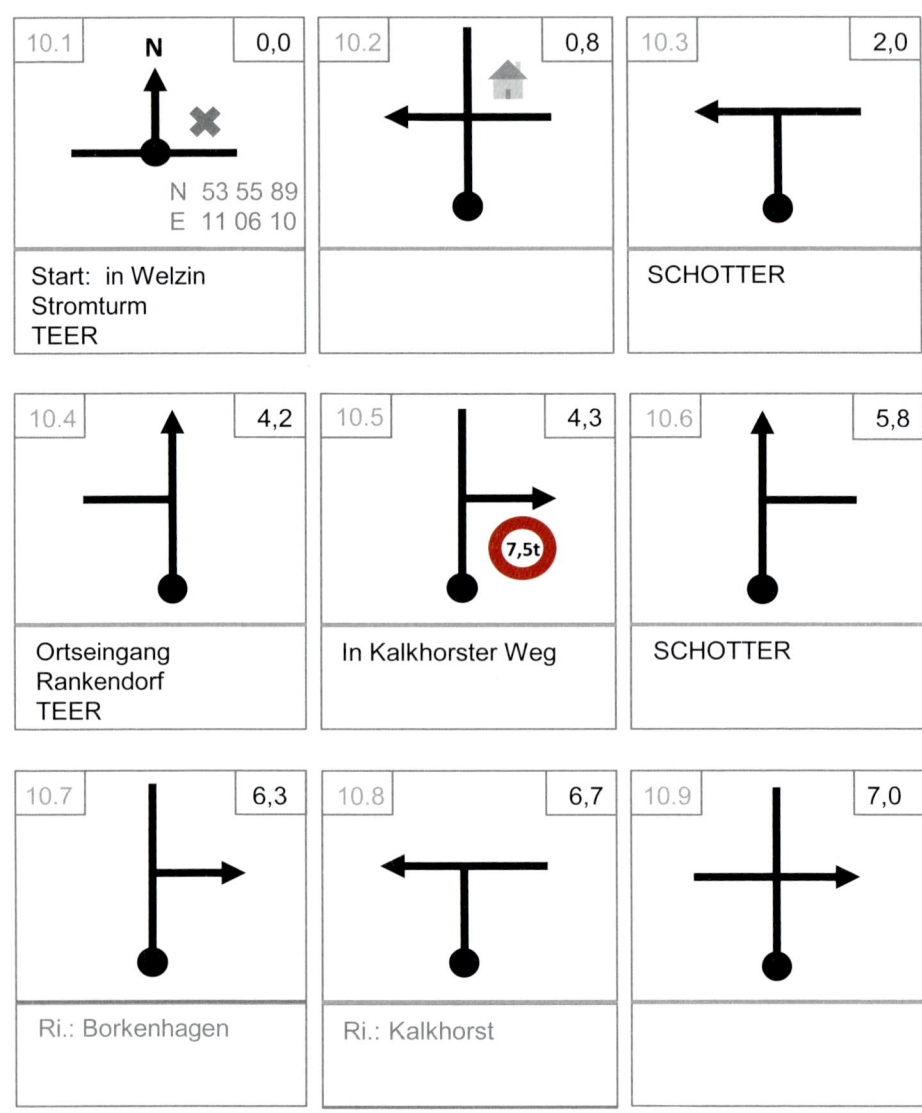

10.1 0,0	10.2 0,8	10.3 2,0
N 53 55 89 E 11 06 10 Start: in Welzin Stromturm TEER		SCHOTTER

| 10.4 4,2 | 10.5 4,3 | 10.6 5,8 |
| Ortseingang
Rankendorf
TEER | In Kalkhorster Weg
7,5t | SCHOTTER |

| 10.7 6,3 | 10.8 6,7 | 10.9 7,0 |
| Ri.: Borkenhagen | Ri.: Kalkhorst | |

Leonorenwald

10

10.10 — 7,7	10.11 — 8,1	10.12 — 8,4
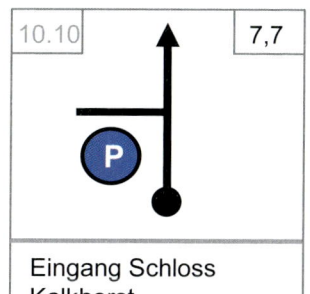		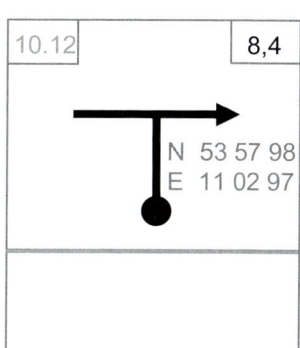
Eingang Schloss Kalkhorst KOPFSTEIN	Landmaschinenhalle TEER	N 53 57 98 E 11 02 97

10.13 — 9,0	10.14 — 11,4	10.15 — 11,5
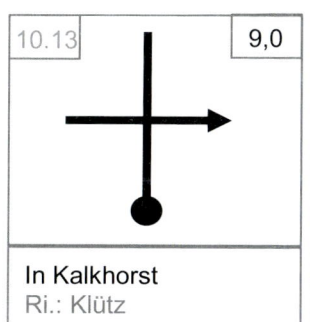	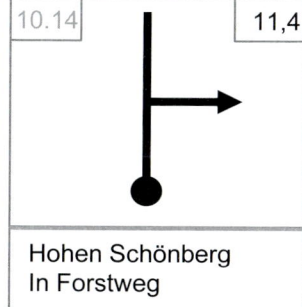	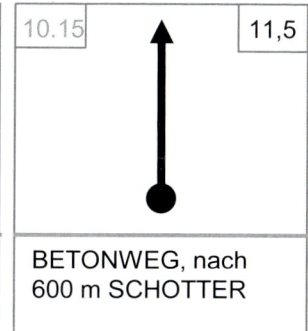
In Kalkhorst Ri.: Klütz Gerade zum Strand	Hohen Schönberg In Forstweg	BETONWEG, nach 600 m SCHOTTER

10.16 — 13,3	10.17 — 13,9	10.18 — 15,9
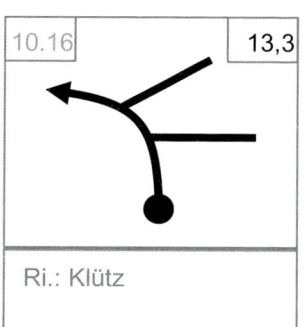		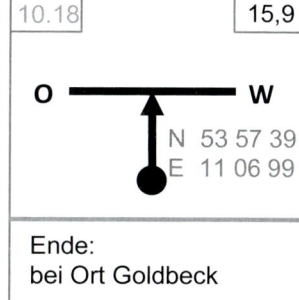
Ri.: Klütz	Picknickplatz KOPFSTEIN	Ende: bei Ort Goldbeck

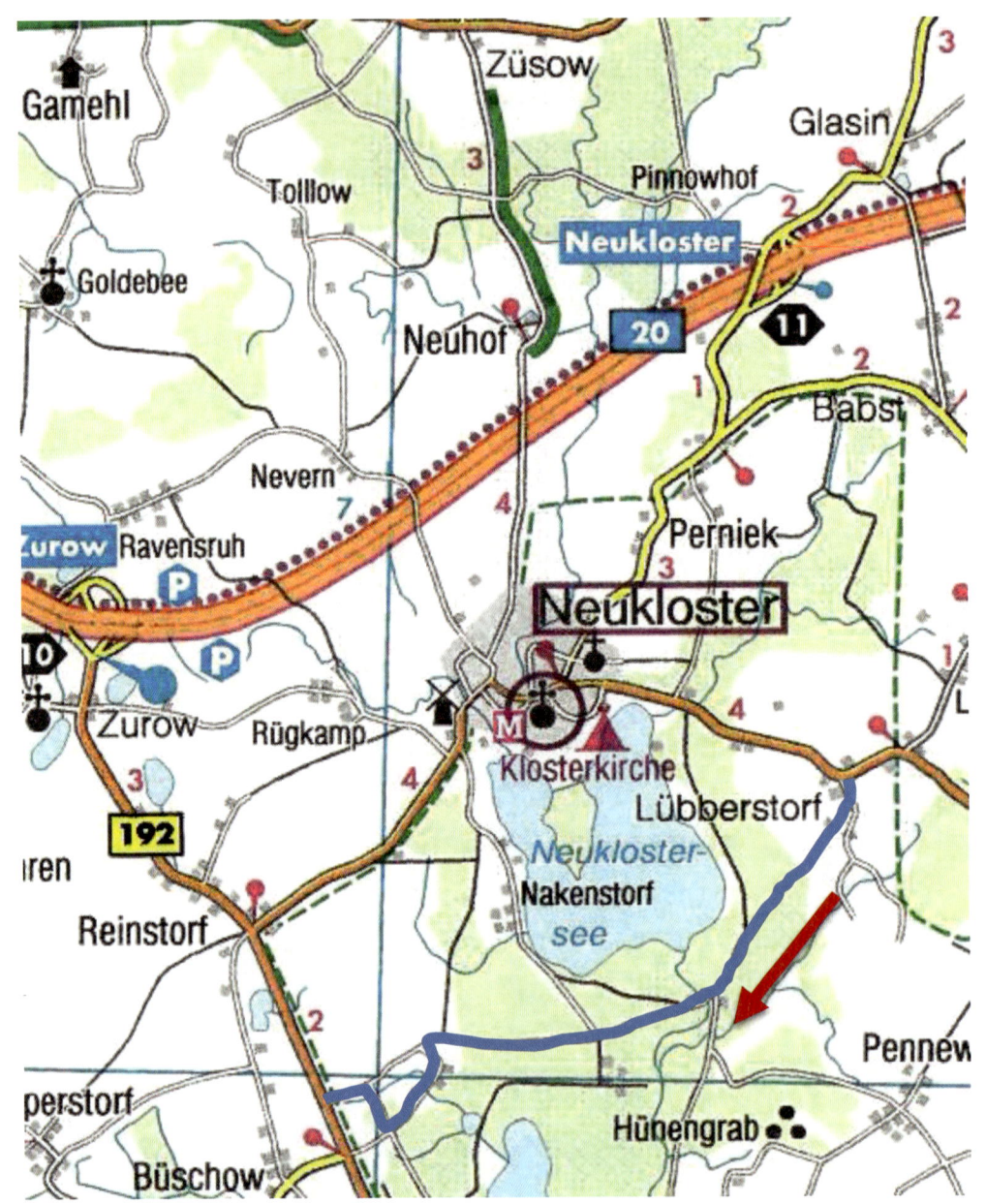

Klostermühle

Orientierung: 2
Länge: 7,2 km
Dauer: 20 min

Mit nur 16 Einwohnern pro Quadratkilometer unterbietet die Gemeinde Lübberstorf sogar die Bevölkerungsdichte Schwedens (22) zu dem es bis Anfang des 19. Jahrhunderts gehörte.

Dieser Track führt auf ursprünglichen Ortsverbindungswegen zum Standort einer ehemaligen Mühle am Klostersee und weiter in den Ort Klein Warin. Er ist eine kleine und entschleunigende Zeitreise durch eine der unaufgeregtesten Ecken der Republik.

Nur im Mai kann es auf der Strecke hektischer werden, wenn die Ausfahrt des Trekkertreffens diese Route nutzt.

Klostermühle

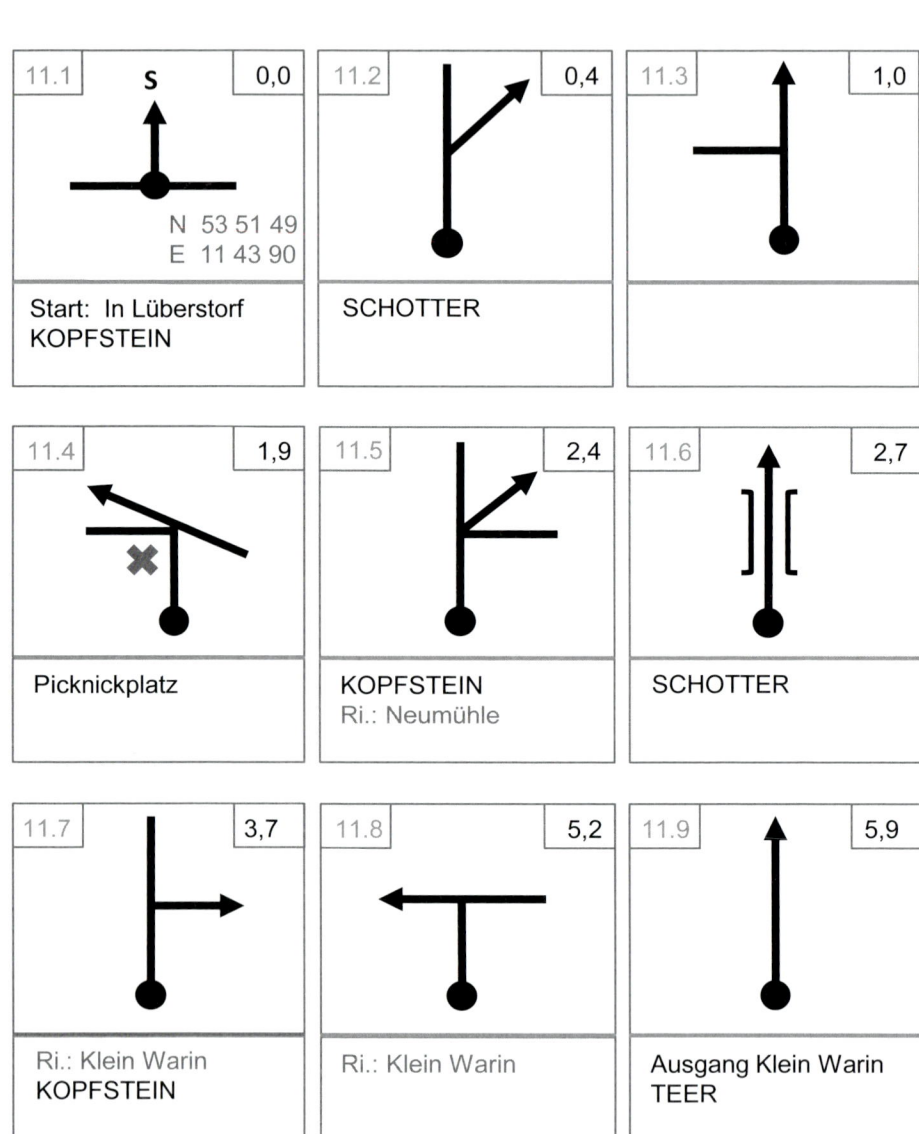

11.1 S 0,0	11.2 0,4	11.3 1,0
N 53 51 49 E 11 43 90		
Start: In Lüberstorf KOPFSTEIN	SCHOTTER	
11.4 1,9	11.5 2,4	11.6 2,7
Picknickplatz	KOPFSTEIN Ri.: Neumühle	SCHOTTER
11.7 3,7	11.8 5,2	11.9 5,9
Ri.: Klein Warin KOPFSTEIN	Ri.: Klein Warin	Ausgang Klein Warin TEER

Klostermühle

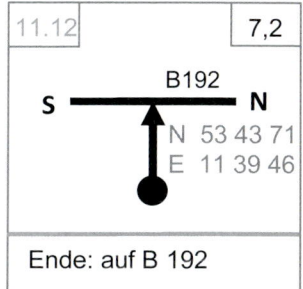

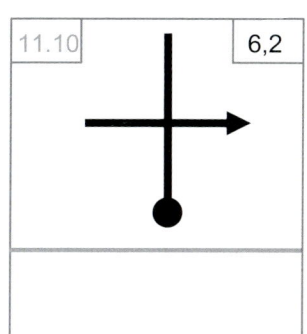

11.10	6,2

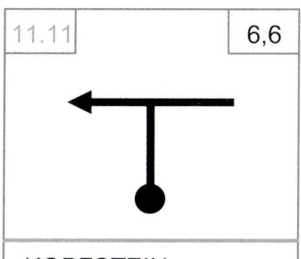

11.11	6,6

KOPFSTEIN

11.12	7,2

B192

S   N

N 53 43 71
E 11 39 46

Ende: auf B 192

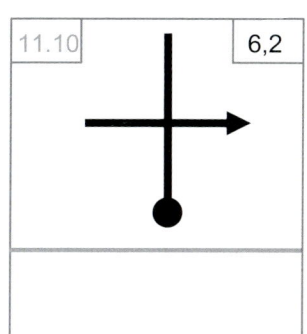

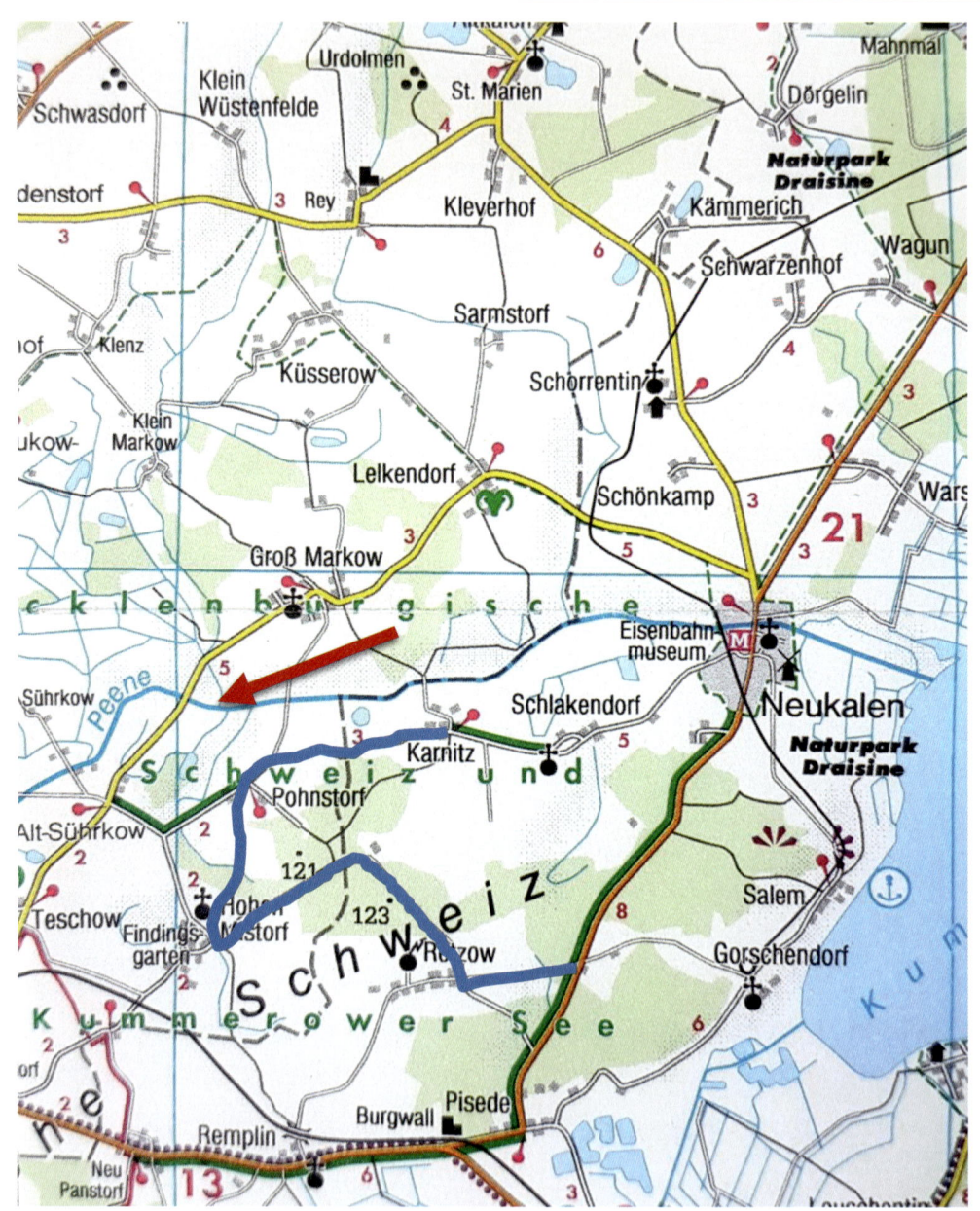

Orientierung: 2
Länge: 11,9 km
Dauer: 20 min

300 years of fame and counting. Wenn das Andy Warhol wüsste – hier gehen die Uhren noch deutlich langsamer und Ruhm ist nicht eine Sache von Minuten.

1704 rettete der Hund Hagen einem Jäger vor den Angriffen eines riesigen Ebers das Leben und rehabilitiert damit nicht nur den seit des etwas feigen Mordes an Siegfried angeschlagenen Ruf des Namens, sondern sichert sich bis heute einen Gedenkstein. Irgendwie passt dies auch zum Rest dieses Tracks: Wegführungen wie in einem Grimms Märchen, einsame Gutshöfe, ein etwas deplatziertes Mausoleum und ein schöner Aussichtspunkt garantieren ein stimmiges Backroad-Erlebnis.

Unsere Empfehlung: Am Picknickplatz eine gute Dosentomatensuppe genießen!

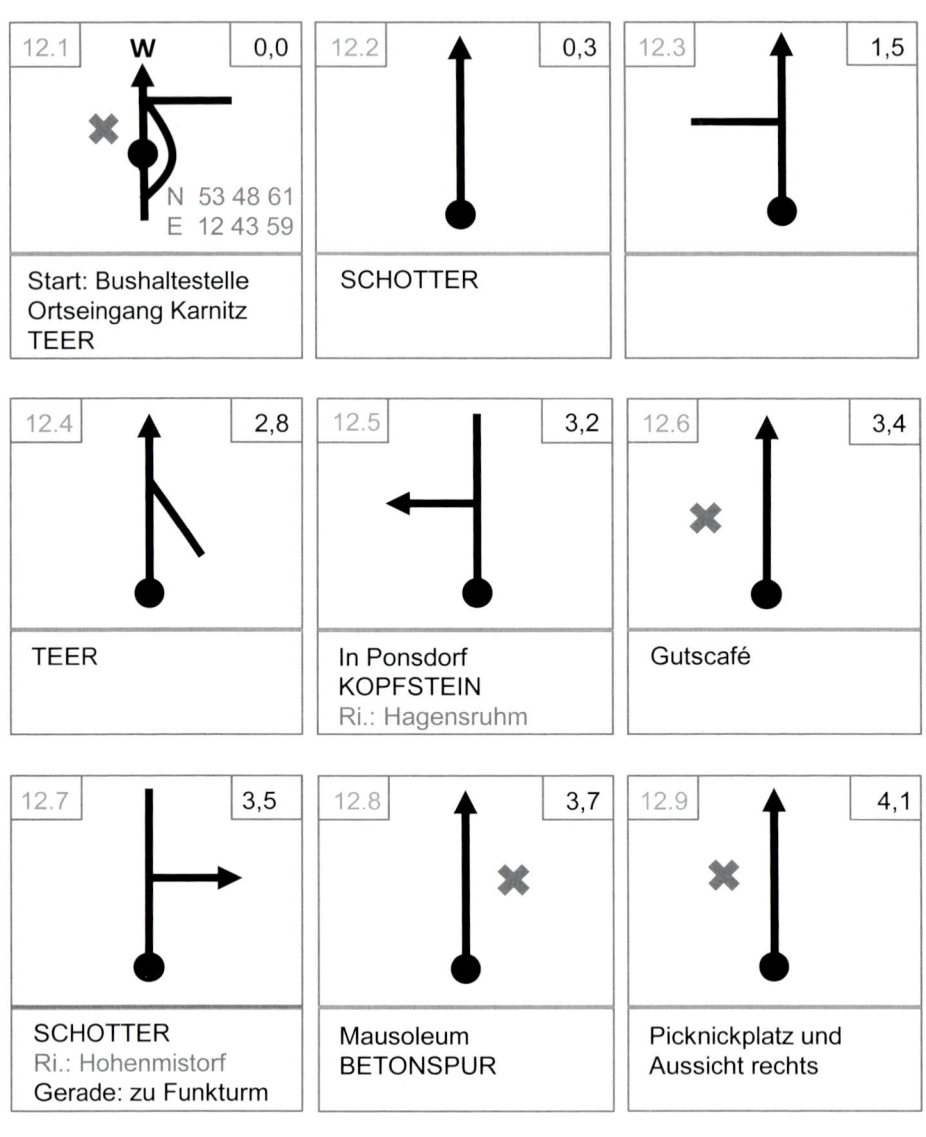

| 12.1 | 0,0 |
| W | |

N 53 48 61
E 12 43 59

Start: Bushaltestelle
Ortseingang Karnitz
TEER

| 12.2 | 0,3 |

SCHOTTER

| 12.3 | 1,5 |

| 12.4 | 2,8 |

TEER

| 12.5 | 3,2 |

In Ponsdorf
KOPFSTEIN
Ri.: Hagensruhm

| 12.6 | 3,4 |

Gutscafé

| 12.7 | 3,5 |

SCHOTTER
Ri.: Hohenmistorf
Gerade: zu Funkturm

| 12.8 | 3,7 |

Mausoleum
BETONSPUR

| 12.9 | 4,1 |

Picknickplatz und
Aussicht rechts

Hagensruhm

12

12.10	5,6

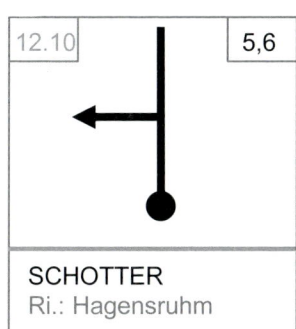

SCHOTTER
Ri.: Hagensruhm

12.11	7,5

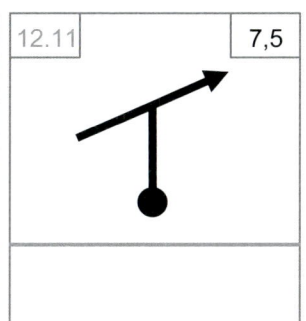

12.12	7,7

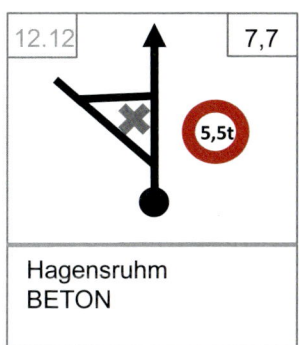

Hagensruhm
BETON

12.13	10,3

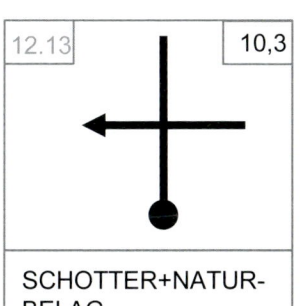

SCHOTTER+NATUR-
BELAG
Ri.: Retzow

12.14	11,8

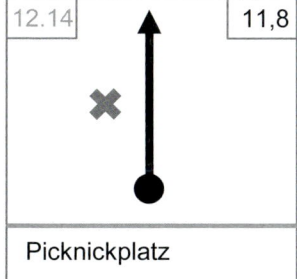

Picknickplatz

12.15	11,9

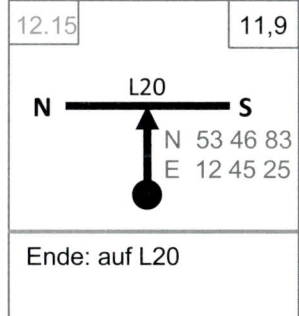

Ende: auf L20

Orientierung: 2
Länge: 7,2 km
Dauer: 20 min

Der „Amazonas des Nordens" ist ein ungewöhnlich artenreiches Naturparadies und einer der letzten unverbauten Flüsse Deutschlands.

Mit einem äußerst geringen Gefälle können bei Hochwasserständen der Ostsee noch weit im Hinterland der Peene Überschwemmungen auftreten. So entstand eines der größten Niedermoorgebiete Europas mit einer für eine Industrienation vielfältigen Tierwelt. Drei verschiedene Adlerarten, Fischotter, Biber und seltene Fische wie Neunaugen und Steinbeißer haben hier ihren Lebensraum.

Der Track verläuft auf einer sandigen Moräne oberhalb des Peenetals, das als Schmelzwasserkanal unter den Gletschern der letzten Eiszeit seinen Ursprung hat. Neben der Aussicht auf das Tal und Usedom sind der lange, sandige Streckenteil und die liebevoll renovierten Ortschaften Höhepunkte dieser Tour.

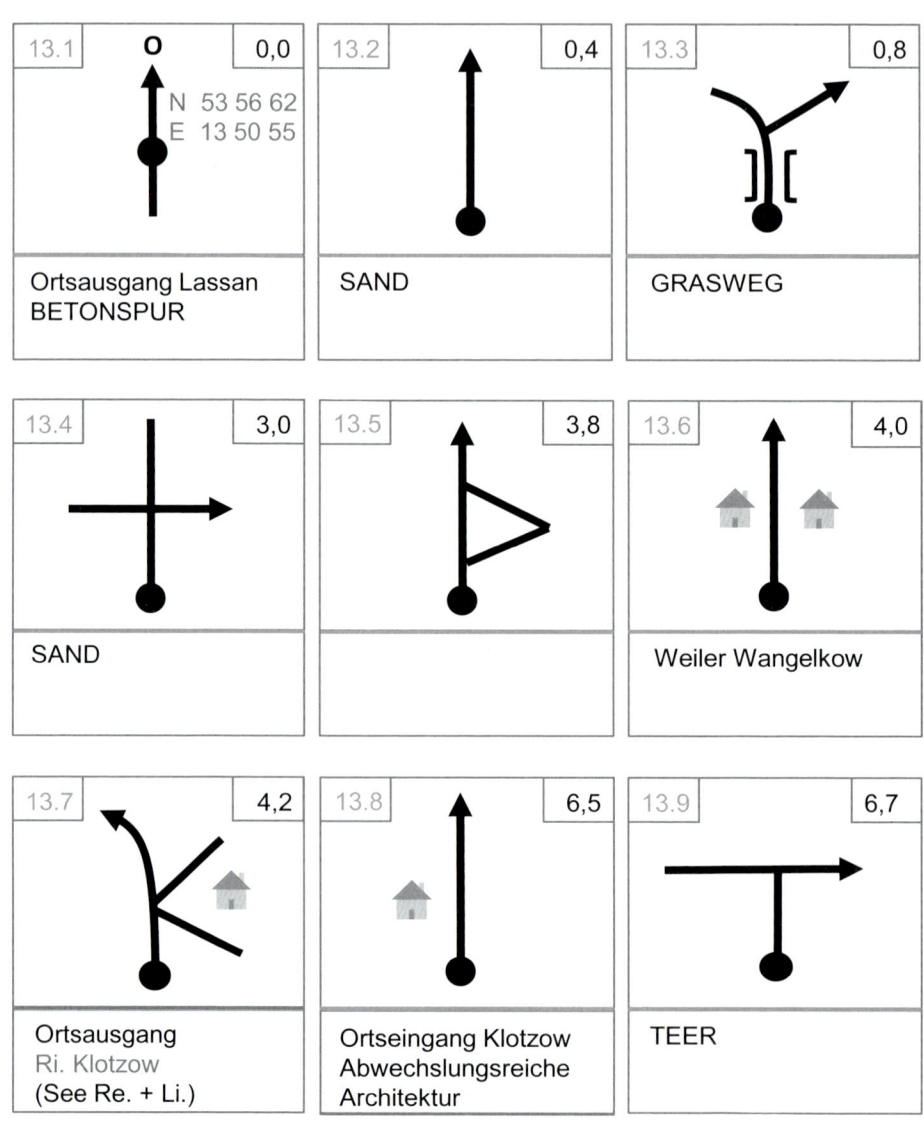

13.1	**O**	0,0
N 53 56 62		
E 13 50 55		

Ortsausgang Lassan
BETONSPUR

| 13.2 | | 0,4 |

SAND

| 13.3 | | 0,8 |

GRASWEG

| 13.4 | | 3,0 |

SAND

| 13.5 | | 3,8 |

| 13.6 | | 4,0 |

Weiler Wangelkow

| 13.7 | | 4,2 |

Ortsausgang
Ri. Klotzow
(See Re. + Li.)

| 13.8 | | 6,5 |

Ortseingang Klotzow
Abwechslungsreiche
Architektur

| 13.9 | | 6,7 |

TEER

Peenetal

13.10	7,0	13.11	7,2

13.11

S

N 53 53 51
E 13 49 78

Ende:
Ortsausgang Klotzow
Aussicht Peenetal

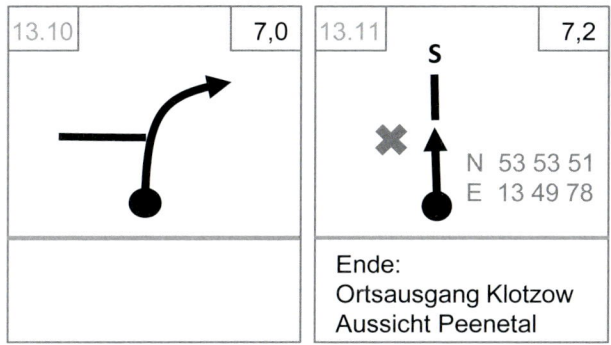

Schloss Badow

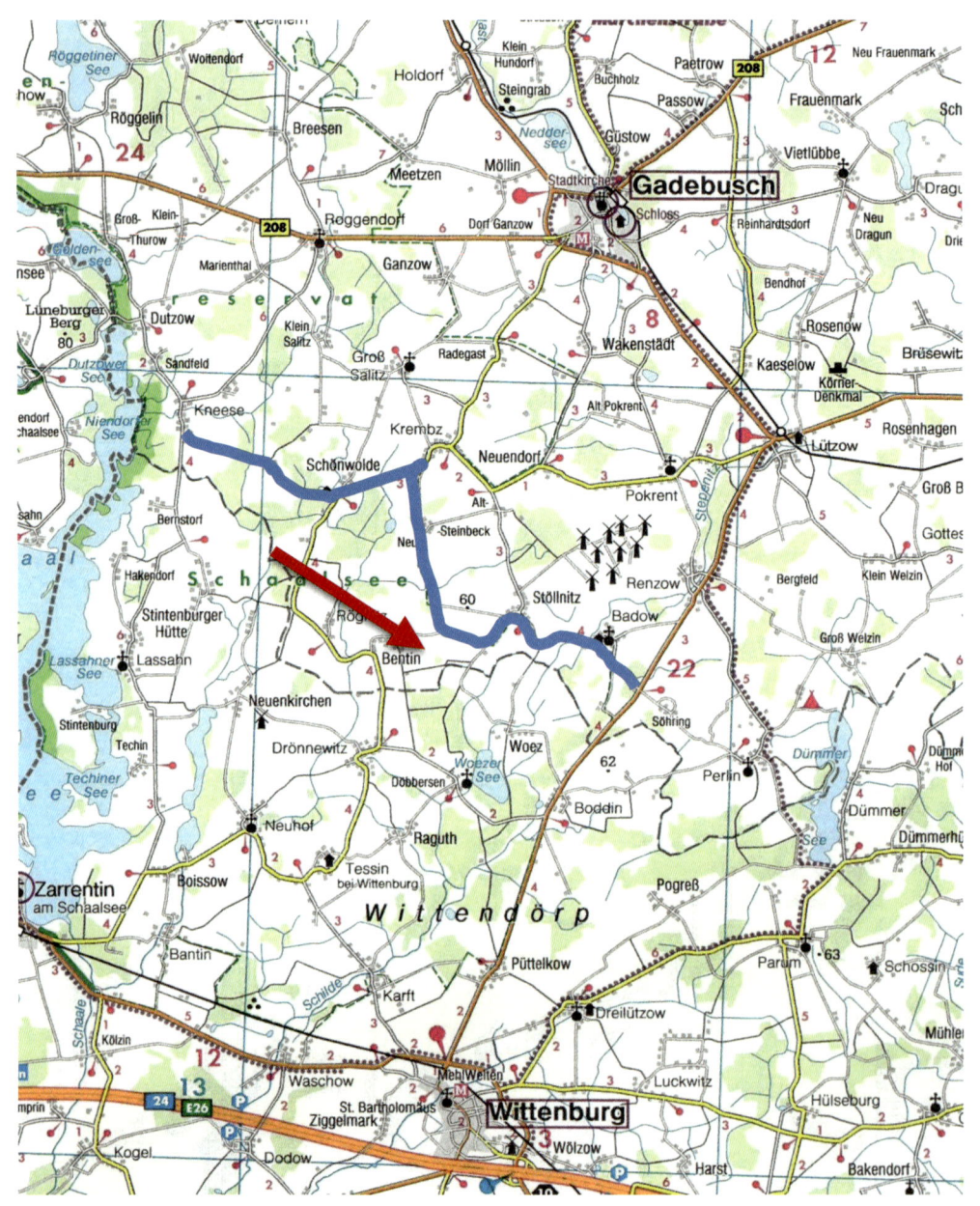

Schloss Badow

Orientierung: 1
Länge: 16,2 km
Dauer: 30 min

Ausgangspunkt dieses Tracks ist das Naturreservat Schaalsee an der Grenze zu Schleswig-Holstein. Er taucht ein in die feudale Vergangenheit dieser Region mit einzelnen, von einem Gutshof verwalteten Gehöften.

Die Tracks entlang des Schaalsees sind Wanderern und Radfahrern vorbehalten, es handelt sich um eines der artenreichsten Gebiete Deutschlands. Besonders im Frühjahr und Herbst ist der Zwischenstopp von tausenden Zugvögeln ein beeindruckendes Schauspiel. Unsere Route folgt malerischen historischen Verbindungsstraßen sowie Wegen durch Buchenwälder und Kulturlandschaft bis zum Gutshof – manche sagen sogar Schloss - Badow, das seine Ursprünge im 13. Jahrhundert hat.

Da selbst die Schotterabschnitte auf diesem Track gut befestigt sind, sollte er auch mit PKW ganzjährig befahrbar sein.

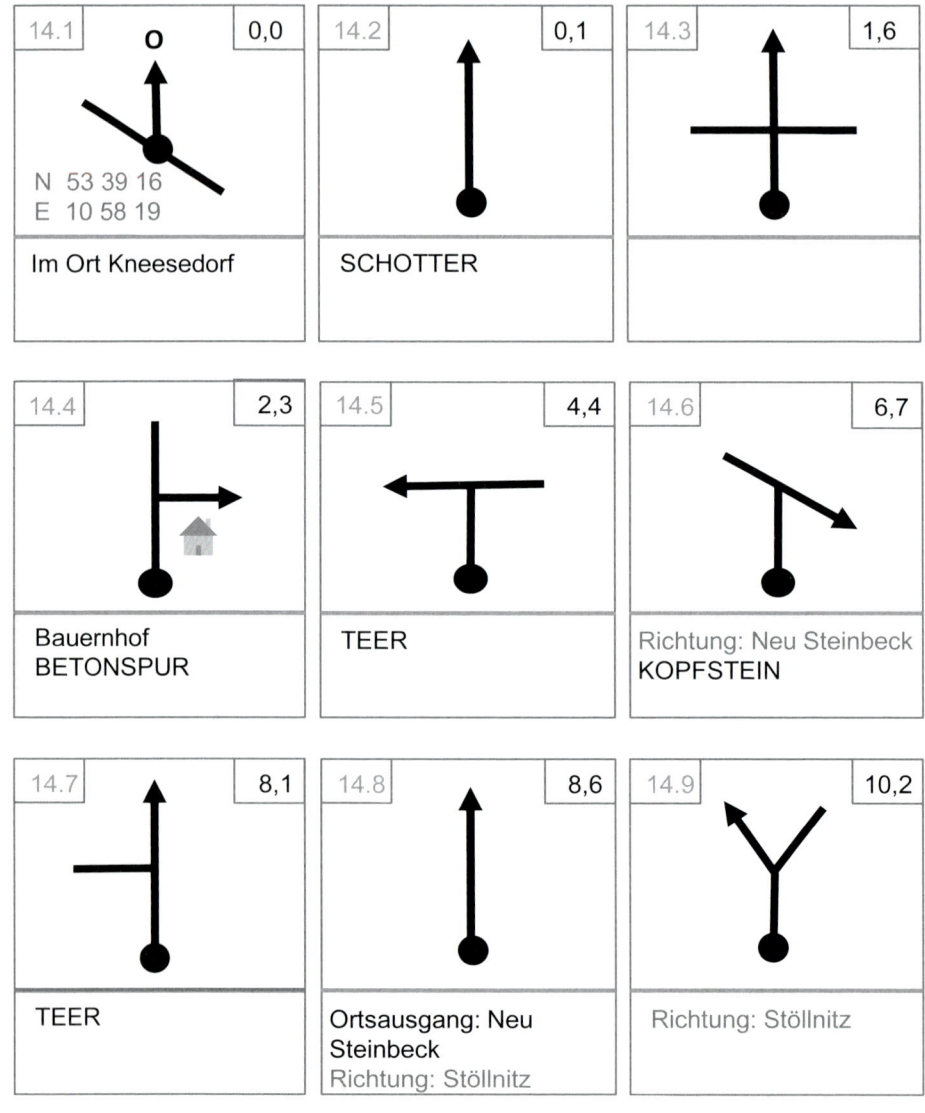

14.1 O 0,0	14.2 0,1	14.3 1,6
N 53 39 16 E 10 58 19 Im Ort Kneesedorf	SCHOTTER	
14.4 2,3	14.5 4,4	14.6 6,7
Bauernhof BETONSPUR	TEER	Richtung: Neu Steinbeck KOPFSTEIN
14.7 8,1	14.8 8,6	14.9 10,2
TEER	Ortsausgang: Neu Steinbeck Richtung: Stöllnitz	Richtung: Stöllnitz

Schloss Badow

14.10	12,0
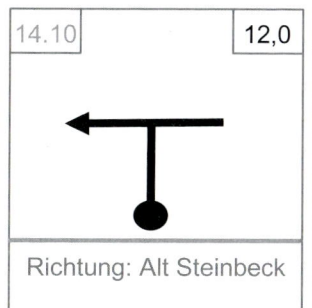	
Richtung: Alt Steinbeck	

14.11	12,3
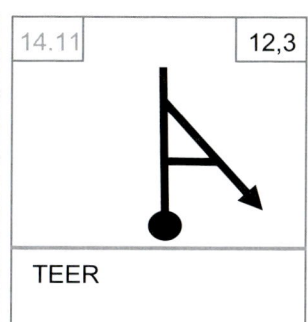	
TEER	

14.12	13,2

Richtung: Badow Vorfahrtstr. folgen	

14.13	14,6
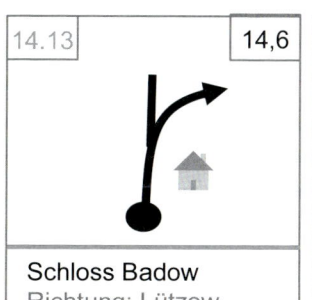	
Schloss Badow Richtung: Lützow	

14.14	16,2
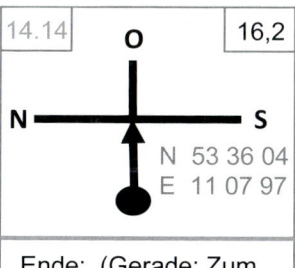	
N 53 36 04 E 11 07 97	
Ende: (Gerade: Zum Badesee und Camping Dümmer)	

Frachtweg

Frachtweg

Orientierung: 1
Länge: 6,7 km
Dauer: 30 min

Nachdem diese Strecke schon mehrere Jahrhunderte als Verbindung von Wittenburg nach Osten diente und den Fuhrleuten mit ihren grundlosen Schlammpassagen das Leben schwer machte, wurde vor knapp 100 Jahren eine Alternativstrecke befestigt.

Dies führte dazu, dass dieser – obwohl mittlerweile auch etwas zahmer gewordene – Ortsverbindungsweg einiges seiner Ursprünglichkeit in die Moderne hinübergerettet hat. Besonders nach langen Regenphasen ist so zumindest für Unterhaltung, bei unvorsichtiger Spurwahl manchmal jedoch auch für Schaufelei oder Kontakt zu den Einheimischen (idealerweise in Besitz eines Traktors) gesorgt.
Der Verlauf ist dafür recht simpel – er verläuft durchgängig entlang des Waldrandes, meist durch eine schattenspendende Reihe Bäume von den Weiden getrennt.

Fun-Fact: Das sehenswerte Wittenburg ist Deutschlands nördlichstes, ganzjähriges Wintersportgebiet – dank Skihalle.

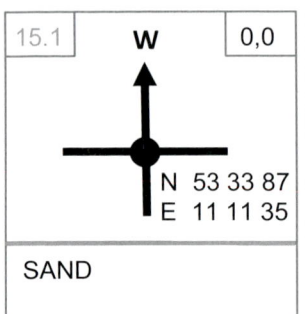

15.1   W   0,0

N 53 33 87
E 11 11 35

SAND

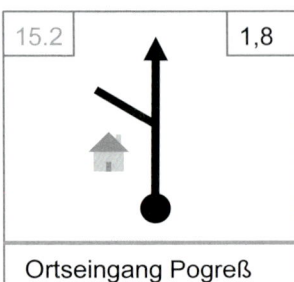

15.2   1,8

Ortseingang Pogreß
BETONSPUR / TEER

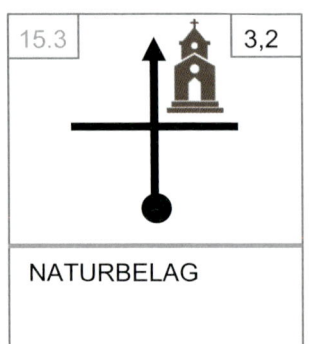

15.3   3,2

NATURBELAG

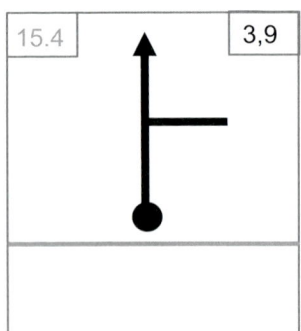

15.4   3,9

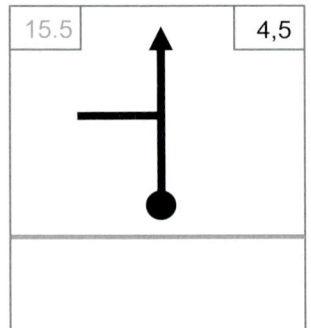

15.5   4,5

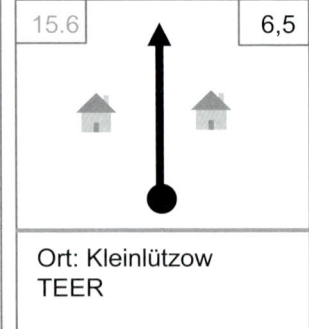

15.6   6,5

Ort: Kleinlützow
TEER

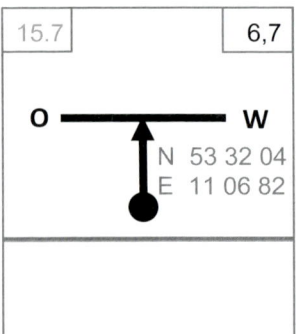

15.7   6,7

O   W

N 53 32 04
E 11 06 82

Alter Postweg

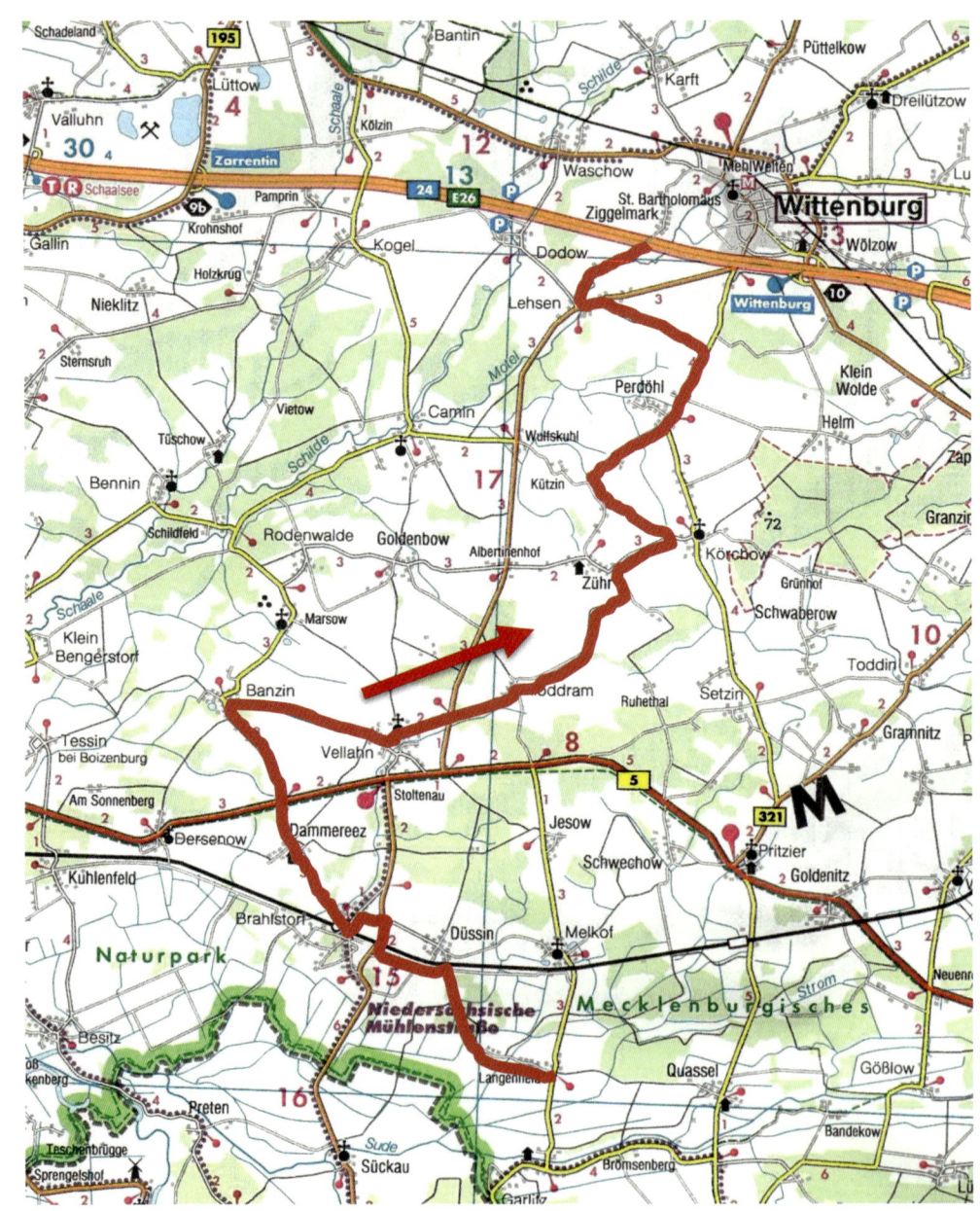

Alter Postweg

Orientierung: 2
Länge: 37,7 km
Dauer: 1 h 20 min

Was heute das Internet ist, war früher die Post – der organisierte Informations-austausch war nicht nur sehr hip, sondern veränderte auch die sehr regional geprägte Infrastruktur.

Schließlich bestehen die meisten Weiler entlang dieses Tracks schon seit dem 12. Jh. und die einfachen Wege führten nur zum nächsten Marktflecken. Lief dann plötzlich eine Postroute durch den Ort, war man plötzlich mehrere Tagesritte schneller mit der Kreisstadt oder sogar dem Rest der Welt verbunden.

Dieser Track folgt in Teilen einer der alten Postverbindungsrouten in den Elbauen und erlaubt sich ein paar Ausreißer auf kleinere, unbefestigte Verbindungswege.

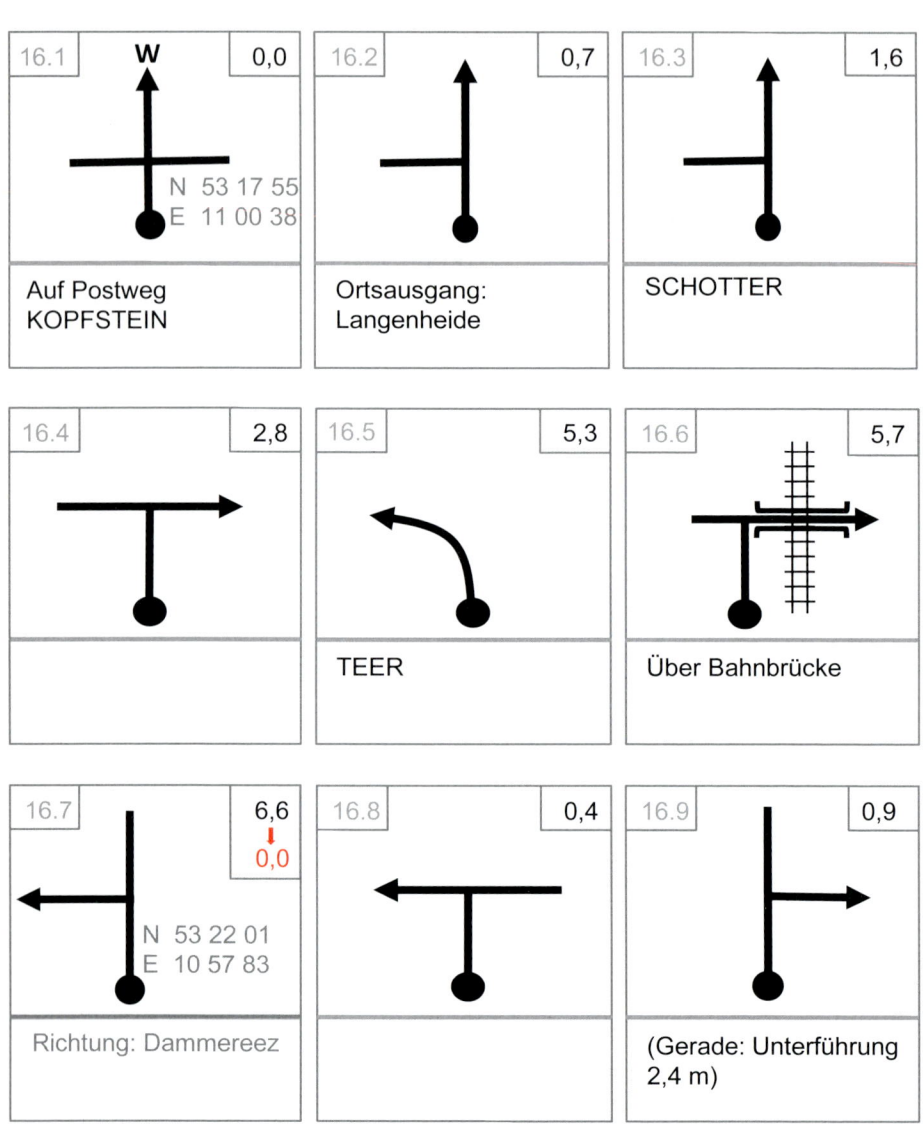

16.1	W	0,0

N 53 17 55
E 11 00 38

Auf Postweg
KOPFSTEIN

16.2		0,7

Ortsausgang:
Langenheide

16.3		1,6

SCHOTTER

16.4		2,8

16.5		5,3

TEER

16.6		5,7

Über Bahnbrücke

16.7		6,6
		0,0

N 53 22 01
E 10 57 83

Richtung: Dammereez

16.8		0,4

16.9		0,9

(Gerade: Unterführung
2,4 m)

16.10	3,1
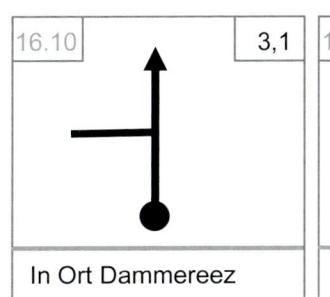

In Ort Dammereez

16.11	4,1
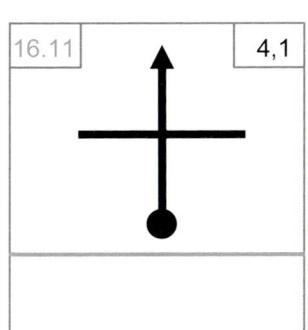

16.12	6,7
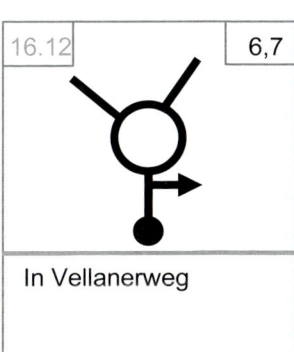

In Vellanerweg

16.13	7,1
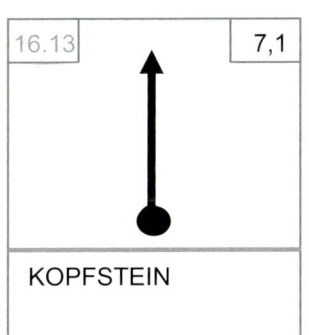

KOPFSTEIN

16.14	10,0

Ortseingang: Vellahn

16.15	10,5
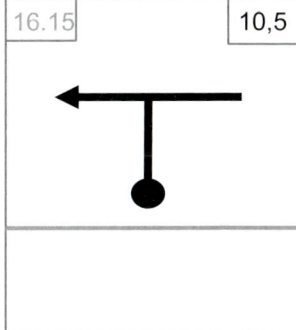

16.16	10,7
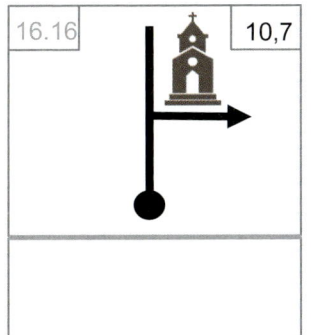

16.17	11,0
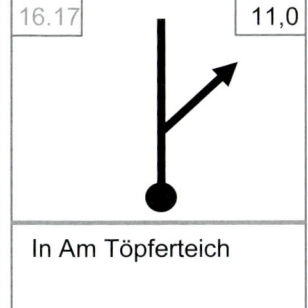

In Am Töpferteich

16.18	11,2
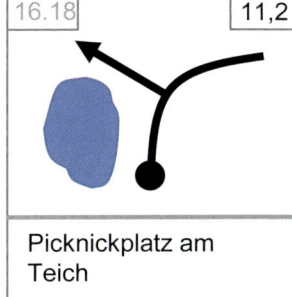

Picknickplatz am Teich

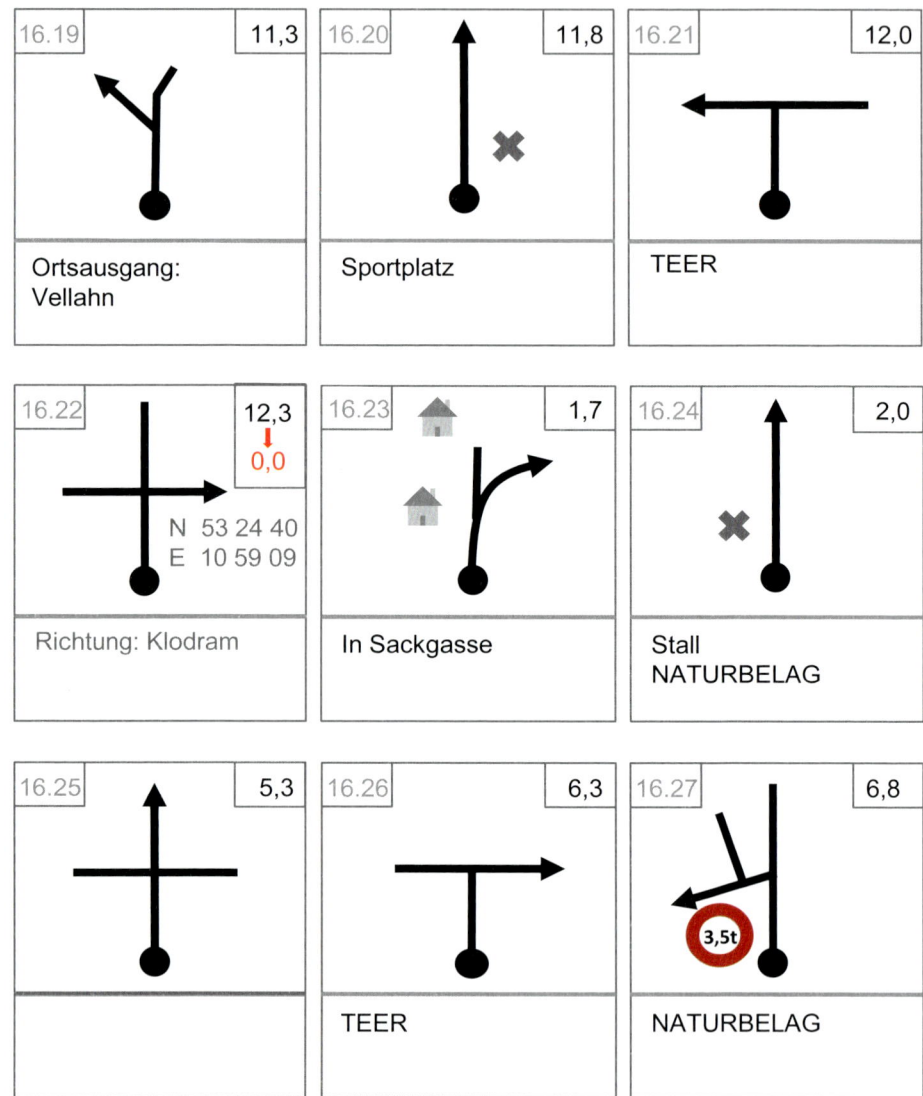

16.19	11,3
Ortsausgang: Vellahn	

16.20	11,8
Sportplatz	

16.21	12,0
TEER	

16.22	12,3 / 0,0
N 53 24 40 E 10 59 09	
Richtung: Klodram	

16.23	1,7
In Sackgasse	

16.24	2,0
Stall NATURBELAG	

16.25	5,3

16.26	6,3
TEER	

16.27	6,8
3,5t	
NATURBELAG	

Alter Postweg

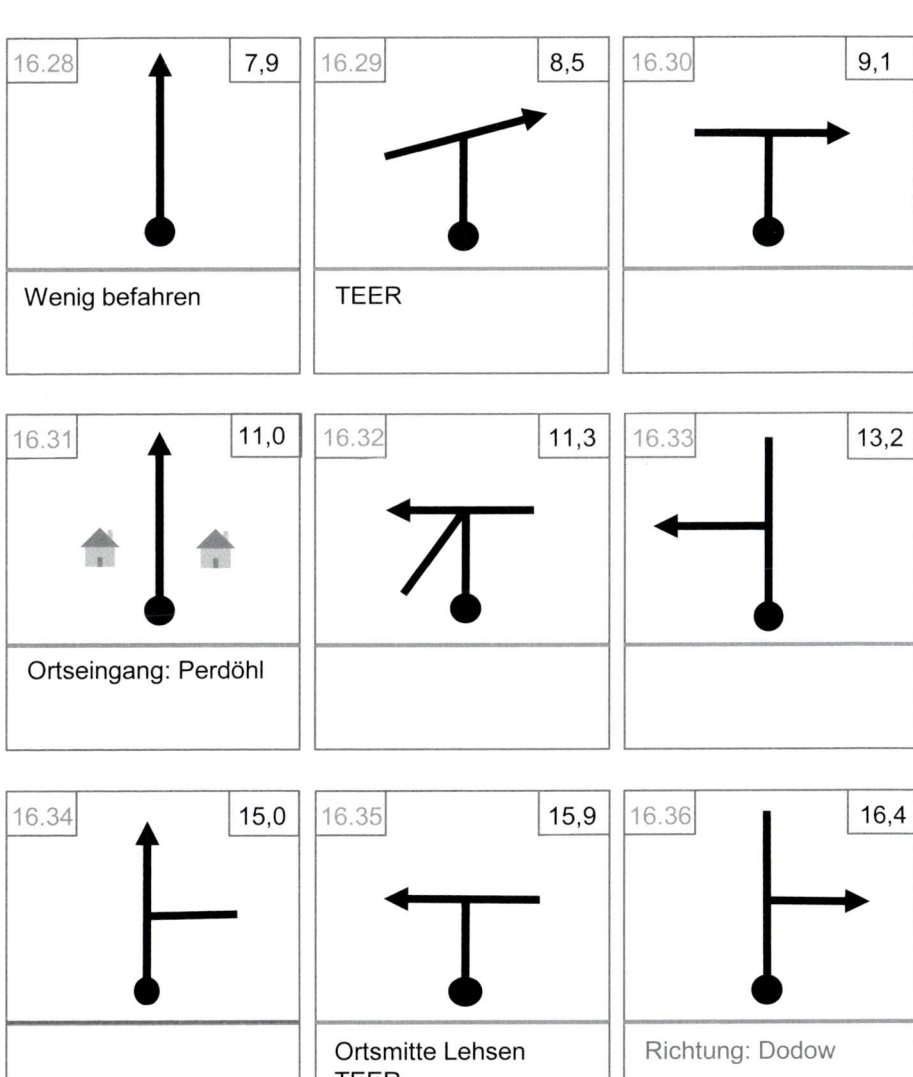

16.28	7,9
Wenig befahren	

16.29	8,5
TEER	

16.30	9,1

16.31	11,0
Ortseingang: Perdöhl	

16.32	11,3

16.33	13,2

16.34	15,0

16.35	15,9
Ortsmitte Lehsen TEER	

16.36	16,4
Richtung: Dodow	

Alter Postweg

16.37	16,5	16.38	16,9	16.39	18,8

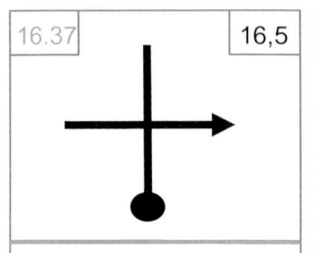

In Ziggelmarkerweg

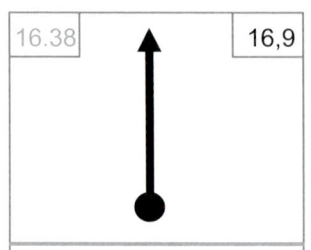

SCHOTTER

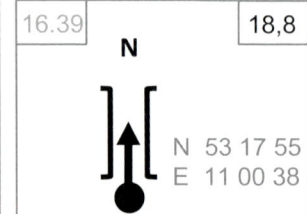

N 53 17 55
E 11 00 38

Ende: auf Brücke über A24

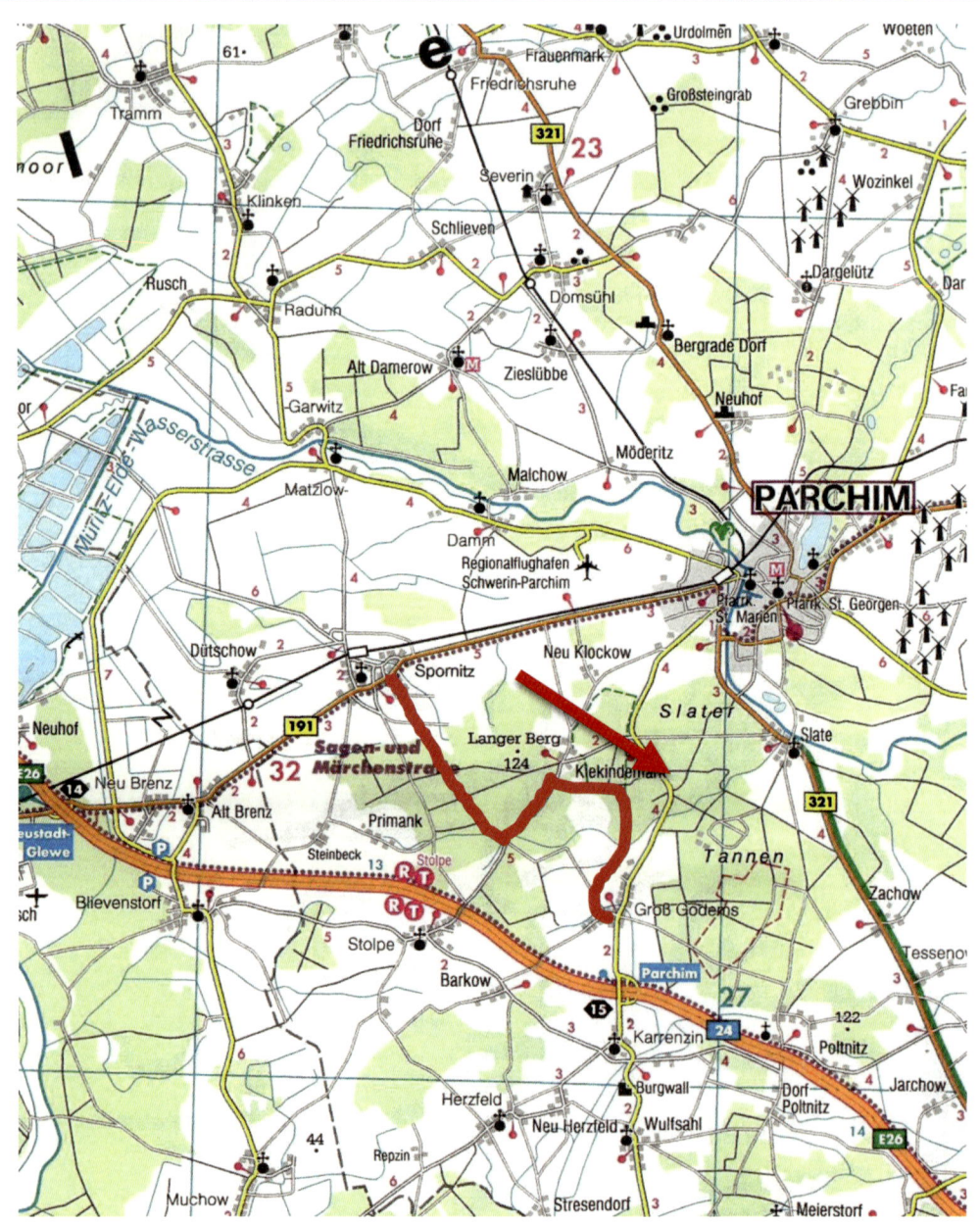

Heuweg

Orientierung: 1
Länge: 10,8 km
Dauer: 30 min

Vor Jahrhunderten diente dieser Weg zur Erntezeit Kleinbauern der Region als Transportweg, um mit ihren Ochsenkarren zurück zu den Gehöften bei Groß Godems zu gelangen.

Der Trackverlauf versucht dieser traditionellen Strecke am Fuß der Sonnenberge auf Landstraßen und Verbindungswegen durch diesen, auch heute noch von Viehzucht und Weidewirtschaft geprägten, Landstrich nach Osten zu folgen.
Am Endpunkt liegt die sehenswerte Fachwerkkirche Groß Godems mit ihrem separaten Glockenstuhl.

Bodenfreiheit und bei Nässe 4WD sind beruhigend.

Heuweg

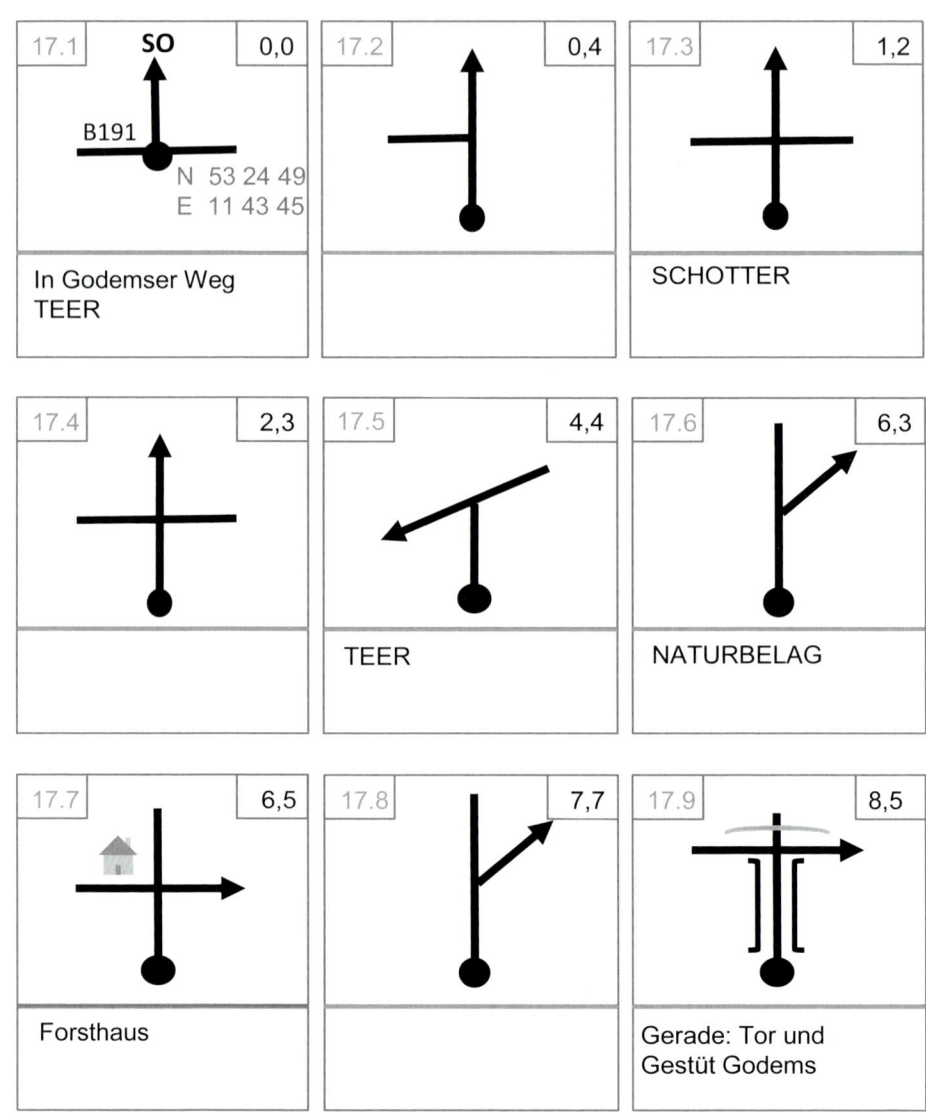

17.1 · SO · 0,0 · B191 · N 53 24 49 · E 11 43 45 · In Godemser Weg TEER	**17.2** 0,4	**17.3** 1,2 · SCHOTTER
17.4 2,3	**17.5** 4,4 · TEER	**17.6** 6,3 · NATURBELAG
17.7 6,5 · Forsthaus	**17.8** 7,7	**17.9** 8,5 · Gerade: Tor und Gestüt Godems

Heuweg

17

17.10	9,1

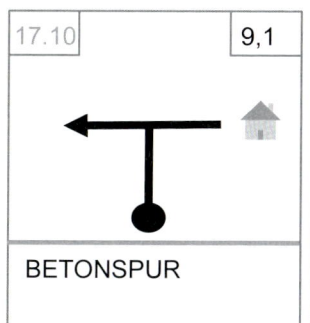

BETONSPUR

17.11	10,3

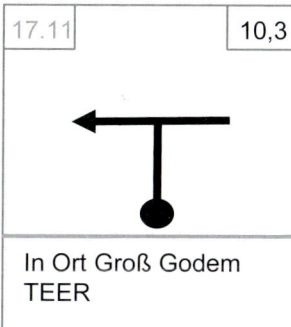

In Ort Groß Godem
TEER

17.12	10,5

17.13	10,6

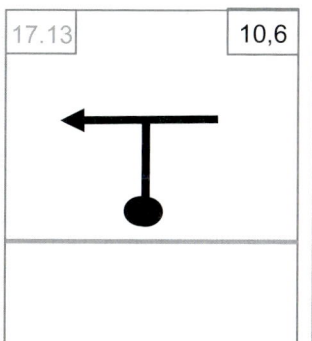

17.14	10,8

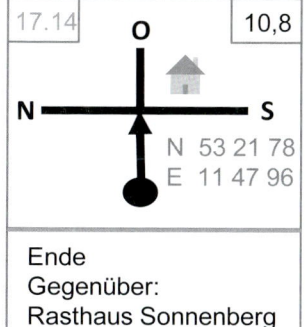

N 53 21 78
E 11 47 96

Ende
Gegenüber:
Rasthaus Sonnenberg

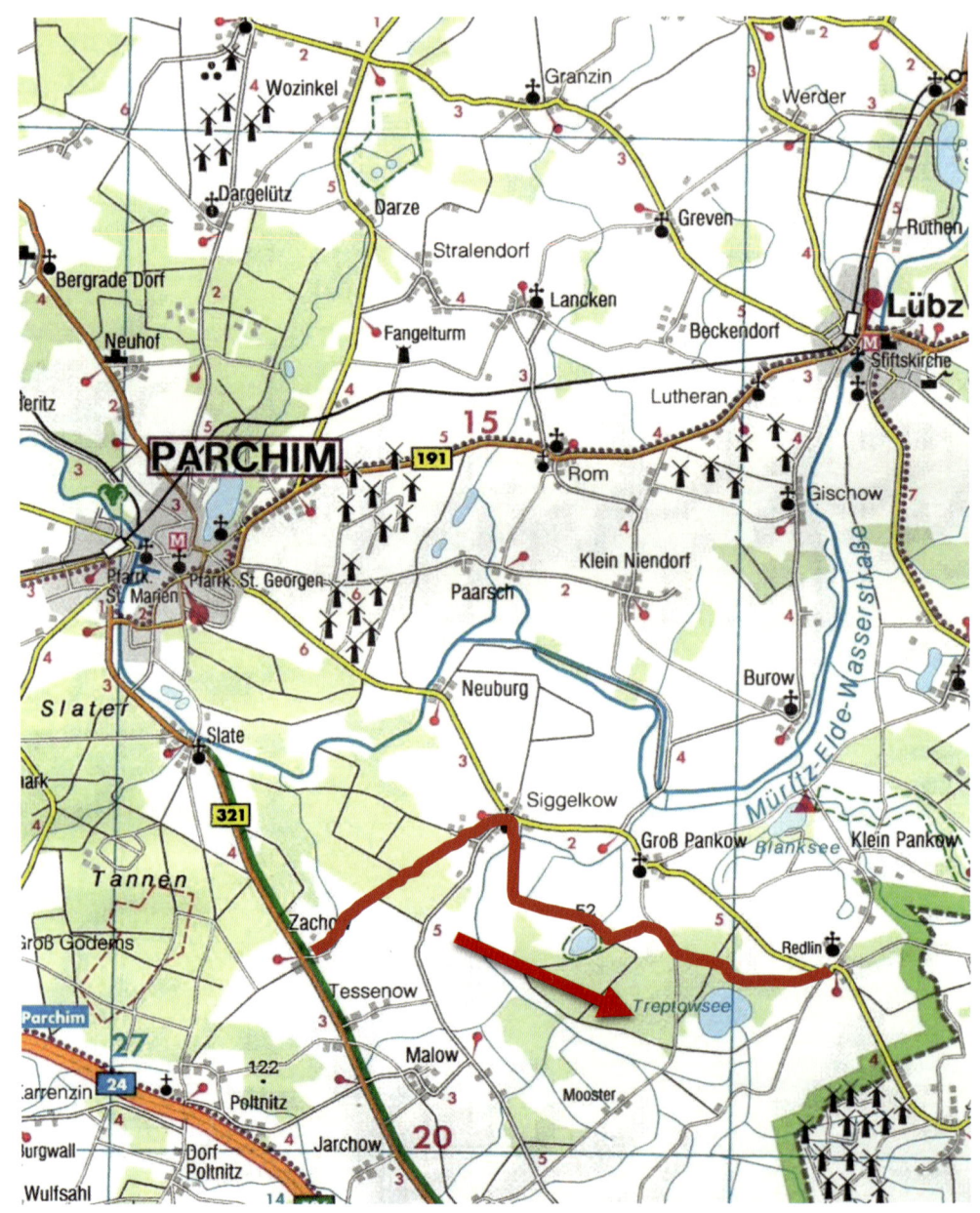

Treptow See

![Treptow See Landschaft mit Fahrzeug am Ufer]

Orientierung: 1
Länge: 12,6 km
Dauer: 30 min

Für einen See recht ungewöhnlich liegt der Treptow See höher als seine unmittelbare Umgebung. Er ist ein Relikt aus der letzten Eiszeit, als sich Schmelzwasser vor der Endmoräne aufstaute.

Dieser Track führt abwechslungsreich über Landwege und öffentliche Waldwege zu dem bei Einheimischen seit über 100 Jahren wegen des großen Sandstrandes sehr beliebten Badesee inmitten der Natur. Heute ist das Gebiet um den See Landschaftsschutzgebiet, noch in den 80er Jahren jedoch benutzen die Sowjets den See als Badeplatz für Panzer und, wie die Nazis vor ihnen, die Umgebung als Übungsgebiet. Wenn man am Ende des Tracks nach Süden Richtung Jännersdorf abbiegt, kann man noch die zum Flugplatz verbreiterte Landstraße erahnen.

An sonnigen Wochenenden tummeln sich oft bis zu 2000 Menschen am See, außerhalb der Saison ist dies ein sehr idyllischer und ruhiger Ort. Geschlossene Absperrungen bitte unbedingt beachten.

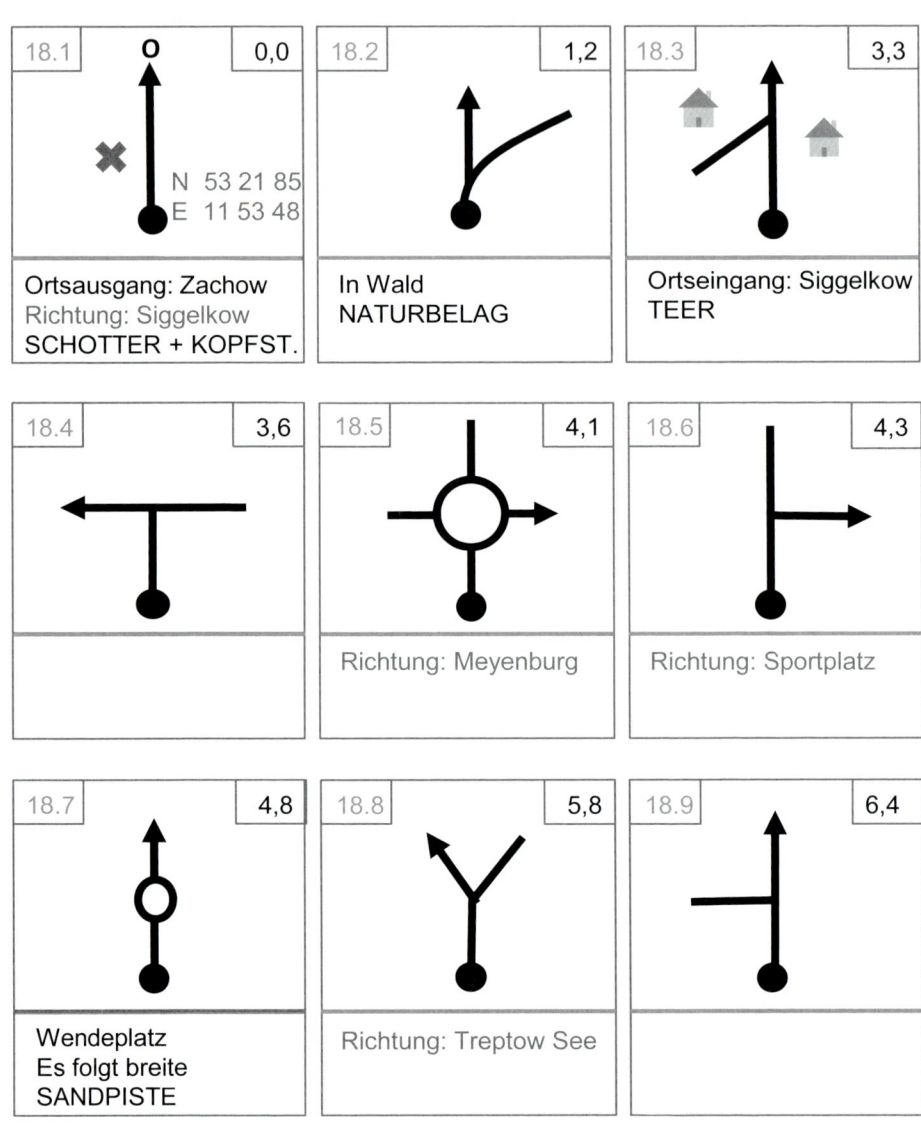

18.1	0,0
O N 53 21 85 E 11 53 48	

Ortsausgang: Zachow
Richtung: Siggelkow
SCHOTTER + KOPFST.

18.2	1,2

In Wald
NATURBELAG

18.3	3,3

Ortseingang: Siggelkow
TEER

18.4	3,6

18.5	4,1

Richtung: Meyenburg

18.6	4,3

Richtung: Sportplatz

18.7	4,8

Wendeplatz
Es folgt breite
SANDPISTE

18.8	5,8

Richtung: Treptow See

18.9	6,4

Treptow See 18

18.10 7,7	18.11 8,7	18.12 9,5
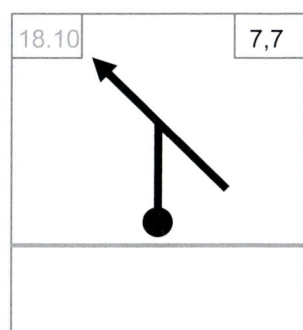	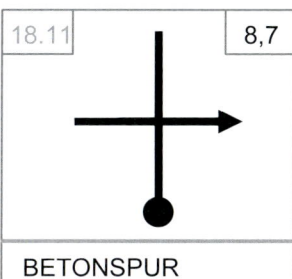 BETONSPUR	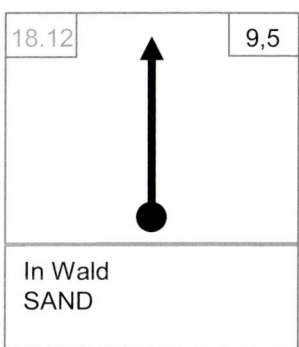 In Wald SAND

18.13 9,9	18.14 10,5	18.15 10,7
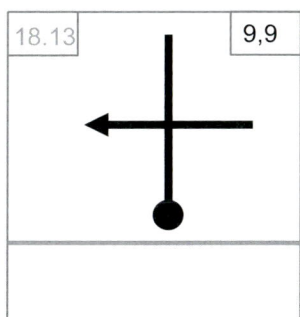	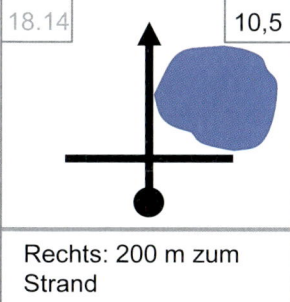 Rechts: 200 m zum Strand	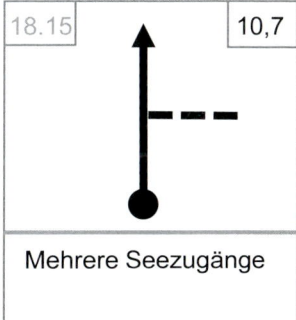 Mehrere Seezugänge

18.16 10,9	18.17 12,4	18.18 12,6
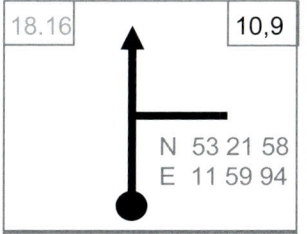 N 53 21 58 E 11 59 94 Rechts: zu FKK-Strand	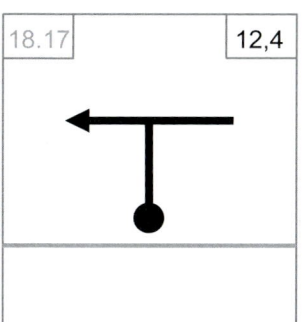	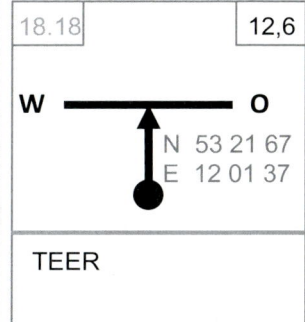 N 53 21 67 E 12 01 37 TEER

101

Bobziner Schleuse

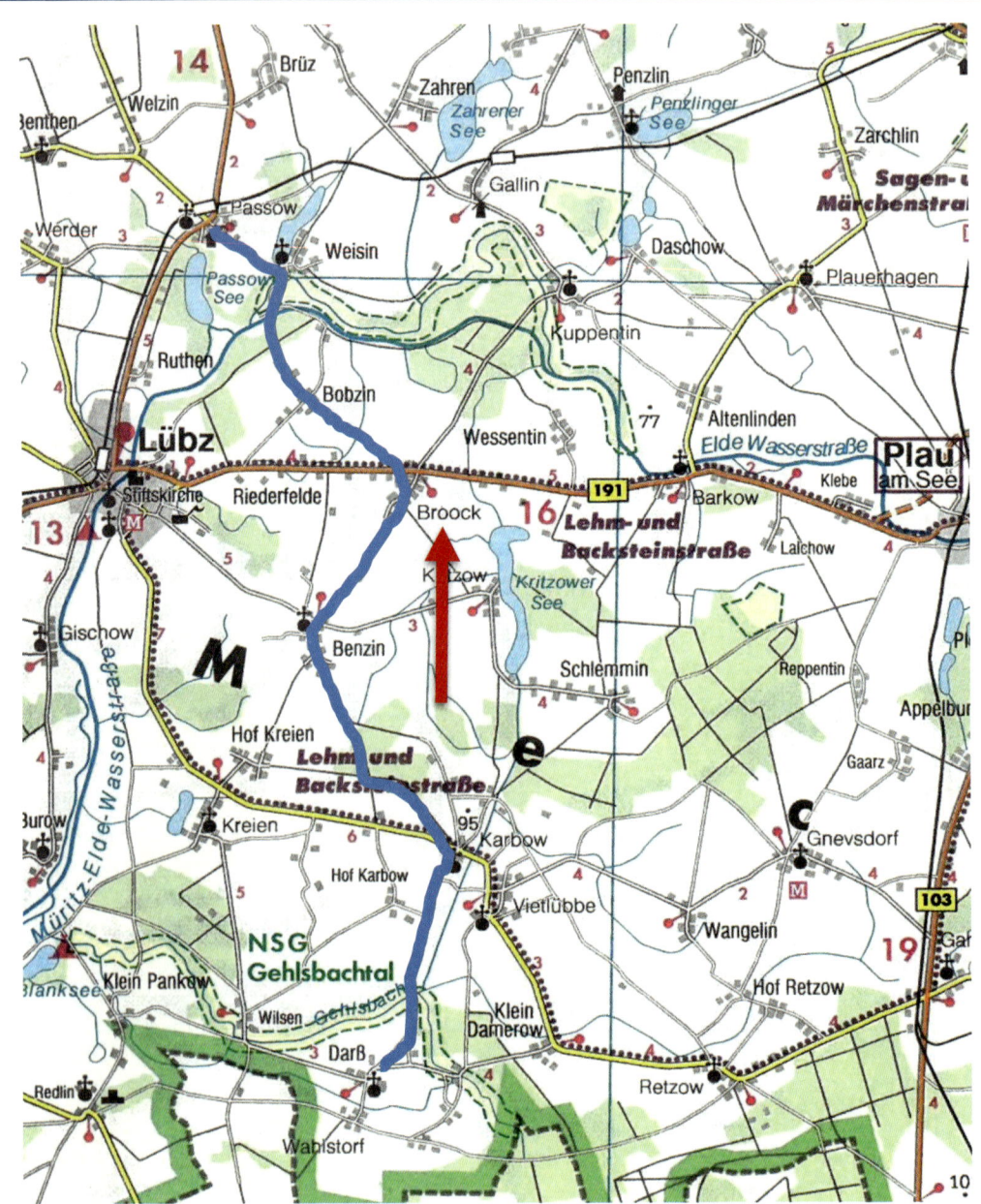

Orientierung: 1
Länge: 20,3 km
Dauer: 45 min

Energiewende ist wirklich nichts Neues – schon vor 100 Jahren, als am Ende des ersten Weltkriegs die Kohle knapp war, wurde an der Schleuse ein Wasserkraftwerk eingerichtet.

Die Stelle war dazu prädestiniert, schließlich ist die Bobziner Schleuse mit 6,80 m die höchste Schleuse in Mecklenburg. Noch einmal fast 100 Jahre früher - also so um 1830 - diente die Schleuse dem Ausbau des Flüsschens Elde zum schiffbaren Wasserweg und ermöglichte so die Einleitung der Industrialisierung in dieser Region. Sowohl Kraftwerk als auch Schleuse sind noch in Betrieb. In dem kleinen Museum kann man in die Details der Technik eintauchen.
Von solcher Bedeutung bleibt dieser gemütliche Track mit einer Mischung von gut fahrbarem Sand, Schotter und etwas Teer, sowie kurzen Kopfsteinpflastereinlagen unbeeindruckt. Recht entschlossen Nord-Süd ausgerichtet bietet er kurzweilige Passagen durch diese gewachsene Kulturlandschaft.

Den Staub der Überlandfahrt kann man sich an der Badestelle am Passower See abwaschen. Wer die Fenster geschlossen hatte, kann sich als alternativem Zeitvertreib von dem erstaunlich monumentalen, schlossartigen Gutshaus Passow beeindrucken lassen.

19 Bobziner Schleuse

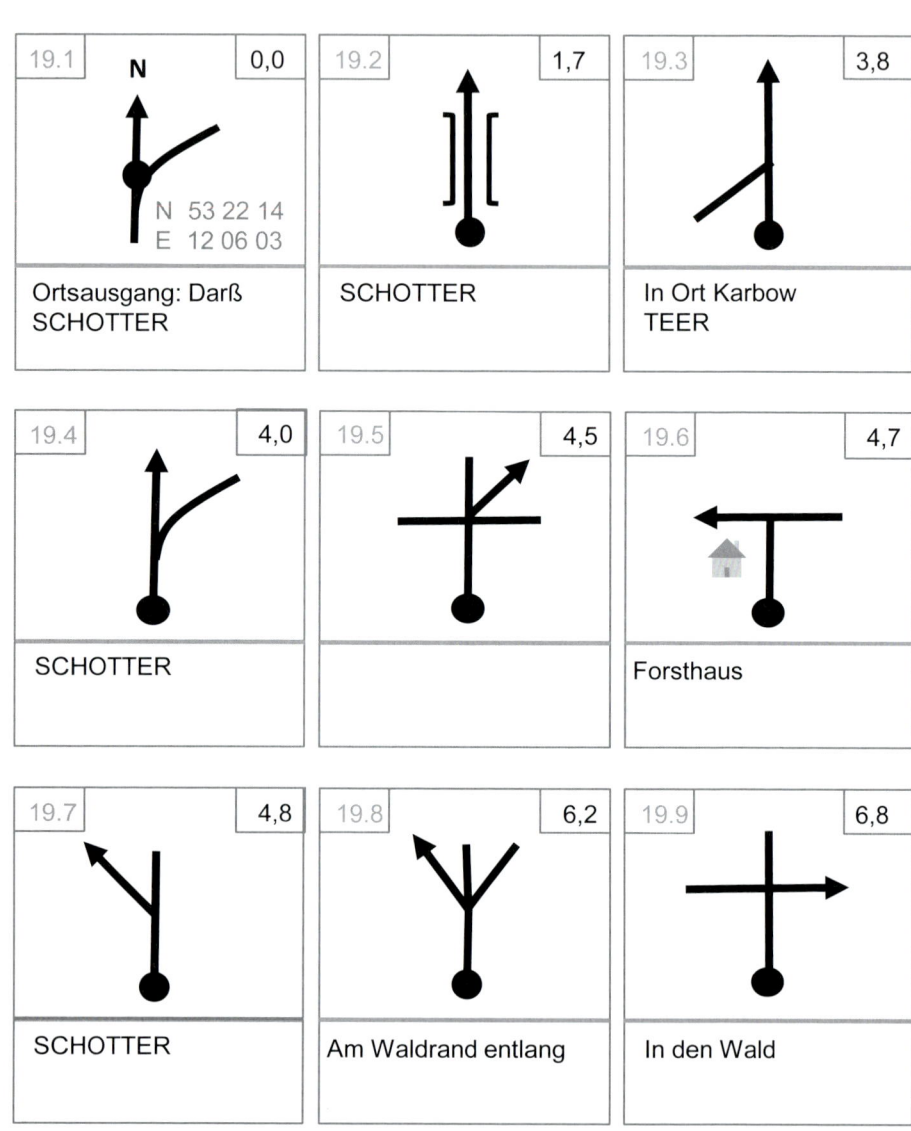

19.1	0,0
N 53 22 14 / E 12 06 03	
Ortsausgang: Darß SCHOTTER	

| 19.2 | 1,7 |
| SCHOTTER | |

| 19.3 | 3,8 |
| In Ort Karbow TEER | |

| 19.4 | 4,0 |
| SCHOTTER | |

| 19.5 | 4,5 |

| 19.6 | 4,7 |
| Forsthaus | |

| 19.7 | 4,8 |
| SCHOTTER | |

| 19.8 | 6,2 |
| Am Waldrand entlang | |

| 19.9 | 6,8 |
| In den Wald | |

Bobziner Schleuse 19

19.10 7,1 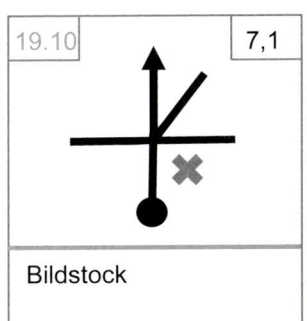 Bildstock	**19.11** 9,0 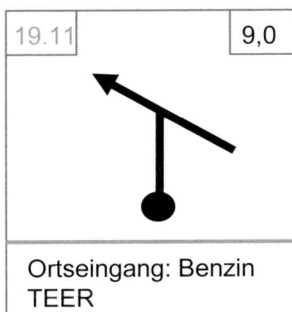 Ortseingang: Benzin TEER	**15.12** 9,3 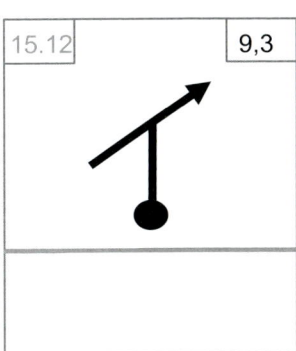
19.13 9,8 0,0 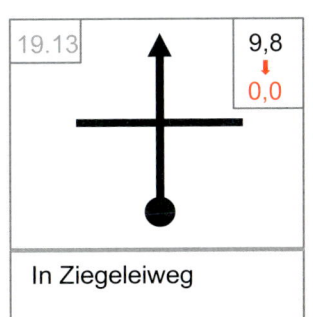 In Ziegeleiweg	**19.14** 2,7 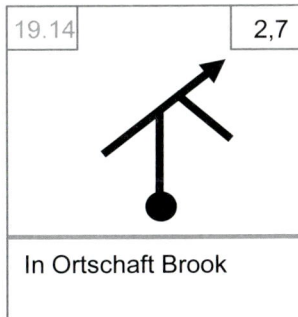 In Ortschaft Brook	**19.15** 3,4 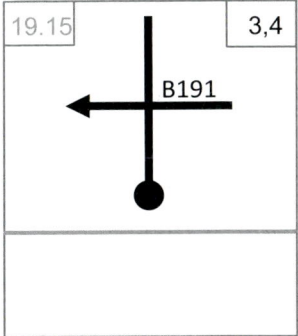 B191
15.16 3,7 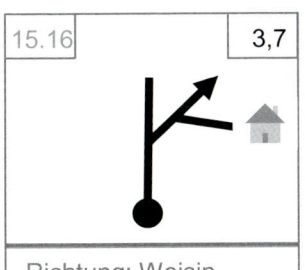 Richtung: Weisin SAND (Rechts: Hotel)	**19.17** 4,7 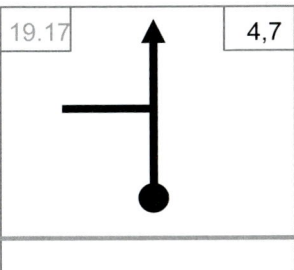	**19.18** 5,8 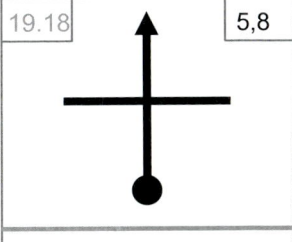 Richtung: Bobziner Schleuse

19.19	5,9	19.20	7,6	19.21	8,5

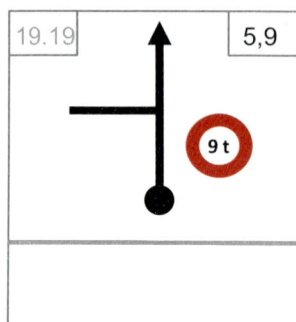

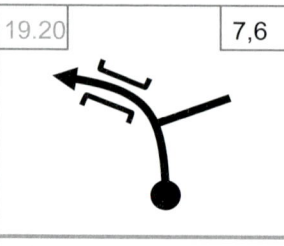

Über Schleuse

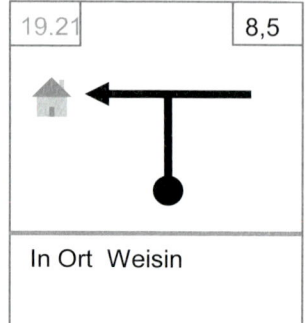

In Ort Weisin

19.22	8,7	19.23	10,0	19.24	10,3

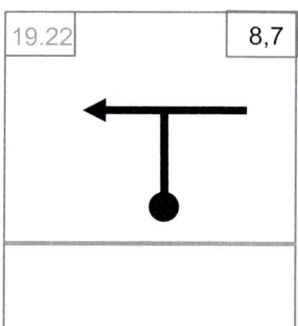

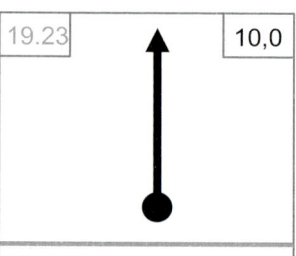

Ortseingang: Passow

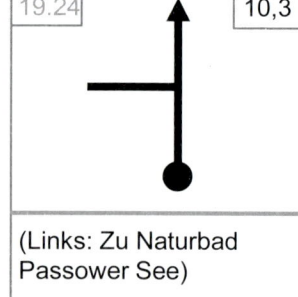

(Links: Zu Naturbad Passower See)

19.25	10,5

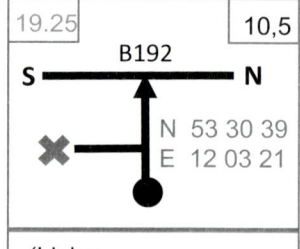

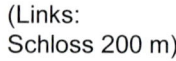

N 53 30 39
E 12 03 21

(Links:
Schloss 200 m)

Orientierung: 1
Länge: 21,8 km
Dauer: 40 min

Lage, Lage, Lage… schlechten Geschmack bei der Standortwahl für ihre mondänen Jagdresidenzen kann man der DDR-Führung wirklich nicht vorwerfen.

Die Welt ist für die DDR-Oberen scheinbar noch sehr in Ordnung, als Honecker diese bescheidene Jagdhütte am Drewitzer See 1982 in einem für Normalgenossen weithin abgeriegelten Waldgebiet zum 70. Geburtstag geschenkt bekam. Den Begriff Jagdhütte sollte man dabei größer denken – Baukosten 40 Mio., Kino, eigene Autobahnabfahrt und 30 Personen für 365 Tage in Bereitschaft, falls spontan die Jagdlust rief …
Aber zurück zur Lage: Ausgedehnte Wälder mit uraltem Buchenbestand, idyllische Seen am Ostrand des Müritz-Nationalparks und kleine Weiler in uraltem Kulturland. Dieser Track folgt kleinen Verbindungswegen durch das ehemalige Staatsjagdgebiet und weiter durch die Ländereien des einstmals feudalen Gutes Vollrathsruhe. Der Track endet direkt auf dem Platz vor dem Gutshaus, wo die wechselvolle Geschichte der Region in einem wilden Architekturensemble sichtbar wird.

Heutzutage kann man in der zum Hotel umgebauten Residenz eine Pause einlegen oder übernachten (sogar in der Honecker-Suite). Eine urigere Pause bietet die Kneipe Postille ein paar Kilometer weiter.

20.1	0,0

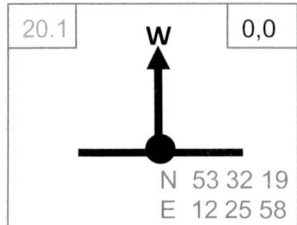

W

N 53 32 19
E 12 25 58

In Ortschaft:
Nossentiner Hütte

20.2	2,5

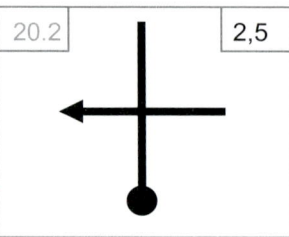

SCHOTTER

20.3	4,3

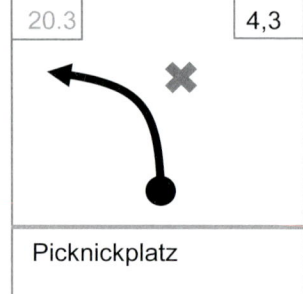

Picknickplatz

20.4	5,9

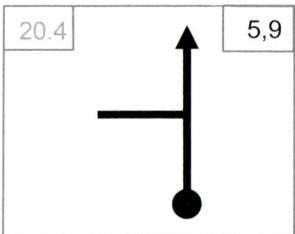

(Links: 900 m zu
ehemalige Jagdresidenz
Honeckers, jetzt Hotel)

20.5	10,4 / 0,0

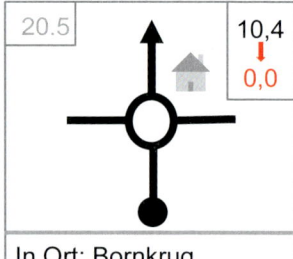

In Ort: Bornkrug
SCHOTTER
Gasthaus Postille

20.6	0,6

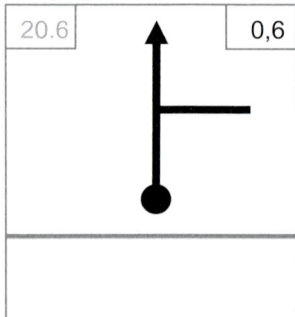

20.7	1,3

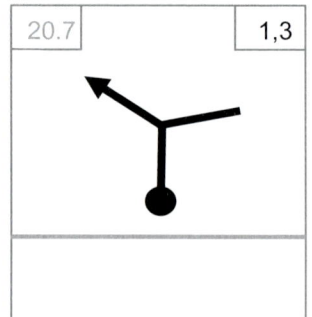

2.8	2,3

Ortseingang:
Hohen Wangelin
TEER

20.9	2,6
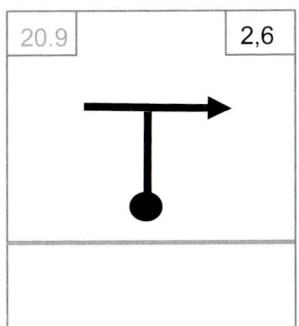	

20.10	3,1
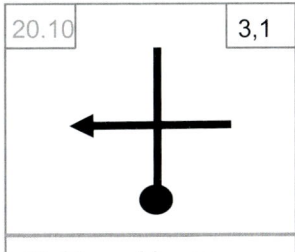	
Richtung: Liepen (Gerade: 500 m Badestelle)	

16.11	4,1
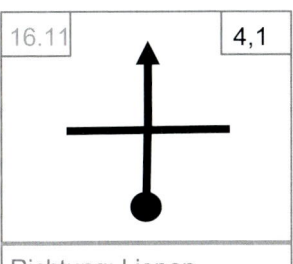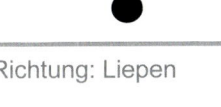	
Richtung: Liepen	

20.12	5,5
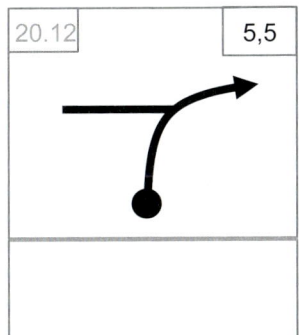	

20.13	5,9
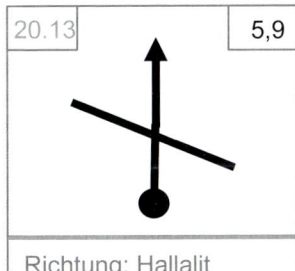	
Richtung: Hallalit	

20.14	7,2
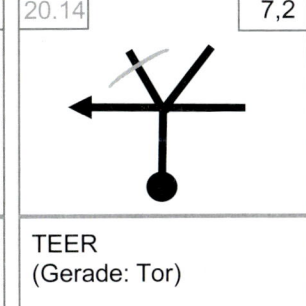	
TEER (Gerade: Tor)	

20.15	8,9
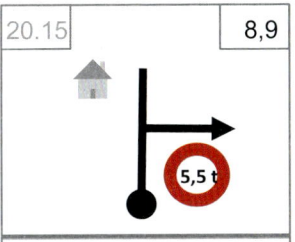	
Bei Ort Hallalit Ri.: Kirche Gubenhagen SAND, in Allee	

20.16	11,3
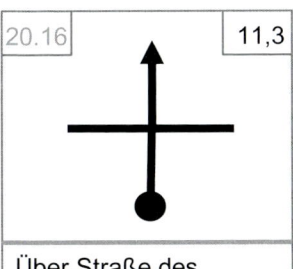	
Über Straße des Friedens	

20.17	11,4
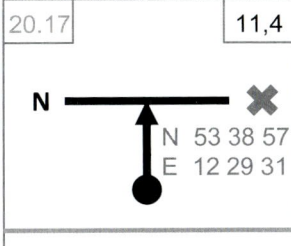	
N 53 38 57 E 12 29 31	
Schloss Vollrathsruhe	

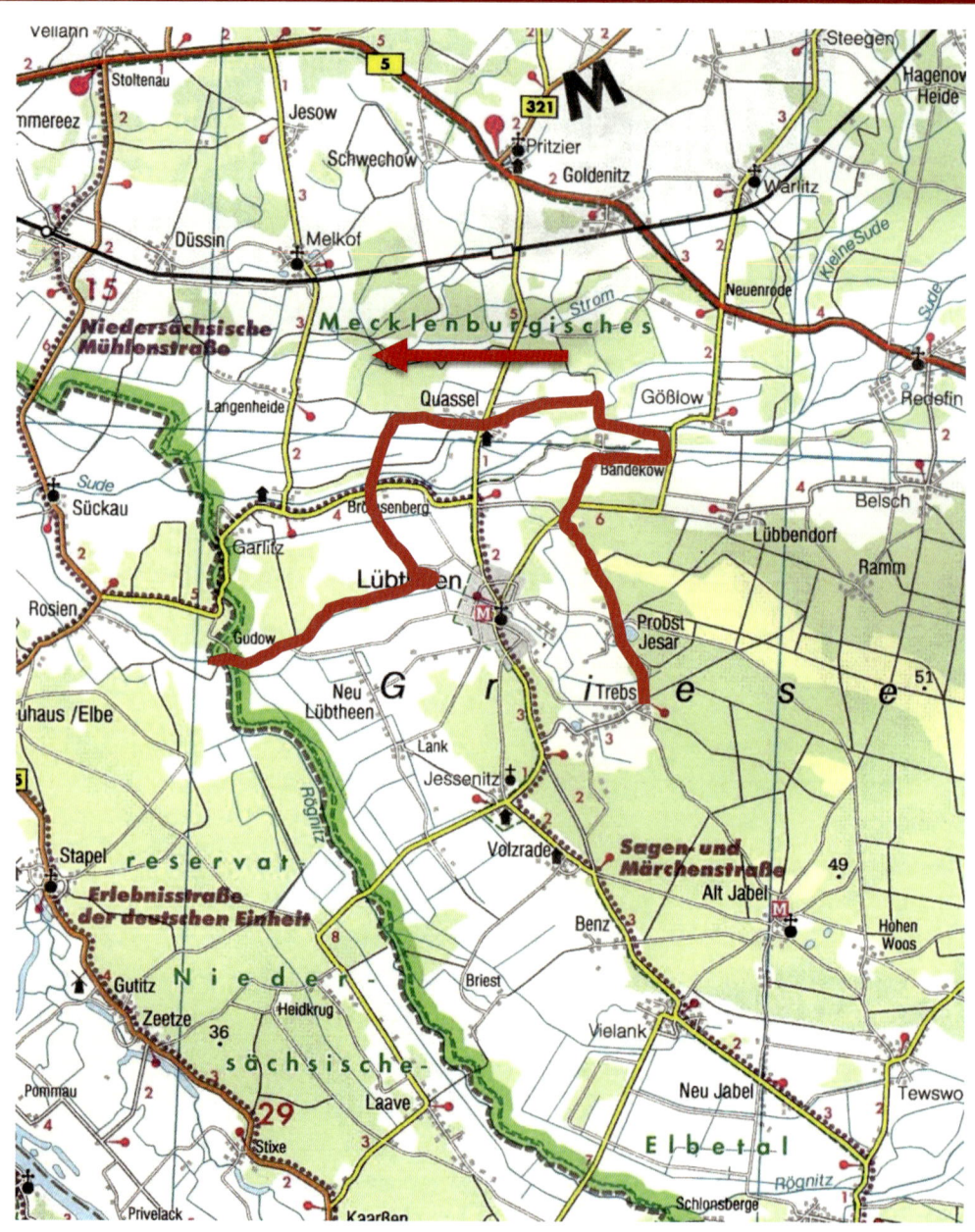

Orientierung: 2
Länge: 22,6 km
Dauer: 50 min

Zu DDR-Zeiten zählte ein Großteil des Gebiets, durch das dieser Track verläuft, zu dem nur für ausgewählte Personen zugänglichen Grenzstreifen.

Aber schon seit dem 16. Jh. verlief hier am Bächlein Rögnitz die Grenze zwischen den Fürstentümern Mecklenburg und Lauenburg. Erstaunlich, wie lange sich manche Strukturen über die Jahrhunderte halten. Auf diesem Abschnitt bildet das UNESCO-Biosphärenreservat der Flusslandschaft Elbe ein Urstromtal in seiner ganzen Vielfalt.
Dieser Track mäandert zwischen der begrenzenden Endmoräne und dem von kleinen Kanälen durchzogenen, fruchtbaren Flusstal.

Er bietet die ganze Vielfalt verschiedenster Untergründe, die Passage zwischen 21.24 und 21.28. kann bei Nässe 4WD erfordern.

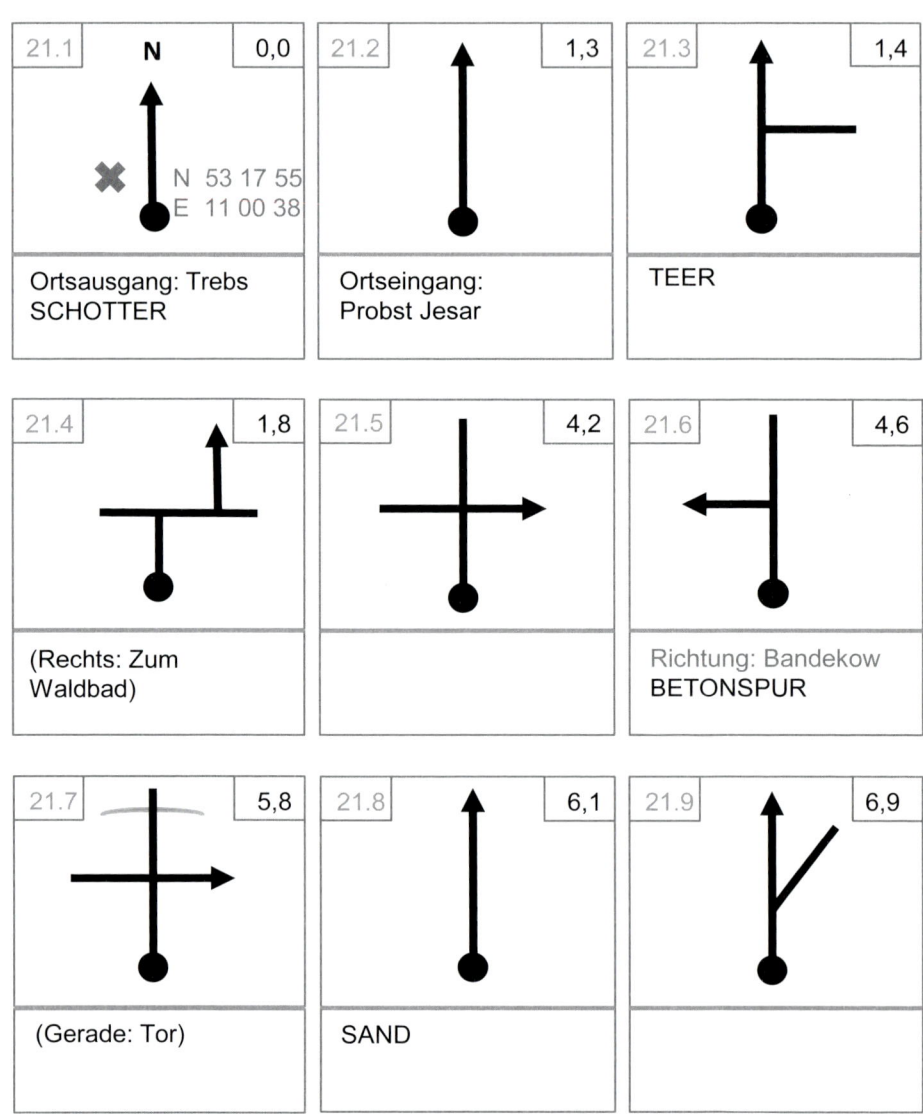

21.1 N 0,0	21.2 1,3	21.3 1,4
N 53 17 55 E 11 00 38		TEER
Ortsausgang: Trebs SCHOTTER	Ortseingang: Probst Jesar	

21.4 1,8	21.5 4,2	21.6 4,6
(Rechts: Zum Waldbad)		Richtung: Bandekow BETONSPUR

21.7 5,8	21.8 6,1	21.9 6,9
(Gerade: Tor)	SAND	

21.10	7,2

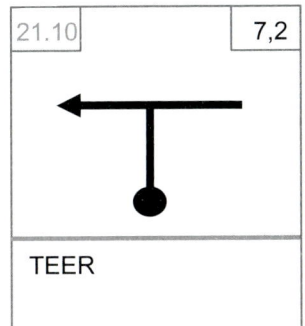

TEER

21.11	7,4

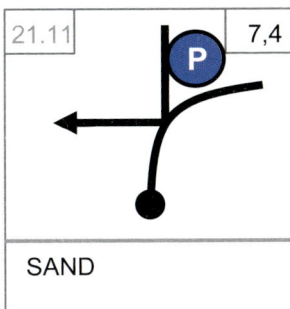

SAND

21.12	8,4

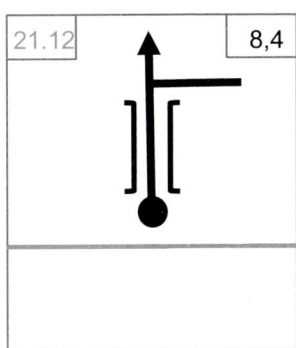

21.13	9,0

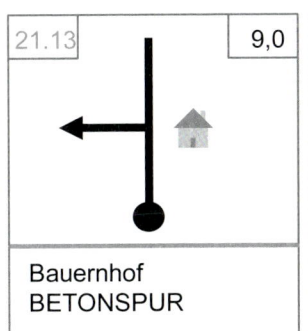

Bauernhof
BETONSPUR

21.14	11,1

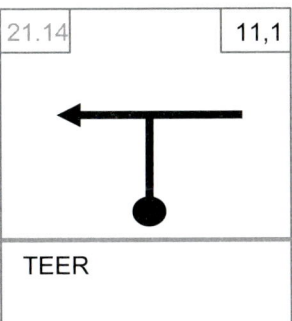

TEER

21.15	11,3

0,0

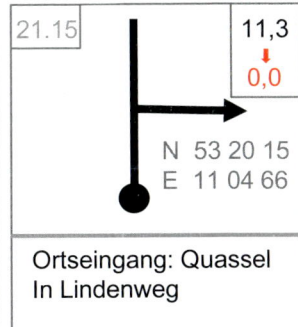

N 53 20 15
E 11 04 66

Ortseingang: Quassel
In Lindenweg

21.16	0,6

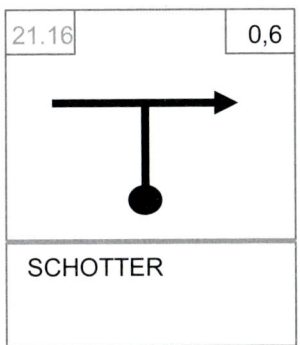

SCHOTTER

21.17	1,1

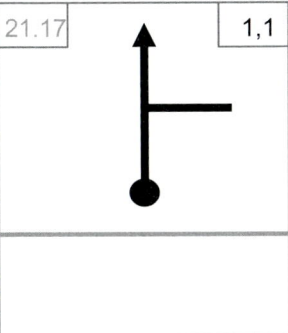

21.18	2,6

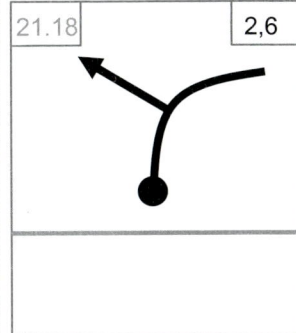

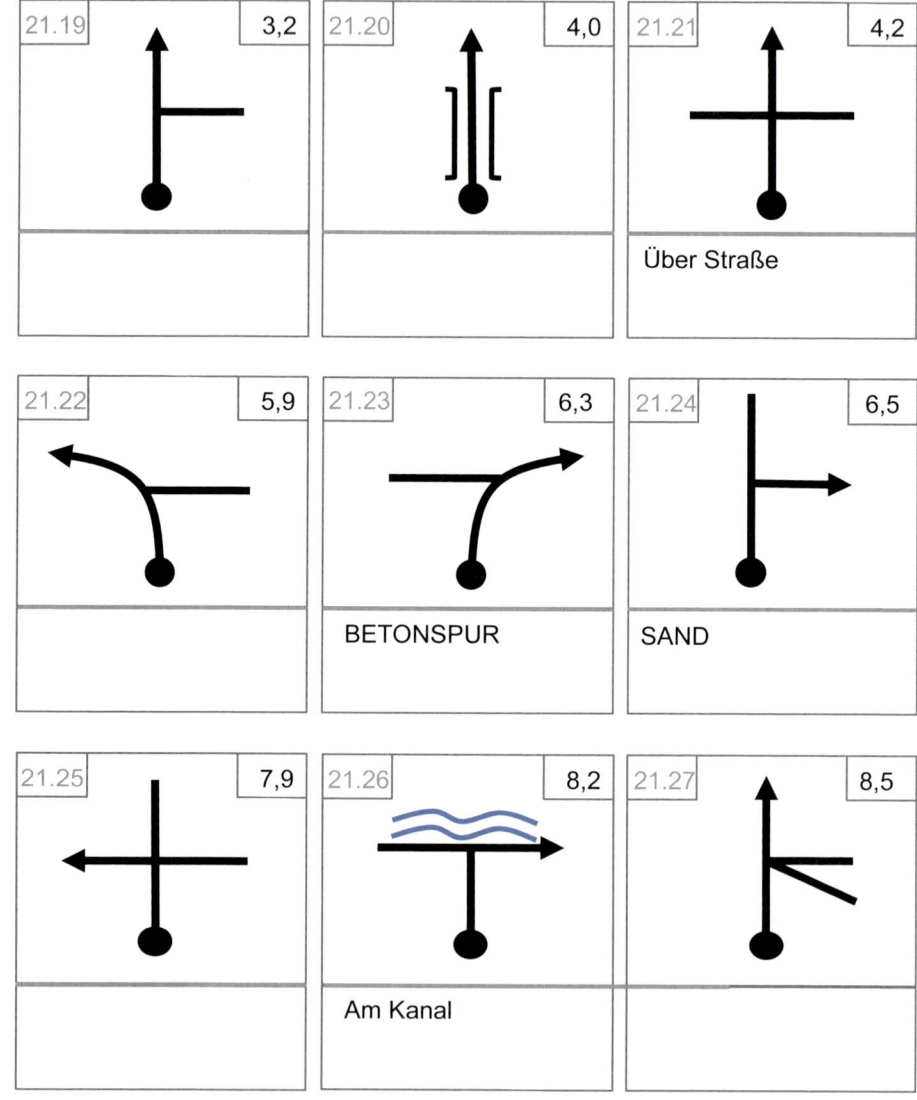

21.19   3,2

21.20   4,0

21.21   4,2

Über Straße

21.22   5,9

21.23   6,3

BETONSPUR

21.24   6,5

SAND

21.25   7,9

21.26   8,2

Am Kanal

21.27   8,5

21.28	9,0
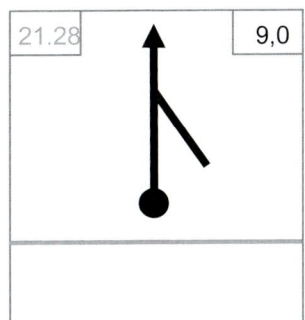	

21.29	9,9
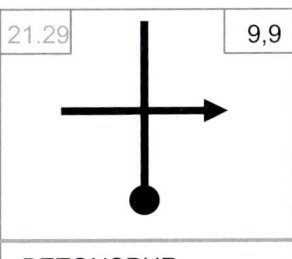	
BETONSPUR	

21.30	10,9
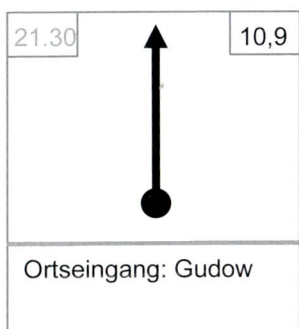	
Ortseingang: Gudow	

21.31	11,2
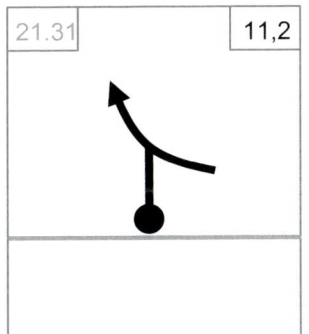	

21.32	11,3
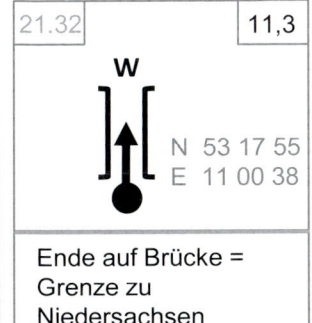	
Ende auf Brücke = Grenze zu Niedersachsen	

Elbtaldüne

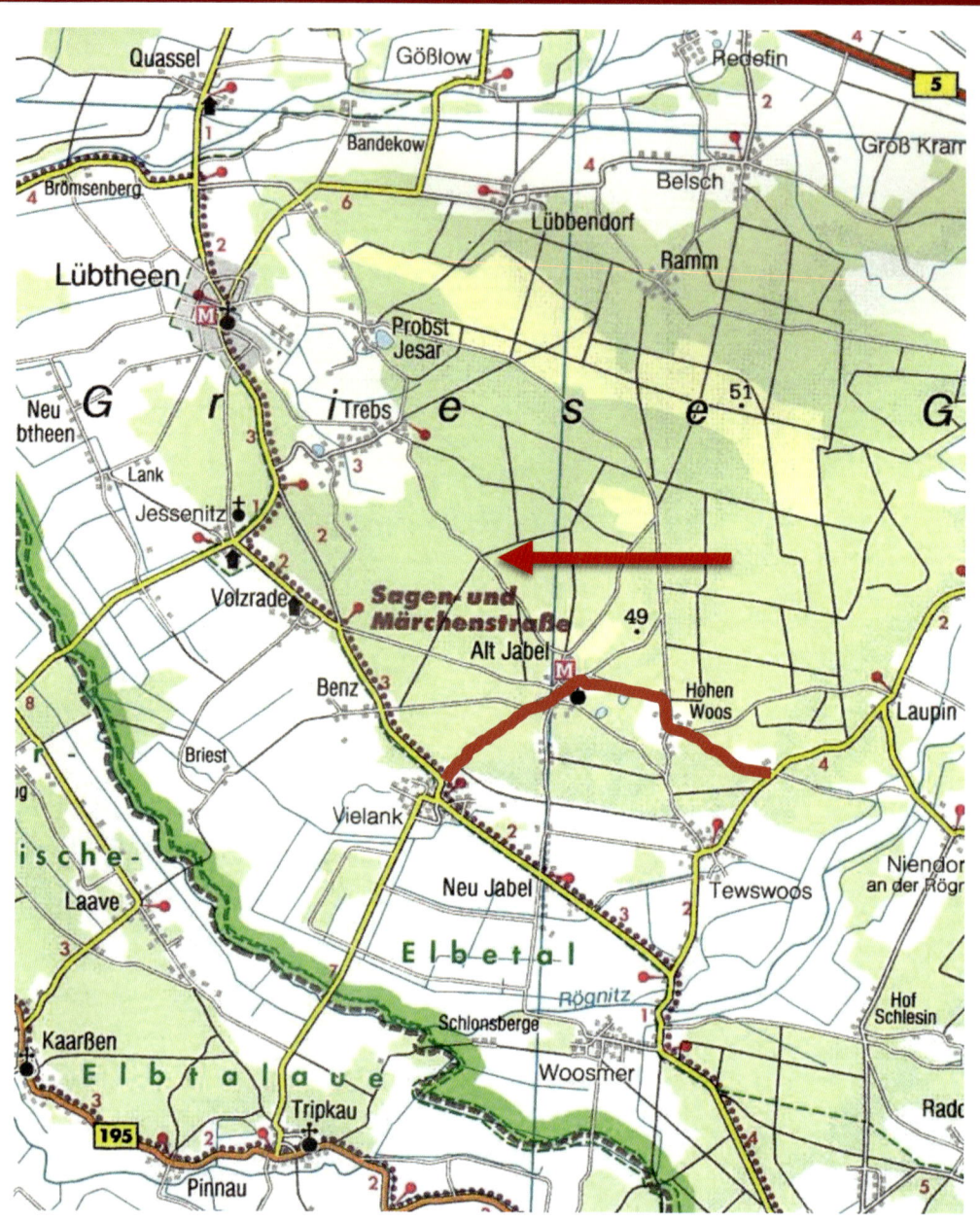

Elbtaldüne

22

Orientierung: 2
Länge: 6,7 km
Dauer: 20 min

Mit Superlativen spart diese Region nicht. Dieser Track führt entlang Deutschlands größter Heidelandschaft und der größten Binnendüne Deutschlands.

Die letzte Eiszeit formte über zehntausende von Jahren die Landschaft und hinterließ nach dem Abschmelzen des Eises weite Sandfelder, die tatsächlich so etwas wie eine Bilderbuchwüste mit einem Meer aus Dünenkämmen formten. Dass dies heute nicht sofort ins Auge sticht, liegt nicht nur an der Tatsache, dass seit dem auch schon wieder mehrere tausend Jahre vergangen sind und ein dichter Pflanzenteppich die Dünen bedeckt, sondern auch daran, dass die Kernzone von verschiedenen Regimes als Truppenübungsplatz genutzt wurde und nachhaltig mit Munition verseucht ist.

Es ist geplant die Heide in den nächsten Jahren für Besucher zu öffnen, bis dahin bleibt nicht nur eine unterhaltsame Fahrt auf schöner Naturstrecke, sondern auch ein kleiner Eindruck von Dünensand direkt neben dem Track am Ortsausgang von Alt Jabel.

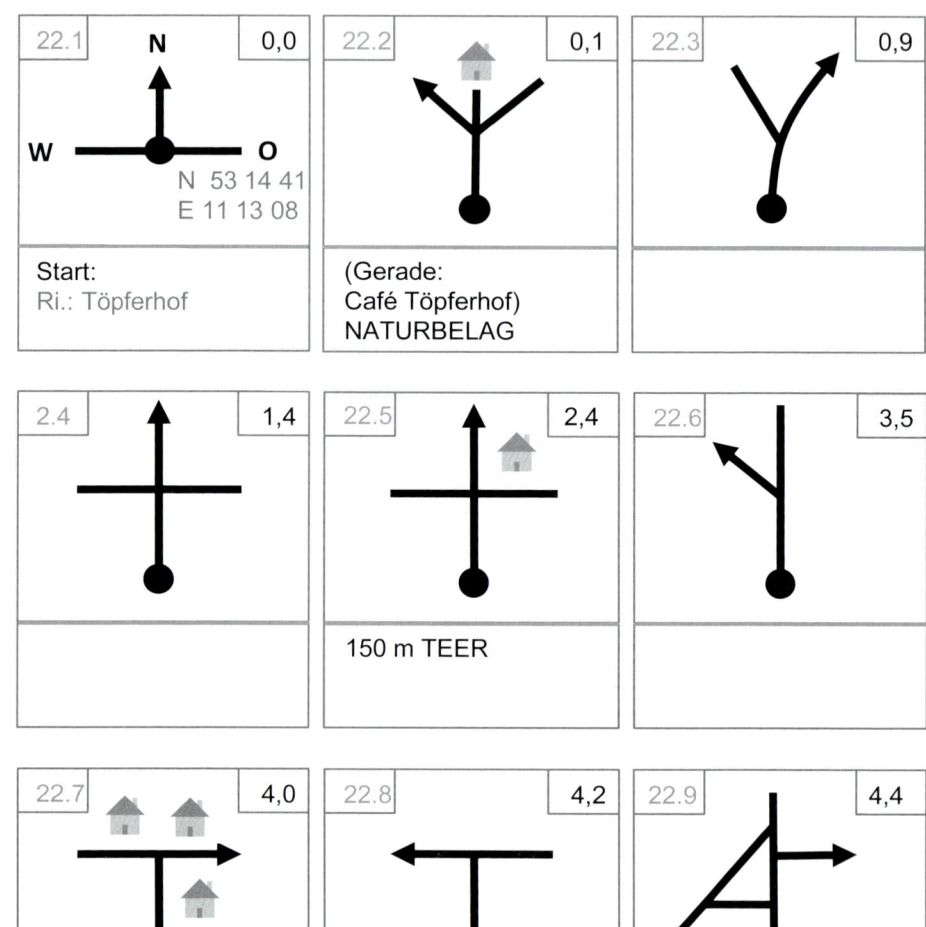

22.1	0,0
N W — ● — O N 53 14 41 E 11 13 08	
Start: Ri.: Töpferhof	

22.2	0,1
(Gerade: Café Töpferhof) NATURBELAG	

22.3	0,9

2.4	1,4

22.5	2,4
150 m TEER	

22.6	3,5

22.7	4,0
In Ort Alt Jabel TEER	

22.8	4,2

22.9	4,4
In Vielanker Weg (Gerade: Zum Waldbad)	

22.10	4,6
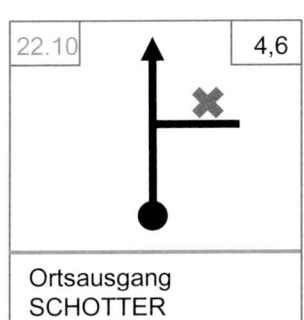	
Ortsausgang SCHOTTER (Re.: Kleine Elbtaldüne)	

22.11	6,4
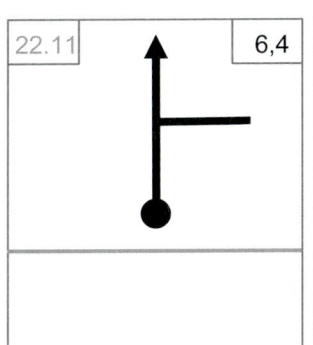	

22.12	6,7
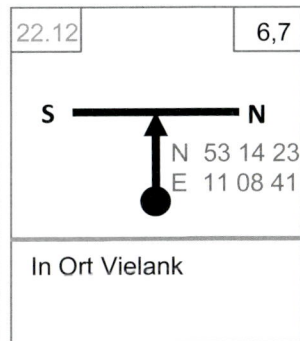	
In Ort Vielank	

In 22.12: S — N   N 53 14 23   E 11 08 41

N.P. Müritz

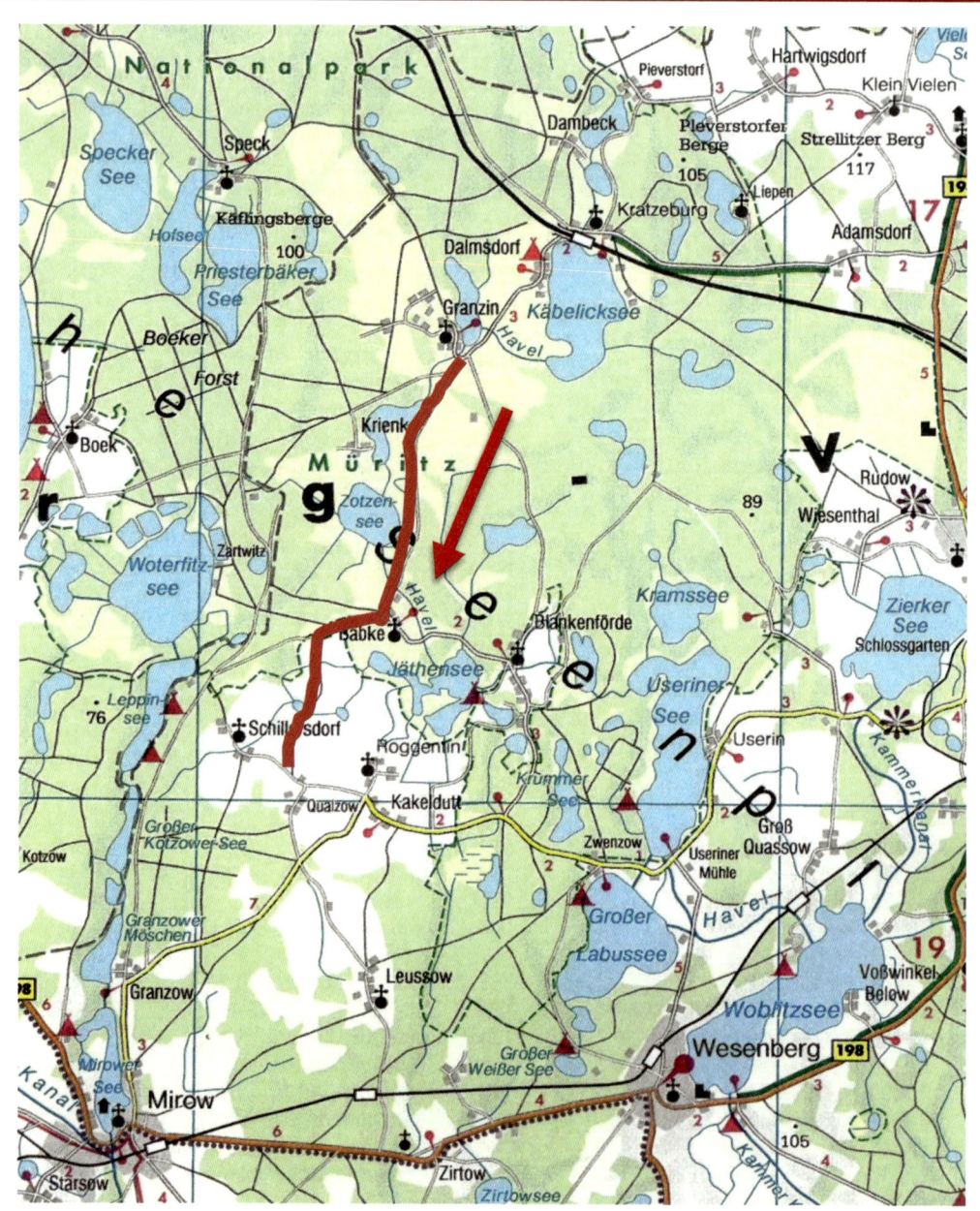

N.P. Müritz

Orientierung: 1
Länge: 10,2 km
Dauer: 20 min

Ehrlich gesagt: Die wahre Schönheit des größten deutschen terrestrischen Nationalparks lässt sich am besten mit dem Kanu oder auf einer ausgedehnten Wanderung erleben. Zu wenige legale Strecken führen durch das Gebiet – und das ist gut so.

Jahrzehntelang waren riesige Areale dieser erst vor 12.000 Jahren nach der Eiszeit entstandenen Landschaft nur für Mitglieder der Politprominenz der SED zugänglich oder für Militärzwecke gesperrt. So konnte sich die Natur in dieser Region relativ ungestört entwickeln und das Gebiet wurde zum Rückzugsort bedrohter Tierarten.
Unser Track verläuft anfänglich auf einem einfach befahrbaren gepflasterten Weg durch den Park. Den Abschluss bildet jedoch ein historischer Landweg außerhalb des Parks, der bei Nässe mit einem 2WD-Fahrzeug wahrscheinlich die ein oder andere Herausforderung bereithält.

Alternativ kann man bei 23.7 auch geradeaus weiter der befestigten Straße durch den Park folgen.

N.P. Müritz

23.1 S 0,0 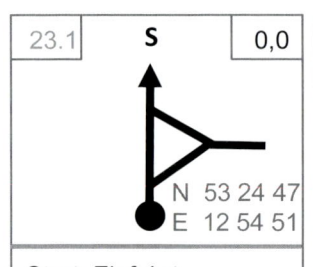 N 53 24 47 E 12 54 51 Start: Einfahrt Nationalpark Müritz	23.2 0,1 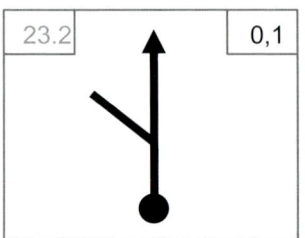 Ri.: Krienke	23.3 1,2 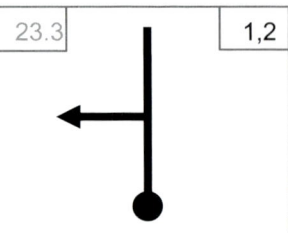 Ri.: Babke PLATTEN + BETONSP. Durchfahrtverbot LKW
23.4 4,9 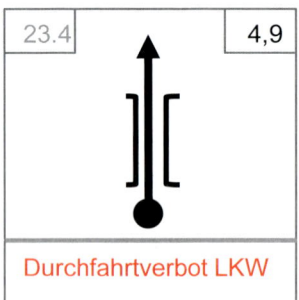 Durchfahrtverbot LKW	23.5 5,1 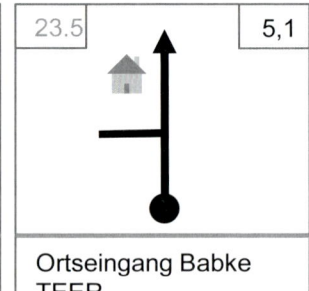 Ortseingang Babke TEER (Li. Fischerei + Café)	23.6 5,6 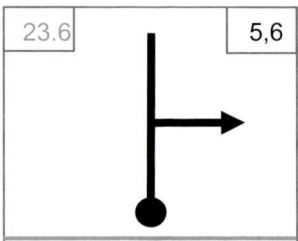 Ri.: N.P. Müritz Eingang Schillerdorf Durchfahrtverbot LKW
23.7 6,8 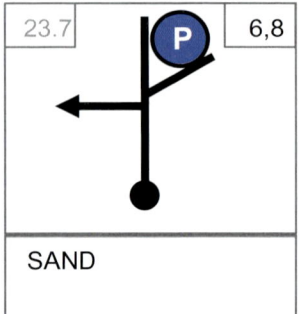 SAND	23.8 7,4 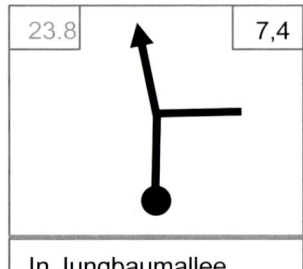 In Jungbaumallee GRASWEG	23.9 10,2 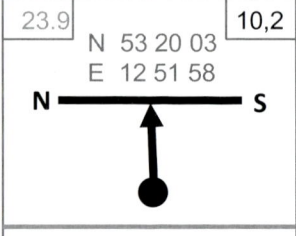 N 53 20 03 E 12 51 58 Ortseingang Qualzow

Kleiner Mann was nun?

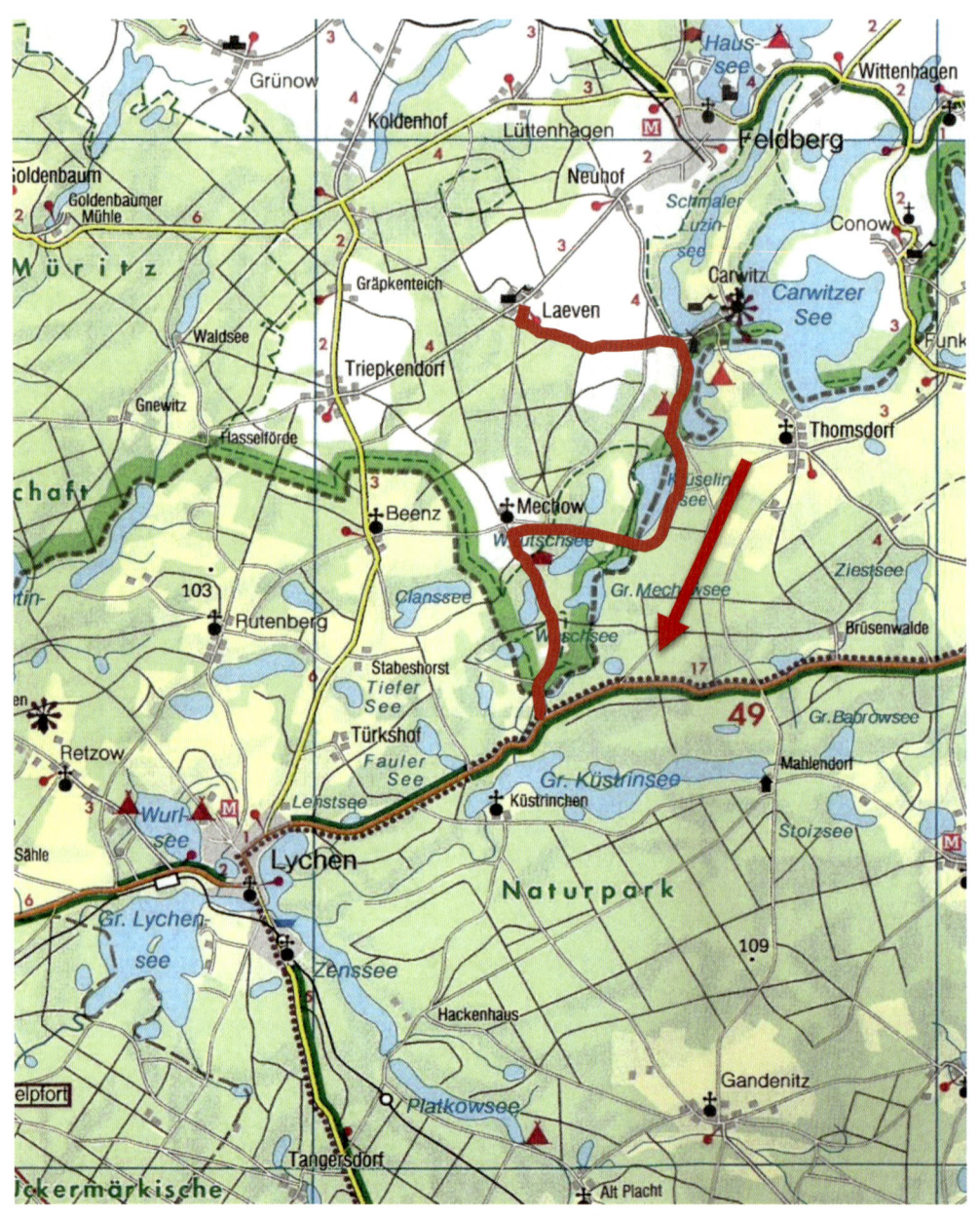

Kleiner Mann was nun?

Orientierung: 2
Länge: 14,1 km
Dauer: 40 min

Spätestens seit klar ist, dass die sehenswerte, aus Feldsteinen gebaute Dorfkirche in Mechow gar keine Wehrkirche ist, fällt auch die letzte Illusion einer aktionsgeladenen Vergangenheit ab.

Die Feldberger Seenlandschaft ist ein Idyll aus alten Wäldern, klaren Seen und einsamen Mühlen – genau der richtige Ort um entspannt die Seele baumeln zu lassen. Wahrscheinlich war dies auch der Grund warum sich einer der schillerndsten und bedeutendsten deutschen Literaten des letzten Jahrhunderts mehrere Jahre in das Örtchen Carwitz zurückzog.
Mit Drogensucht, Alkoholismus, Affären, Exzessen und einer ambivalenten Rolle im dritten Reich lebte der für seine Romane aus dem kleinbürgerlichen Milieu bekannte Hans Fallada eine frühe Form des Rock 'n' Roll Lifestyles. Die Jahre im beschaulichen Carwitz verfehlten übrigens die erwünschte Wirkung.

Der Track ist ein abwechslungsreicher Streifzug durch die Seenlandschaft, zwei Mühlen-Gasthäuser laden zum Entspannen ein. Nach langen Regenfällen können Abschnitte im ersten Teil des Tracks für PKW unbefahrbar sein.

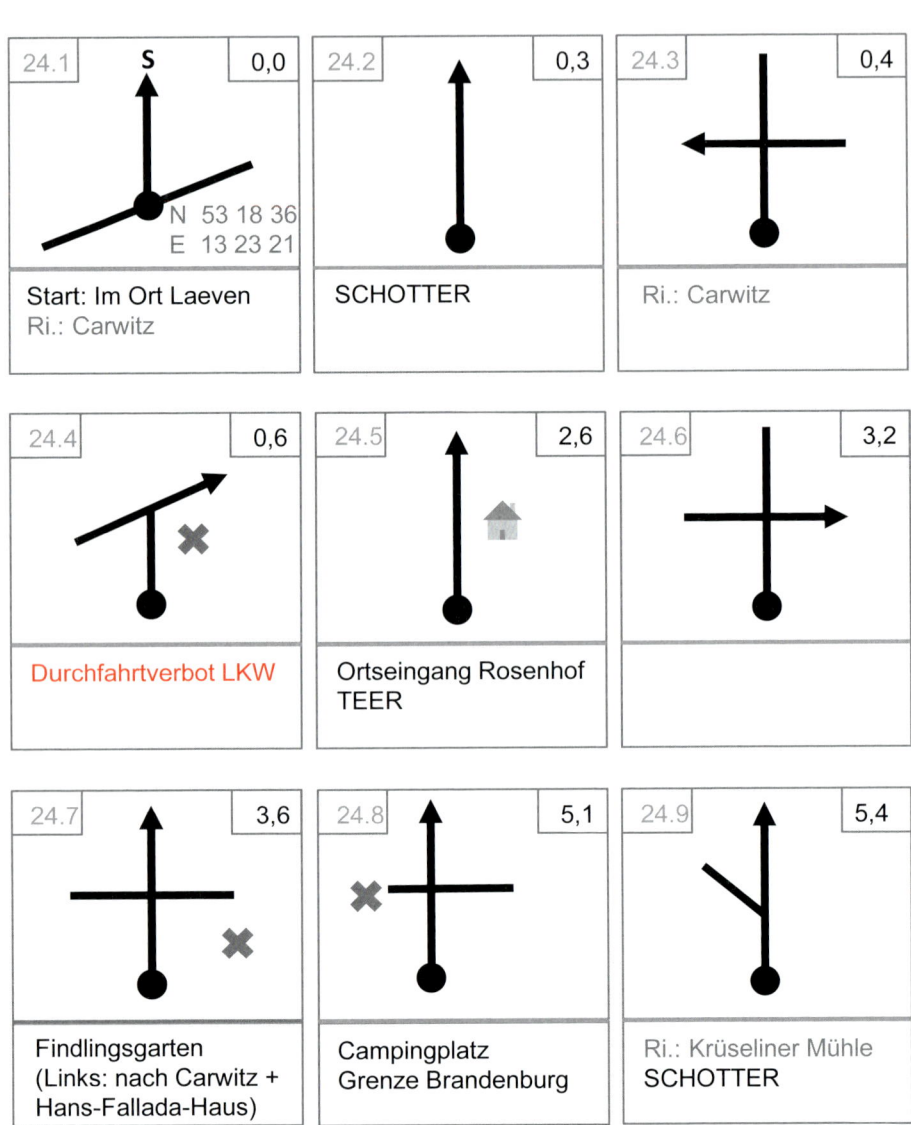

24.1	0,0
S N 53 18 36 E 13 23 21	
Start: Im Ort Laeven Ri.: Carwitz	

24.2	0,3
SCHOTTER	

24.3	0,4
Ri.: Carwitz	

24.4	0,6
Durchfahrtverbot LKW	

24.5	2,6
Ortseingang Rosenhof TEER	

24.6	3,2

24.7	3,6
Findlingsgarten (Links: nach Carwitz + Hans-Fallada-Haus)	

24.8	5,1
Campingplatz Grenze Brandenburg	

24.9	5,4
Ri.: Krüseliner Mühle SCHOTTER	

24.10 6,0 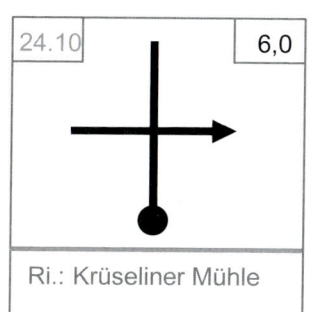 Ri.: Krüseliner Mühle	**24.11** 7,7 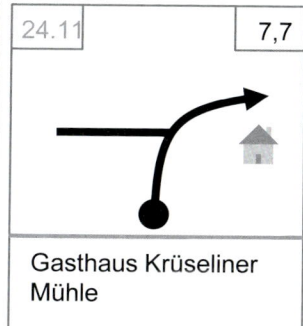 Gasthaus Krüseliner Mühle	**24.12** 7,9 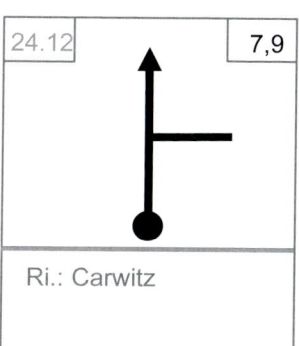 Ri.: Carwitz
24.13 9,4 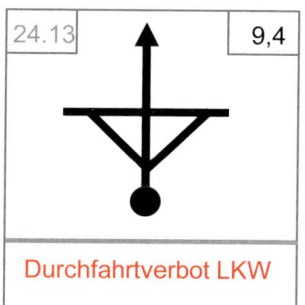 Durchfahrtverbot LKW	**24.14** 9,9  Ort und Wehrkirche Mechow	**24.15** 10,1 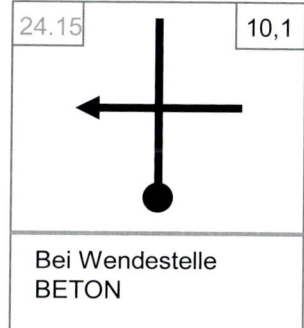 Bei Wendestelle BETON
24.16 10,8 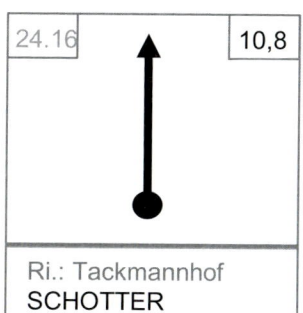 Ri.: Tackmannhof SCHOTTER	**24.17** 11,1 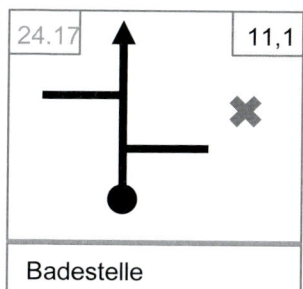 Badestelle	**24.18** 12,5 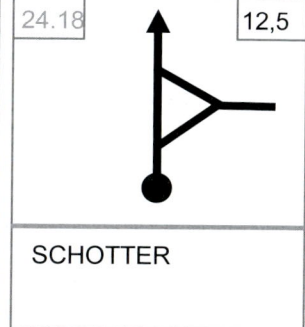 SCHOTTER

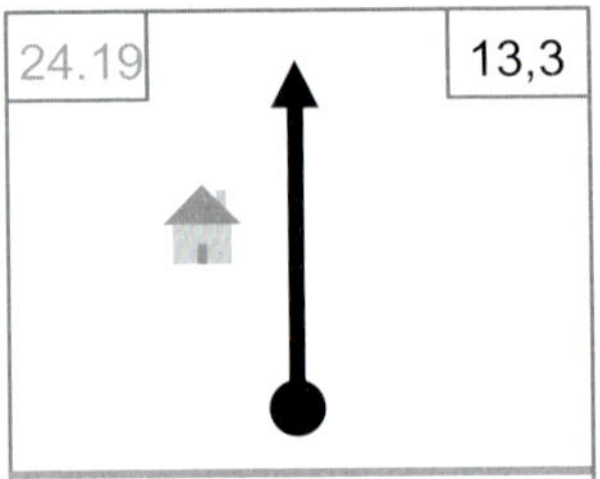

24.19	13,3
Tackmannshof	

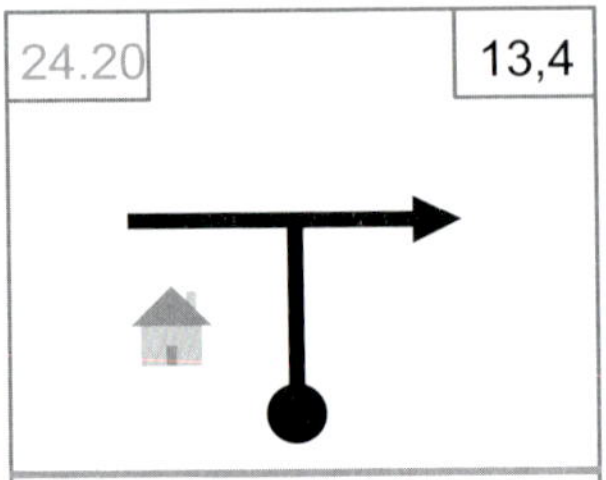 24.20	13,4
Ri.: Lychen Gasthaus Kobatzer Mühle	

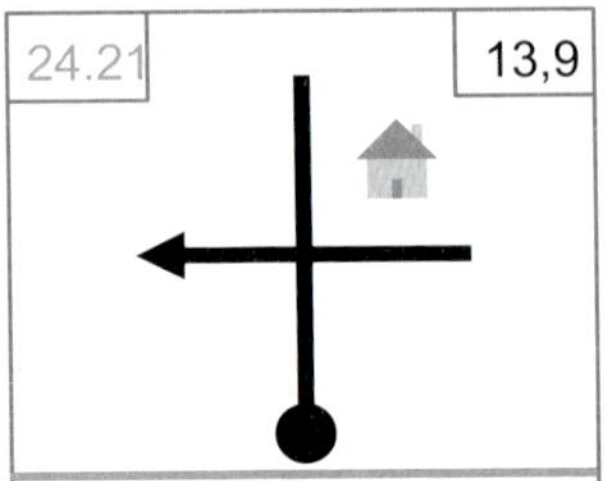

24.21	13,9

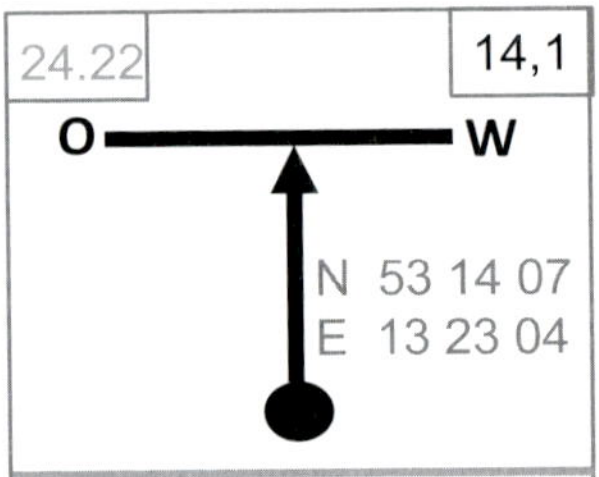

24.22	14,1
O────W N 53 14 07 E 13 23 04	
Ende	

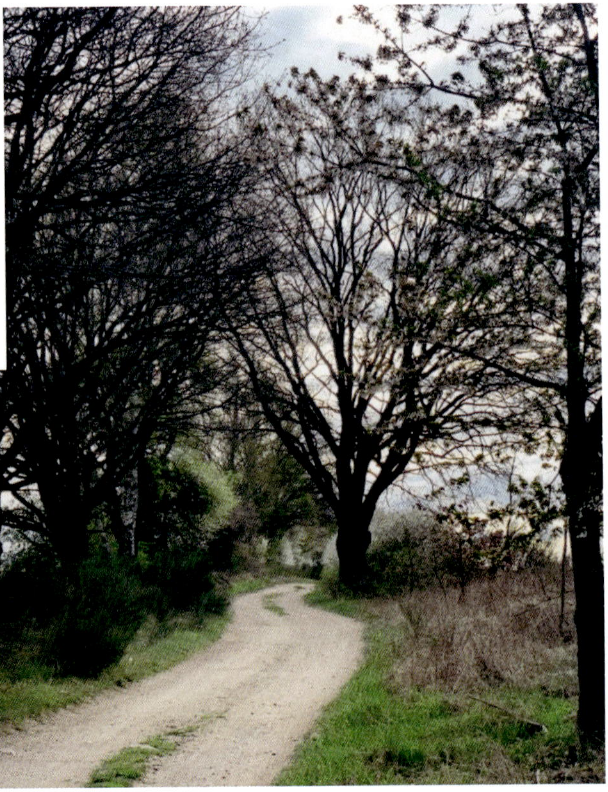

Himmelpfort

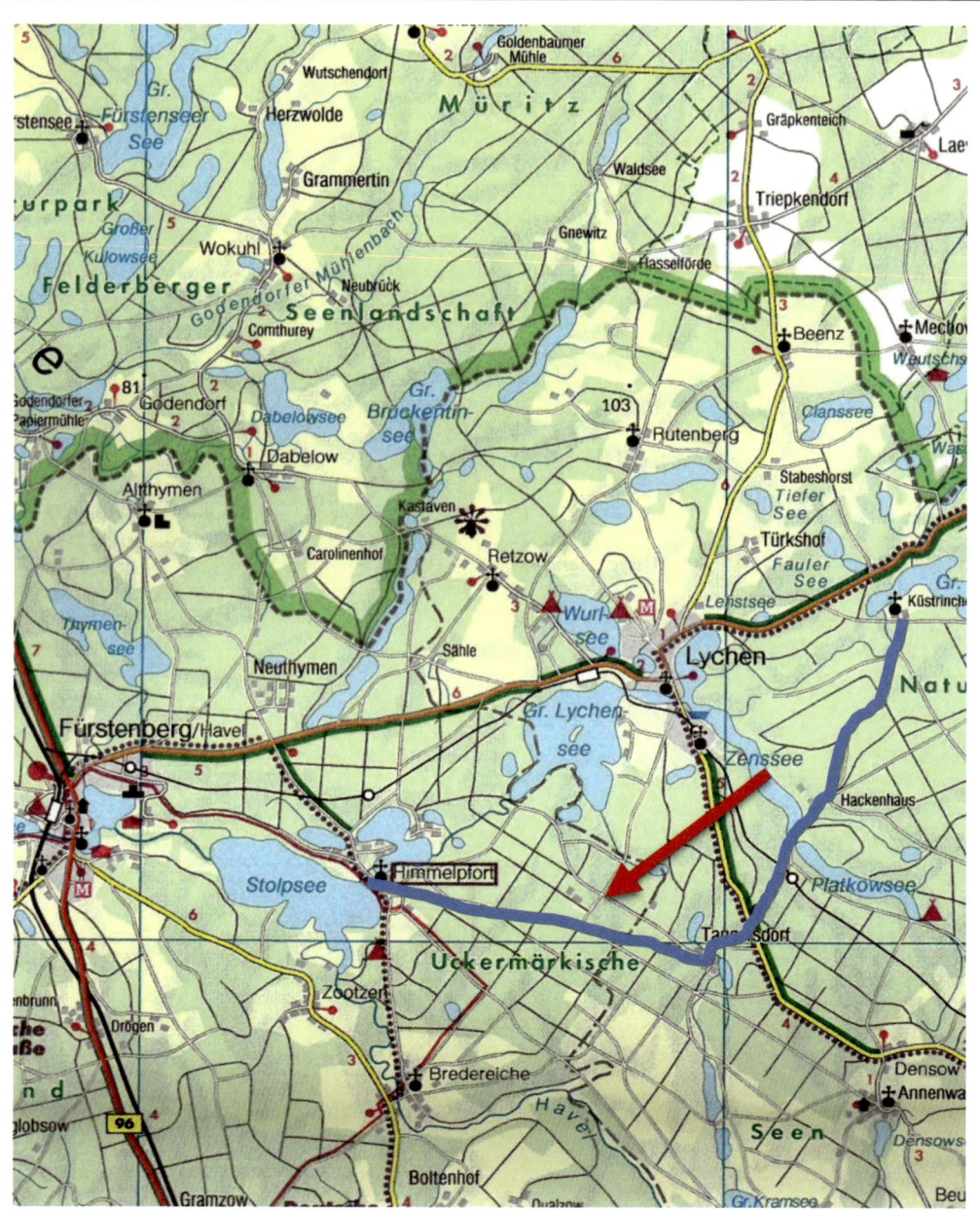

Himmelpfort

Orientierung: 2
Länge: 23,7 km
Dauer: 50 min

Das ehemalige Kloster Himmelpfort liegt sehr malerisch auf einer Landzunge zwischen zwei Seen. Doch auch bei Sakralbauten steckt der Teufel oft im Detail.

Obwohl die Zisterzienser vor 700 Jahren zur Gründung des Klosters umfangreiche Liegenschaften von Marktgraf Albrecht spendiert bekommen hatten, prosperierte die Anlage nicht wie gewünscht. Die Lage in direkter Grenznähe zu Mecklenburg und der ein oder andere Raubzug behinderten die Entwicklung und so wurde Himmelpfort schon vor 450 Jahren säkularisiert. Dies hindert jedoch den Weihnachtsmann nicht daran, jedes Jahr bis zu 300.000 Briefe von hier aus zu beantworten.
Schon in den 1920er Jahren entwickelte sich Himmelpfort zu einem Ausflugsort und bietet auch heute stimmungsvolle Cafés und Einkehrmöglichkeiten. Dieser Track durchquert mit einem hohen Anteil von Sandwegen und unbefestigten Ortsstraßen die ehemaligen Latifundien des Klosters.

Bitte bei der Durchquerung des Weilers Tangersdorf besonders langsam und rücksichtsvoll fahren – die Dorfstraße ist nicht geteert und es staubt sonst gewaltig.

Himmelpfort

25.1	0,0
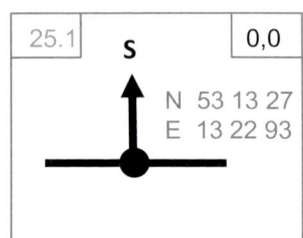

S

N 53 13 27
E 13 22 93

Start: Ortsausgang Küstrinchen, Ri.: Gandenitz, SCHOTTER

25.2	0,6
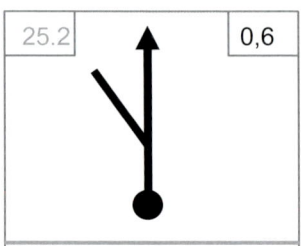

25.3	0,7
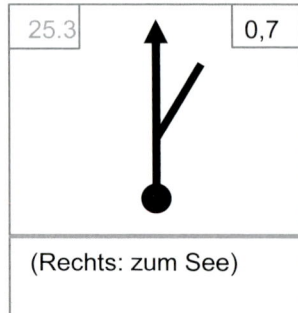

(Rechts: zum See)

25.4	3,9
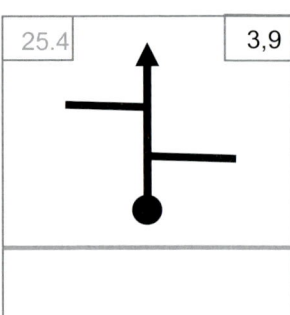

25.5	4,0
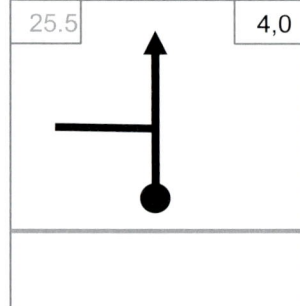

25.6	4,4
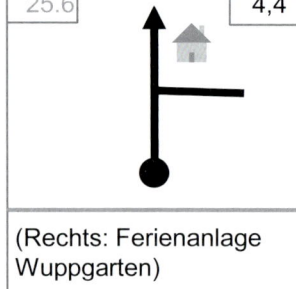

(Rechts: Ferienanlage Wuppgarten)

25.7	4,8
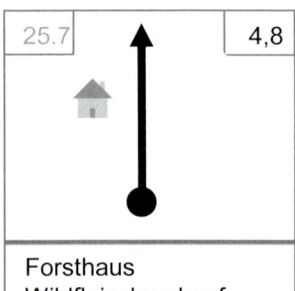

Forsthaus Wildfleischverkauf

25.8	5,1
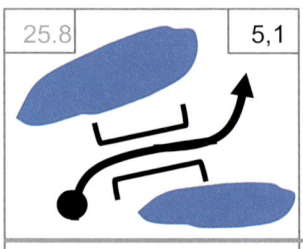

Zwischen Platkow- und Zenssee TEER

25.9	5,2
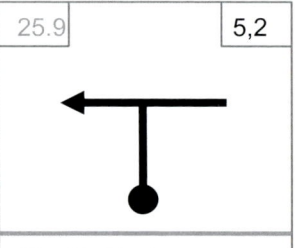

Ri.: Alt Placht

Himmelpfort **25**

25.10 5,6 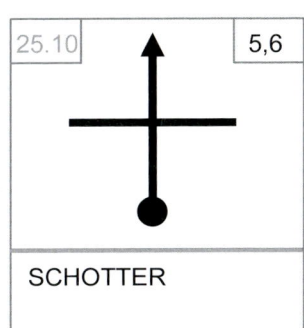 SCHOTTER	**25.11** 7,1 L 23 0,0 N 53 10 06 E 13 20 38 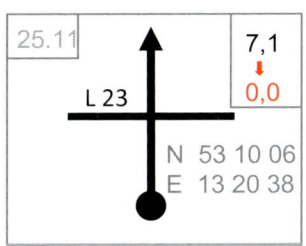 TEER	**25.12** 0,9 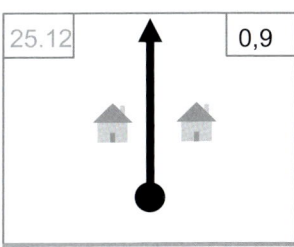 Ortseinfahrt Tangersdorf SAND, langsam wegen Staubentwicklung
25.13 1,1 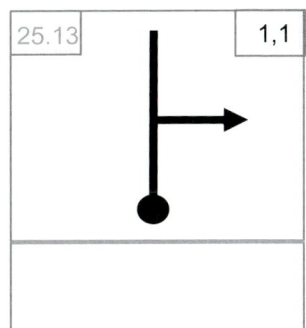	**25.14** 1,5 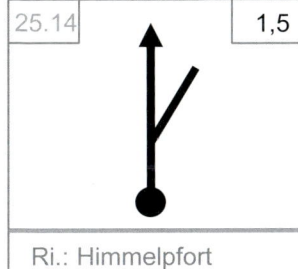 Ri.: Himmelpfort	**25.15** 2,1 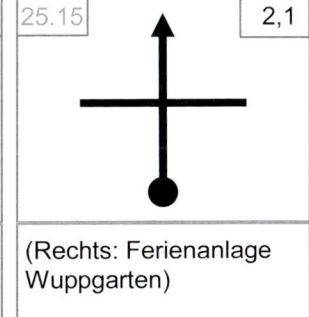 (Rechts: Ferienanlage Wuppgarten)
25.16 2,6 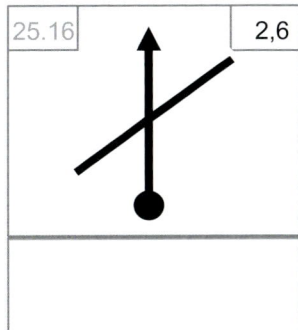	**25.17** 2,9 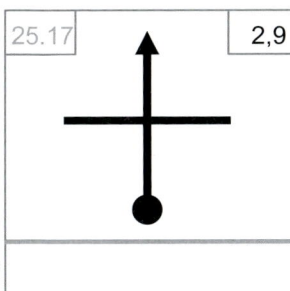	**25.18** 3,7 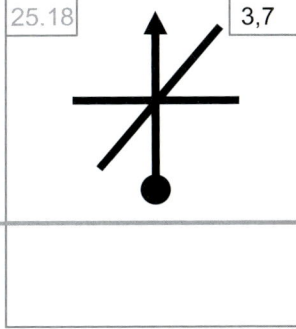

Himmelpfort

25.19 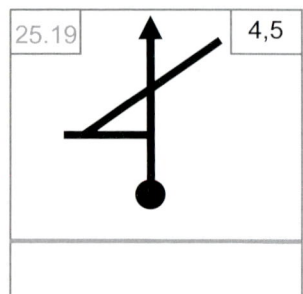	4,5	25.20 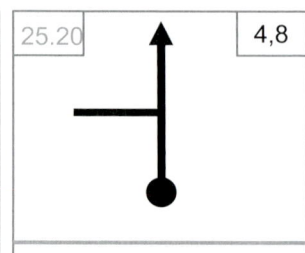	4,8	25.21 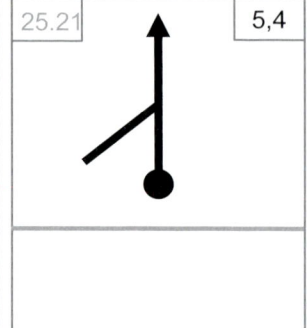	5,4

25.22 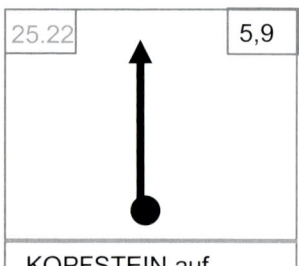	5,9	25.23 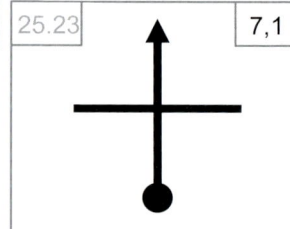	7,1	25.24 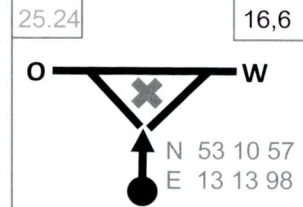	16,6
KOPFSTEIN auf 500 m		Ortseingang Himmelpfort TEER		Ende: Denkmal Rechts zum Kloster	

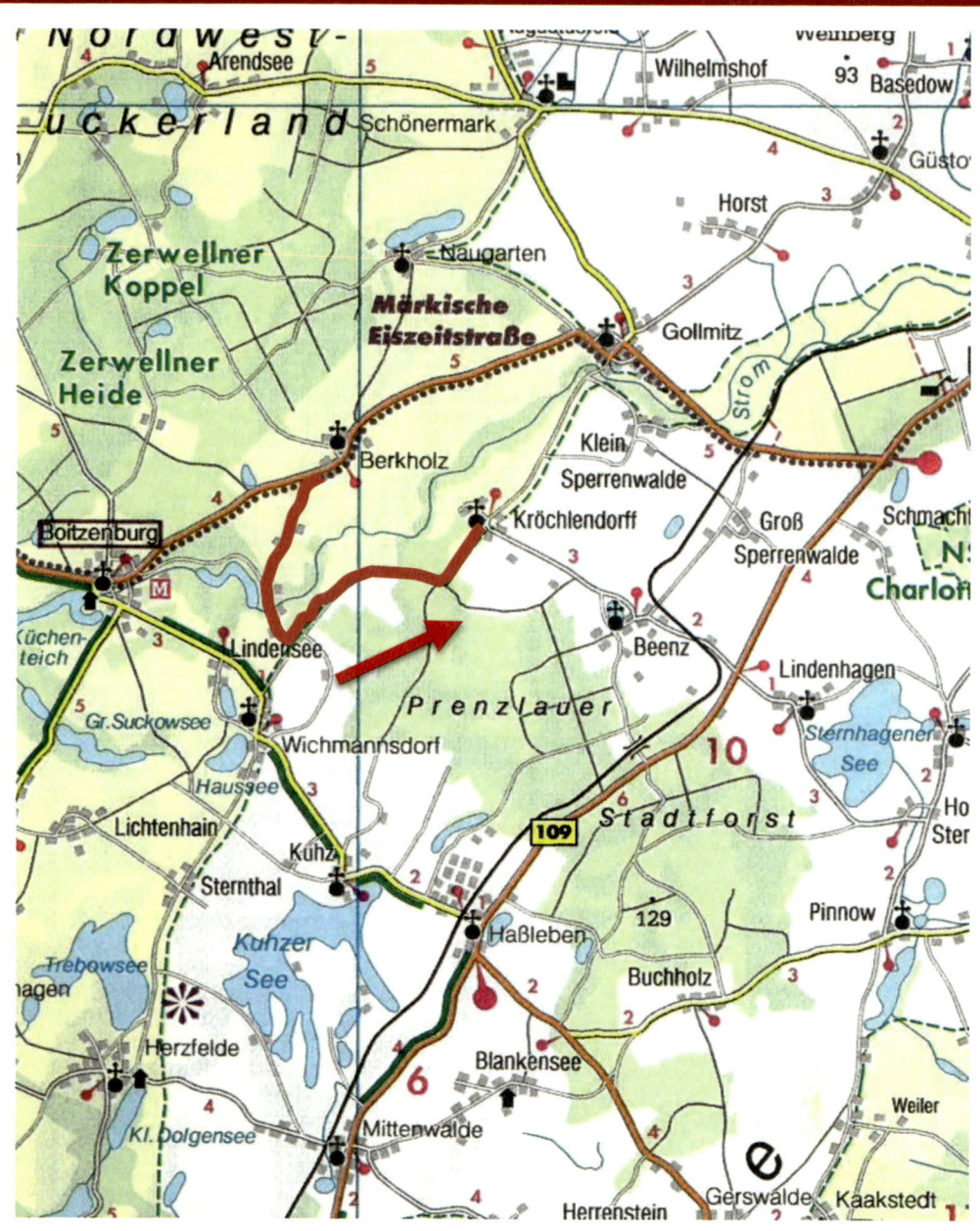

Prenzlauer Berg

Orientierung: 2
Länge: 7,3 km
Dauer: 20 min

Willkommen in der Toskana des Nordens mit sanften Hügeln, langen Pappelalleen und herrschaftlichen Landgütern. Wenn dann noch die weichgezeichnete Nachmittagssonne die Landschaft verzaubert, ist dies sicher kein ganz unpassender Vergleich.

Und auch die Streckenführung bietet genug Adventure Lifestyle, die vollbärtige Hipster in ihre Flanellhemden schlüpfen und den Defender in die wilde Uckermark lenken lässt. Der Track führt meist unbefestigt und bei Nässe sogar mit einigen schlammigen Passagen durch die Weite der Mark. Umso beindruckender ist am Ende der Route das, in dieser ländlichen Umgebung überraschend prunkvolle, Schloss Kröchlendorff, in dem schon der ebenfalls bärtige Bismark Erholung suchte.

Dass nur wenig südlich der Route der Prenzlauer Berg (Original oder Fälschung?) liegt, sollte auch den letzten Skeptiker überzeugen, der am Lifestylepotenzial dieses Tracks zweifelt - allerdings sagen sich hier nur Fuchs und Hase gute Nacht.

Prenzlauer Berg

26

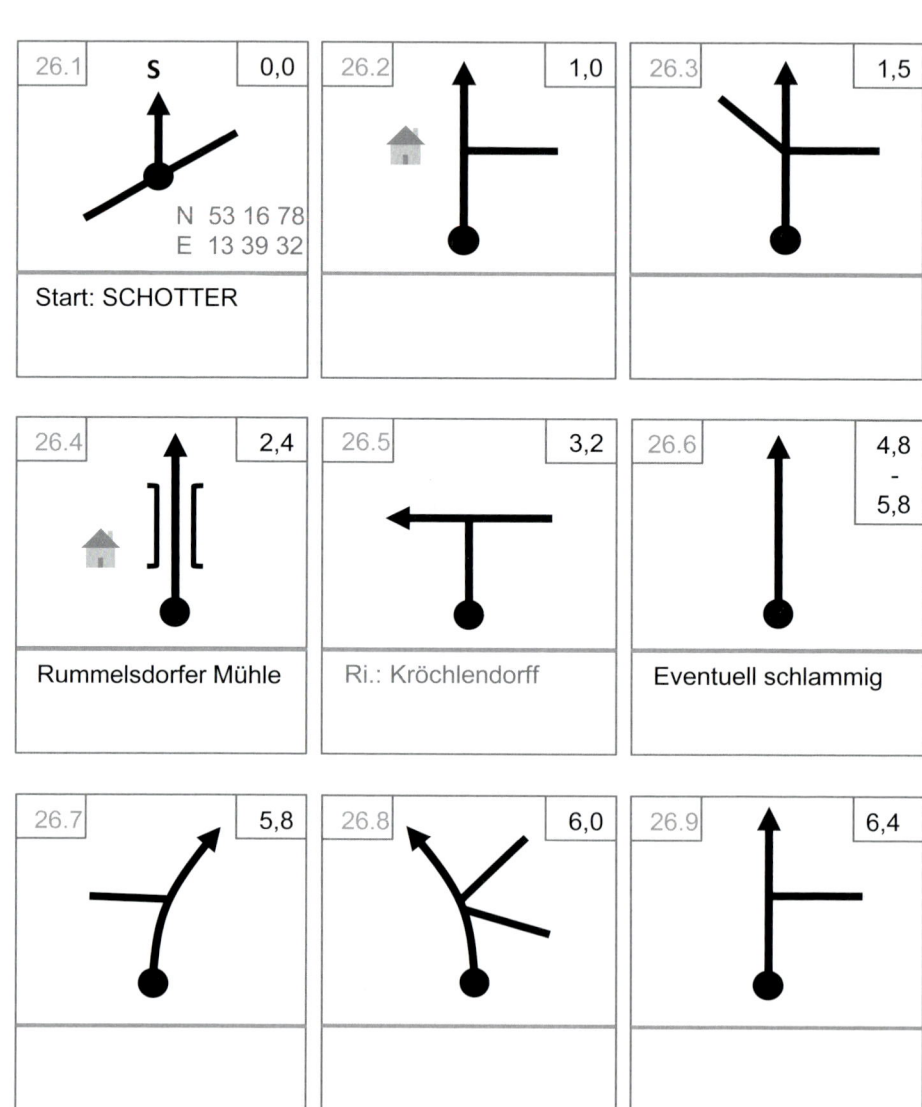

26.1	**S**	0,0
	N 53 16 78	
	E 13 39 32	
Start: SCHOTTER		

26.2		1,0

26.3		1,5

26.4		2,4
Rummelsdorfer Mühle		

26.5		3,2
Ri.: Kröchlendorff		

26.6		4,8 - 5,8
Eventuell schlammig		

26.7		5,8

26.8		6,0

26.9		6,4

Prenzlauer Berg

26.10	7,1

26.11	7,3

N 53 16 36
E 13 41 64

Ende: auf Teer
In Kröchlendorf
Kirche/ Schloss

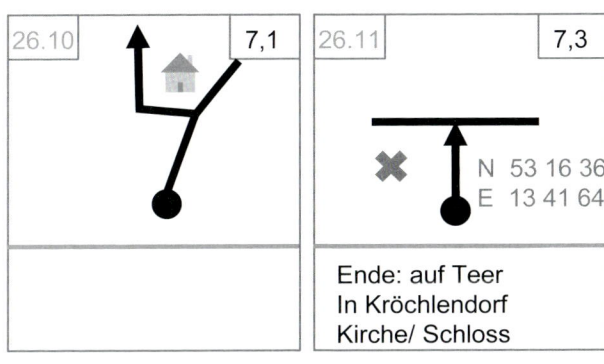

Es fährt kein Zug...

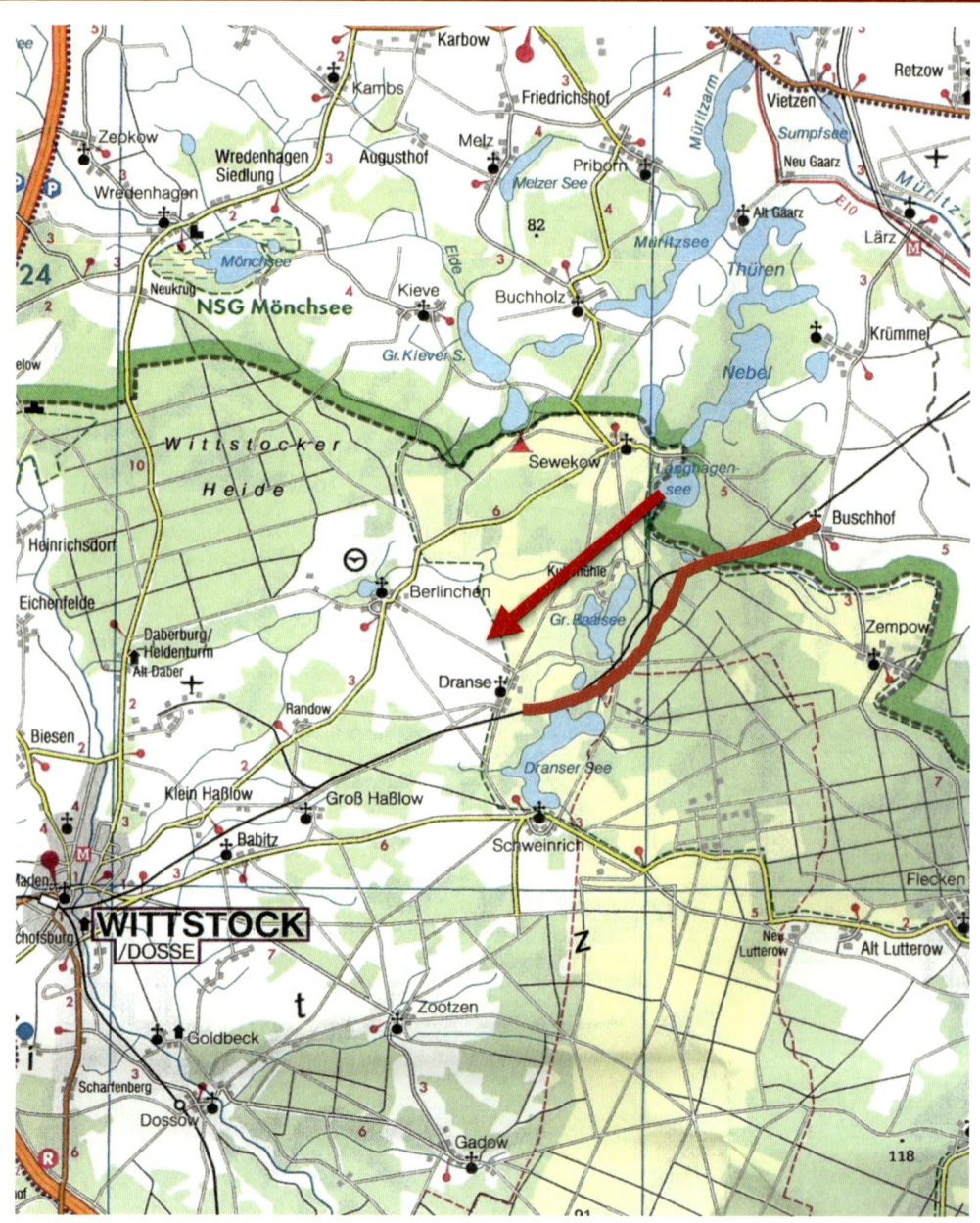

Es fährt kein Zug...

Orientierung: 1
Länge: 7,7 km
Dauer: 20 min

Der Niedergang dieser Überlandstrecke begann wahrscheinlich schon nach Kriegsende, als Teile der Strecke zu Reparationszwecken abgebaut wurden.

Zwar fuhren noch bis ins Jahr 2000 Personenzüge auf dem die Grenze zwischen Mecklen- und Brandenburg querenden Abschnitt nach Mirow, seit 20 Jahren wird um die Nutzung der Trasse gerungen. Planungen für einen Radweg oder eine multifunktionale Nutzung liegen seit Jahren in den Schubladen.
Bis aus einer dieser Projektideen etwas wird, ist dies ein ungewöhnlicher Track, der auf dem sandigen Bahndamm durch dichten Wald führt. Mit etwas Aufmerksamkeit kann man nicht nur Überbleibsel der alten Strecke finden, sondern entdeckt den alten Grenzgraben aus dem 18. Jh., der die Mark Brandenburg und Mecklenburg trennte.

Die letzten Kilometer des Tracks (nach Überqueren der Teerstraße) sind deutlich weichsandiger und für 2WD-Fahrzeuge sehr wahrscheinlich ungeeignet. Die Abfahrt von der Teerstraße hinunter auf diesen Abschnitt erfordert etwas Fahrtechnik, um Aufsetzen zu vermeiden.

27.1 **SW** 0,0	27.2 1,3	27.3 2,3
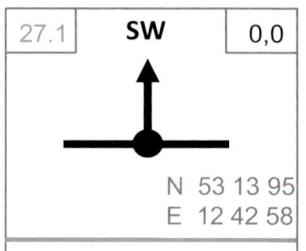 N 53 13 95 E 12 42 58	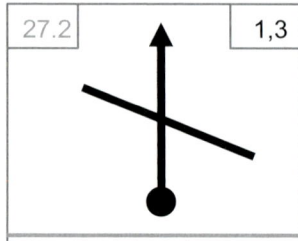	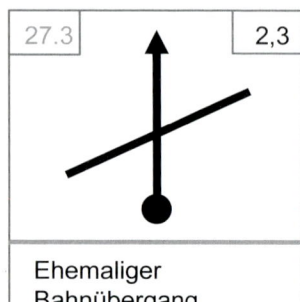
Start: entlang Waldrand SAND	Gleisreste	Ehemaliger Bahnübergang

27.4 5,0	27.5 5,4	27.6 5,8
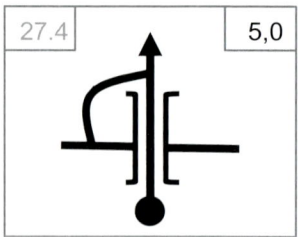	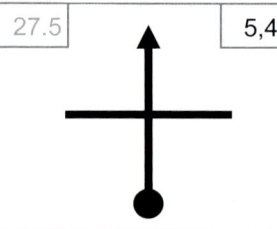	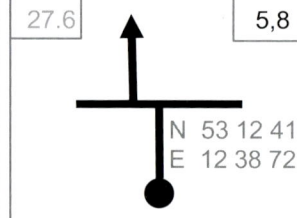 N 53 12 41 E 12 38 72
Ehemalige Bahnbrücke Ausstiegsmöglichkeit	Ortseingang Babke (Links Fischerei + Café) TEER	Querung Teerstraße Achtung! Aufsetzgefahr SAND ab hier weicher

27.7 6,6	27.8 7,0	27.9 7,7
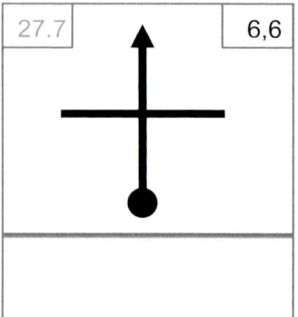	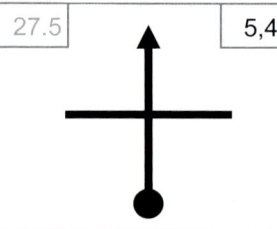	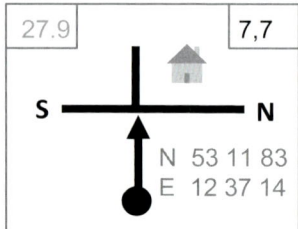 S ——— N N 53 11 83 E 12 37 14
	Über befestigten Weg	Ende: an Teerstraße Ortseingang Qualzow Ex. Bhf. Dranse

Bombodrom

Orientierung: 2
Länge: 15,4 km
Dauer: 45 min

Die Wittstocker Heide ist eine der größten Heideflächen Europas – ideal um über Jahrzehnte ungestört den Bombenabwurf zu trainieren.

In den 1950er Jahren wurden die Grundbesitzer des Gebietes quasi enteignet, um einen riesigen Truppenübungsplatz entstehen zu lassen. Nach dem Abzug der russischen Armee 1993 plante auch die Bundeswehr dieses 12.000 ha Gebiet zu nutzen. Doch nach Protesten und Klagen untersagte das Oberverwaltungsgericht die militärische Nutzung und die Bundeswehr zog 2011 endgültig ab. Trotzdem ist das munitionsverseuchte Gebiet bis auf einen 14 Kilometer langen Wanderweg weiterhin für die Öffentlichkeit gesperrt, selbst mit vielen Millionen Euro wird es nicht möglich sein, die explosiven Hinterlassenschaften komplett zu räumen.

Lokale Endurofahrer und 4x4-Gruppen drehen regelmäßig und illegal in dem Gebiet ihre Runden und haben Umfahrungen der Schranken angelegt (Achtung bis zu 5.000 € Strafe). Der beschriebene Track führt lediglich an der Ostgrenze des Sperrgebiets entlang. Auf den Sandpisten bekommt man auch so einen Eindruck der Landschaft und der Ausmaße des Areals.

Bombodrom

28

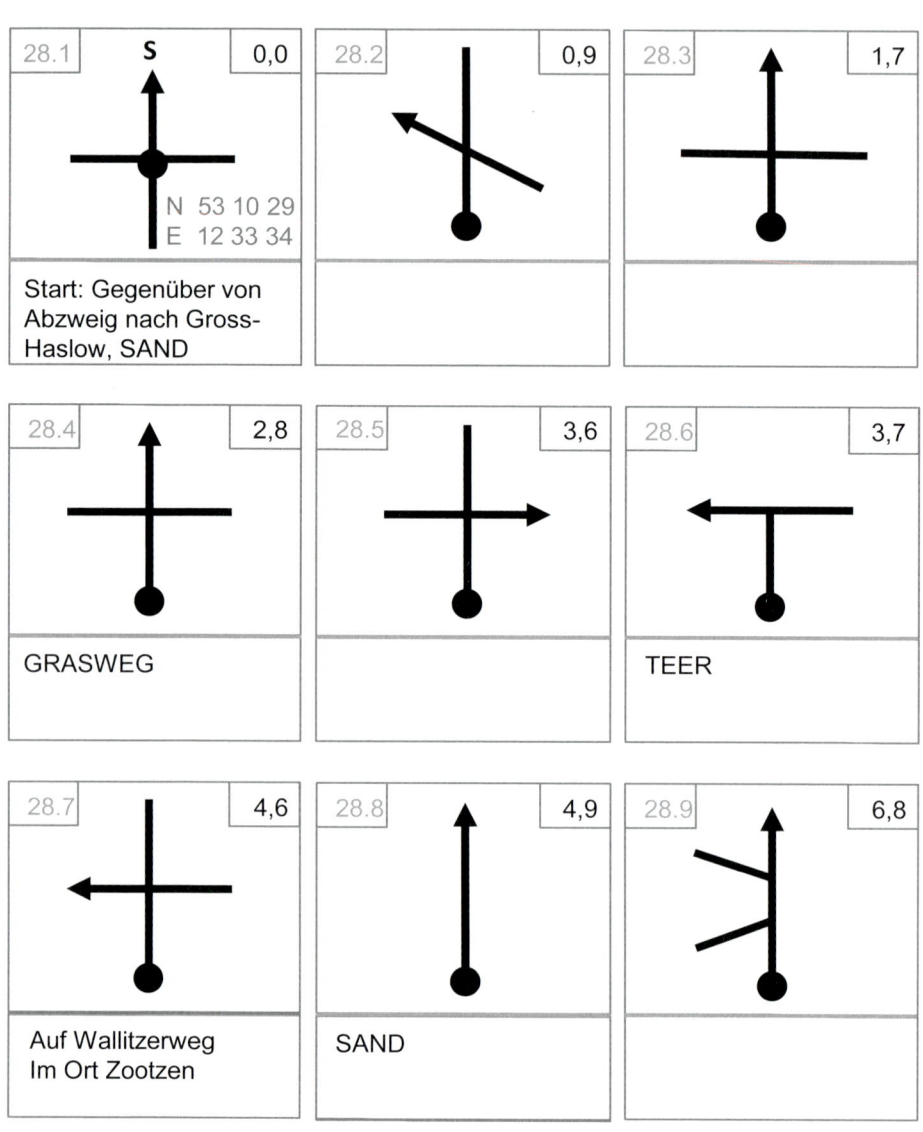

28.1 **S** 0,0	28.2 0,9	28.3 1,7
N 53 10 29 E 12 33 34		
Start: Gegenüber von Abzweig nach Gross-Haslow, SAND		

28.4 2,8	28.5 3,6	28.6 3,7
GRASWEG		TEER

28.7 4,6	28.8 4,9	28.9 6,8
Auf Wallitzerweg Im Ort Zootzen	SAND	

Bombodrom

28.10	7,7

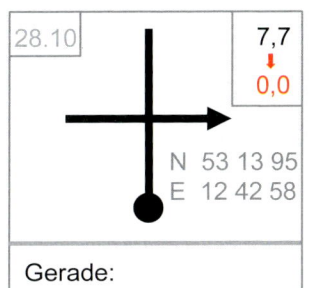

7,7
↓
0,0

N 53 13 95
E 12 42 58

Gerade:
Ins Sperrgebiet

28.11	0,5

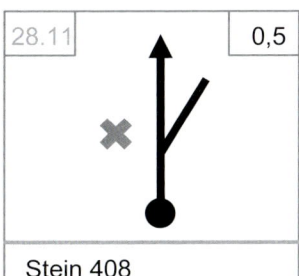

Stein 408

28.12	1,1

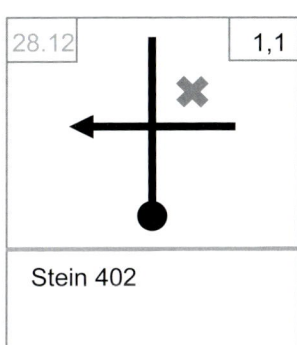

Stein 402

28.13	1,3

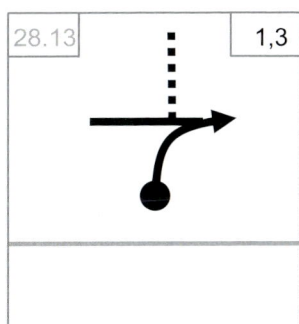

28.14	1,9

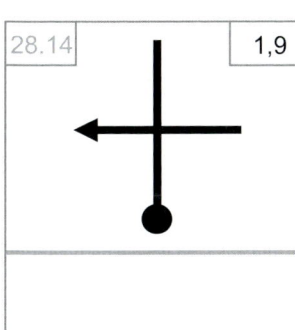

28.15	2,7

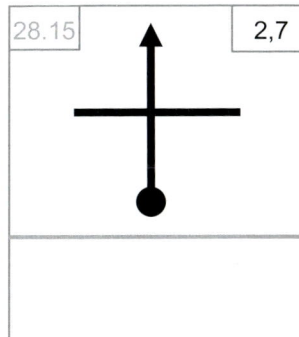

28.16	3,9

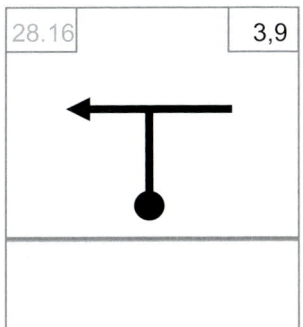

28.17	4,2

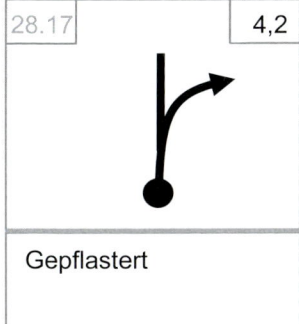

Gepflastert

28.18	7,7

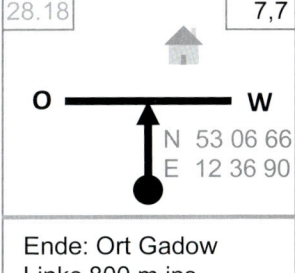

O — W

N 53 06 66
E 12 36 90

Ende: Ort Gadow
Links 800 m ins
Sperrgebiet

Zechliner Hütte

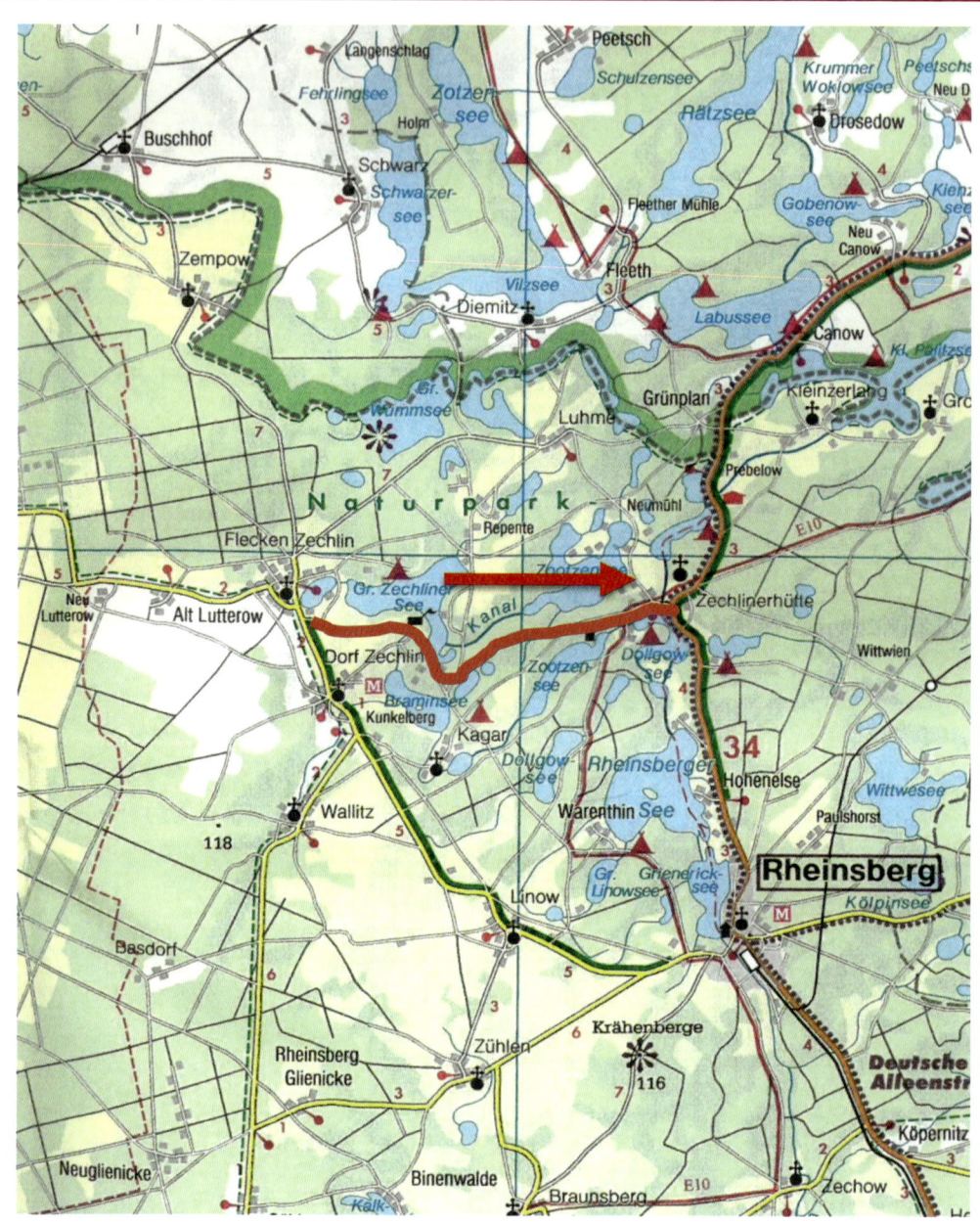

Zechliner Hütte

Orientierung: 2
Länge: 8,3 km
Dauer: 25 min

Es heißt, dass der junge Alfred Wegener in dieser stillen und einsamen Naturlandschaft seine Liebe zur Natur und Geografie entdeckt habe.

Jedenfalls hat der berühmte Geowissenschaftler hier mehrere Sommer verbracht. Eine kleine Gedenkstätte im ehemaligen Direktorenhaus erinnert an den Entdecker der Kontinentalverschiebung. Viel scheint sich in den mittlerweile vergangenen 120 Jahren nicht geändert zu haben. Der Track verläuft durch eine friedliche Wald- und Seenlandschaft mit schönen Badestellen.

Und genau diese Entspanntheit macht den Reiz dieses Tracks aus - genussvolles Auto-wandern mit offenem Fenster auf zum größten Teil unbefestigten Strecken und dabei die Plattentektonik beobachten.

29.1 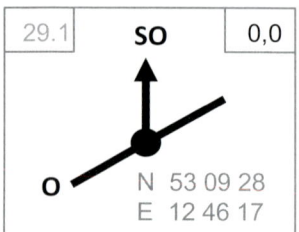 0,0 Start: Ortsausgang Flecken Zechlin	**29.2** 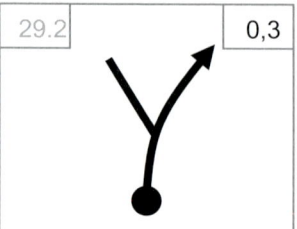 0,3 Ri.: Badestrand TEER	**29.3** 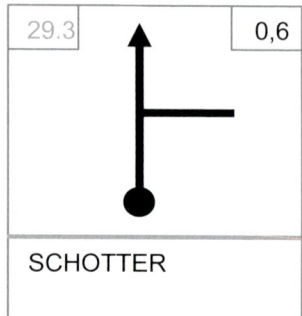 0,6 SCHOTTER
29.4 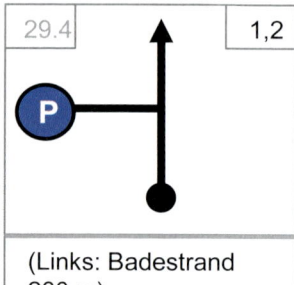 1,2 (Links: Badestrand 200 m)	**29.5** 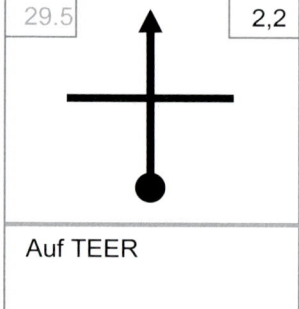 2,2 Auf TEER	**29.6** 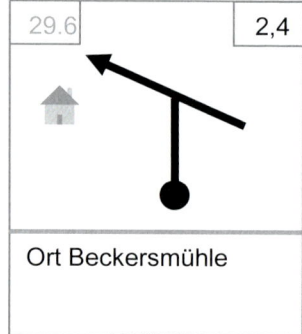 2,4 Ort Beckersmühle
29.7 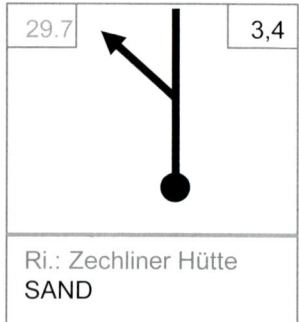 3,4 Ri.: Zechliner Hütte SAND	**29.8** 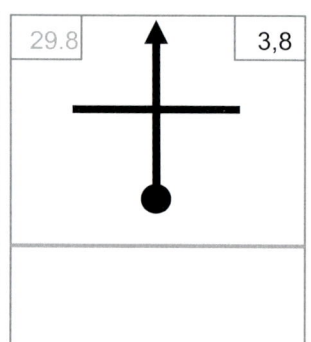 3,8	**29.9** 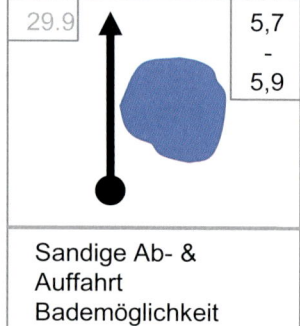 5,7 - 5,9 Sandige Ab- & Auffahrt Bademöglichkeit

In frame 29.1: SO, O, N 53 09 28, E 12 46 17

Zechliner Hütte

29

29.10	6,3

SCHOTTER

29.11	7,6

Ortseingang Zechliner Hütte

29.12	8,0

Über Brücke

29.13	8,3

N — B122 — S

N 53 09 30
E 12 52 46

Ende: Auf B122

KKW

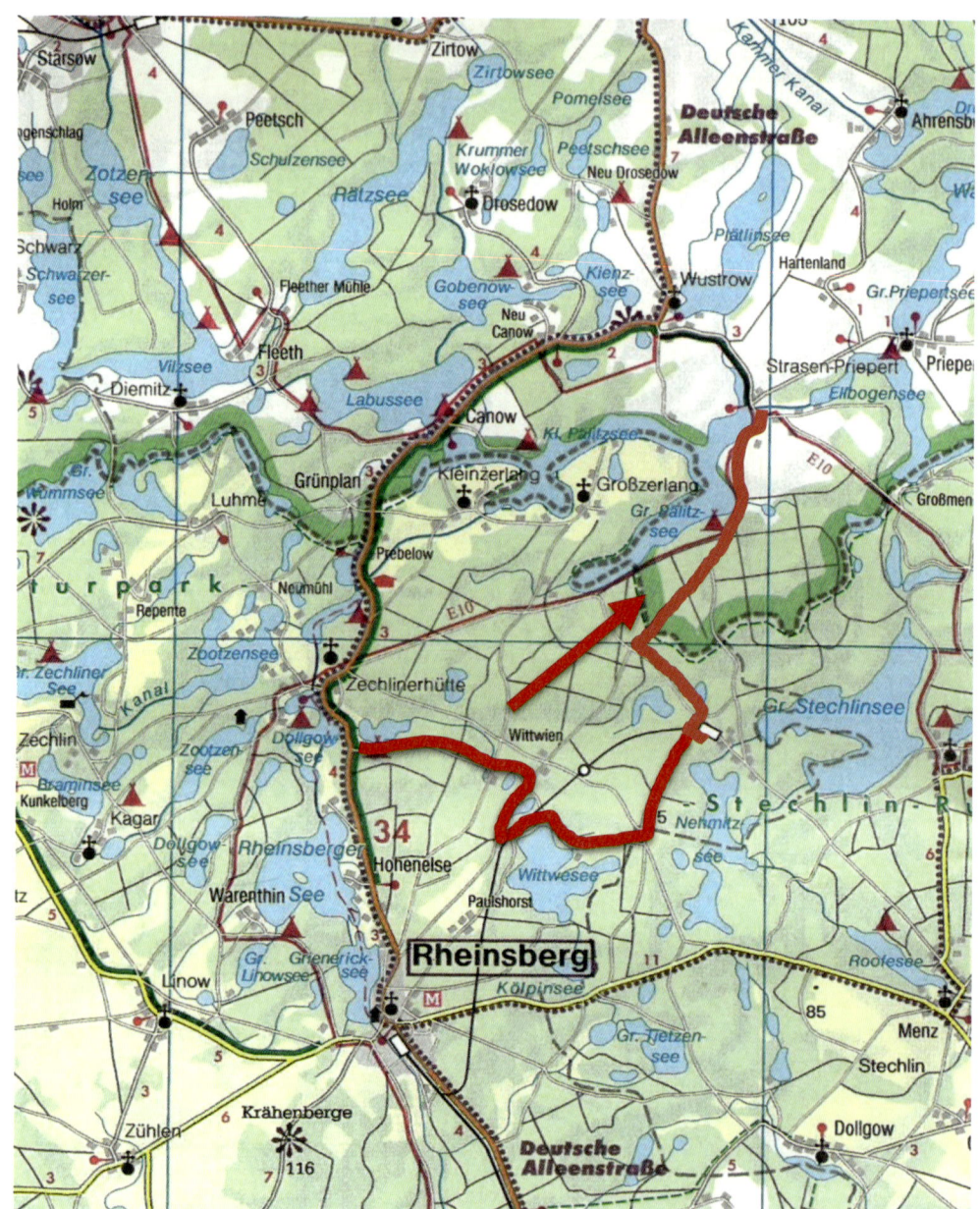

KKW

Orientierung: 2
Länge: 18,2 km
Dauer: 45 min

Nach langer und einsamer Fahrt auf Schotter und Sand öffnet sich der Wald und da steht ein Kernkraftwerk und irgendwie fühlt es sich an als hätte man etwas Verbotenes getan…

Der verlassene alte Bahnhof, die Industriearchitektur in einer Zeitblase aus der DDR der 60er Jahre hinübergerettet - jetzt fehlt nur noch Balduin Bienlein und das Tim und Struppi Szenario einer geheimen Forschungsstation wäre perfekt.
Tatsächlich war das Kernkraftwerk Bruno Leuschner der erste wirtschaftlich genutzte Reaktor der DDR. Während seiner Laufzeit war es der größte Arbeitgeber in der Region. Seit 1990 ist das Kraftwerk stillgelegt, seit über 25 Jahren läuft der Rückbau und somit ist das Kraftwerk auch aktuell der größte Arbeitgeber in der Region. Jeweils am Mittwoch ist Besuchertag, die dreistündige Führung ist kostenlos.

Aber auch ohne diese, in der Umgebung etwas skurrile Sehenswürdigkeit, ist eine Befahrung dieses Tracks auf Schotter, Sand und Kopfstein ein kurzweiliges Erlebnis.

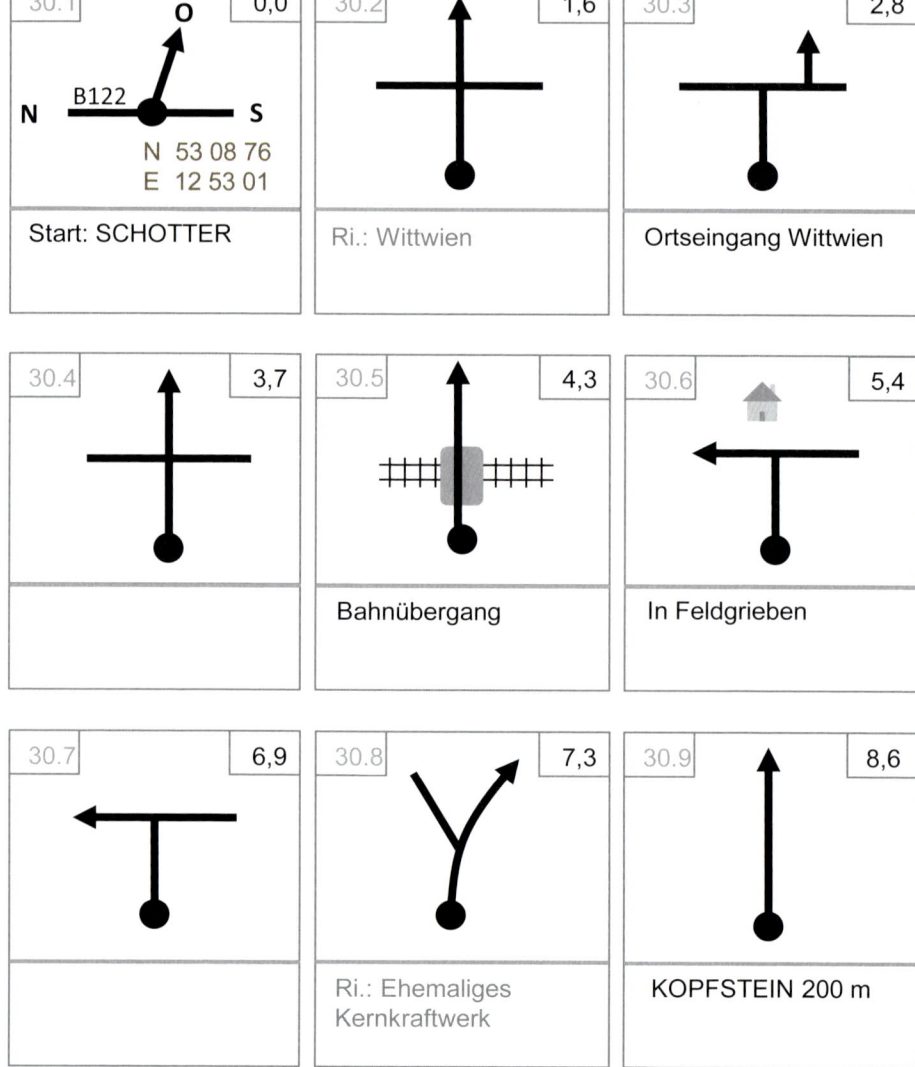

30.1		0,0
O N B122 S N 53 08 76 E 12 53 01		
Start: SCHOTTER		

30.2	1,6
Ri.: Wittwien	

30.3	2,8
Ortseingang Wittwien	

30.4	3,7

30.5	4,3
Bahnübergang	

30.6	5,4
In Feldgrieben	

30.7	6,9

30.8	7,3
Ri.: Ehemaliges Kernkraftwerk	

30.9	8,6
KOPFSTEIN 200 m	

30.10	9,3
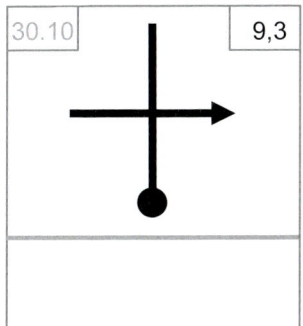	

30.11	9,8 / 0,0
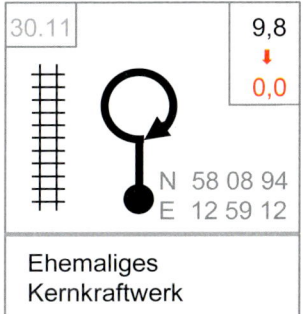 N 58 08 94 / E 12 59 12	
Ehemaliges Kernkraftwerk	

30.12	0,4
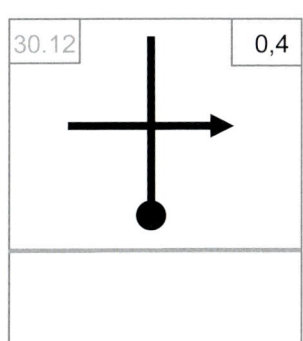	

30.13	0,7
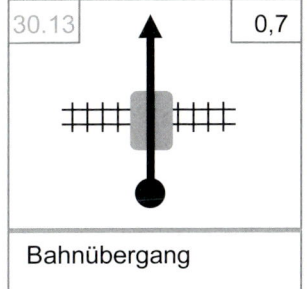	
Bahnübergang	

30.14	0,9
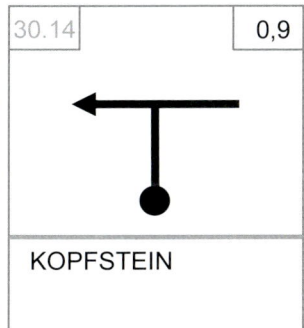	
KOPFSTEIN	

30.15	2,9

Ri.: Strasen SAND Picknickplatz	

30.16	5,0
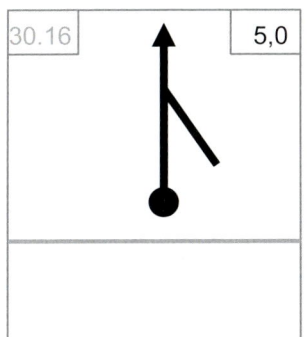	

30.17	5,9
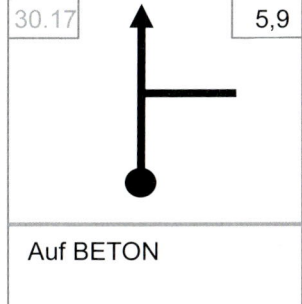	
Auf BETON	

30.18	8,4
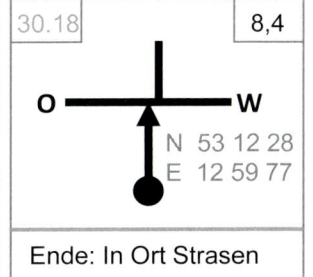 O ── W N 53 12 28 / E 12 59 77	
Ende: In Ort Strasen	

Angie

Angie

Orientierung: 2
Länge: 14,4 km
Dauer: 40 min

Wer hätte gedacht, dass sich Kanzlerin Merkel eine Extravaganz leistet, die selbst ihren genussfreudigen Vorgängern, den Lebemännern Kohl und Schröder fremd war?

Nur wenige Kilometer entfernt, nahe der Kleinstadt Templin, verbrachte die Kanzlerin ihre Jugend und entwickelte eine Vorliebe für die Landschaft der Uckermark. Die Uckermark ist „im eigentlichen Sinne Heimat für mich" sagt Angela Merkel. Und so besitzt sie schon seit Jahren in einem kleinen Weiler im Gebiet, durch das dieser Track verläuft, eine Datsche. Ihre Nachbarn beschreiben sie unisono als „normal" und was man so erfährt, erwandert sie die „wunderbare Landschaft", kocht Hausmannskost für Ihre Gäste oder badet in den Seen.

Dieser Track bietet genau die richtigen Voraussetzungen für die Freuden des einfachen Lebens weitab der Alltagshektik. Ein Picknick unter jahrhundertealten Bäumen? Ein Mittagsschlaf auf der Wiese? Oder ein erfrischendes Bad im See?

Nur – wenn auffallend viele schwarze Limousinen herumstehen und die Landbevölkerung ausgebeulte Anzüge trägt - ist der Platz wahrscheinlich gerade besetzt.

Angie

31

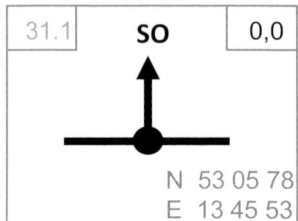 **31.1** **SO** **0,0** N 53 05 78 E 13 45 53 Start: In Temmen Ri.: Poratz KOPSTEIN folgt	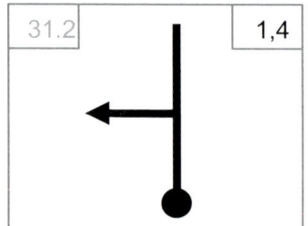 **31.2** **1,4** Ri.: Poratz	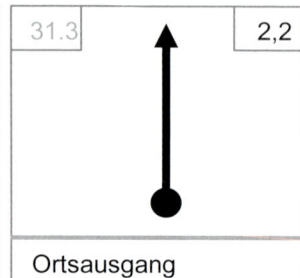 **31.3** **2,2** Ortsausgang Neu Temmen SCHOTTER
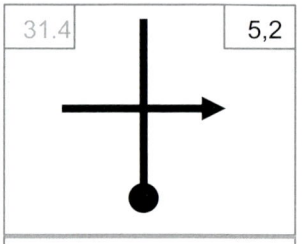 **31.4** **5,2** In Poratz Ri.: Ringenwalde	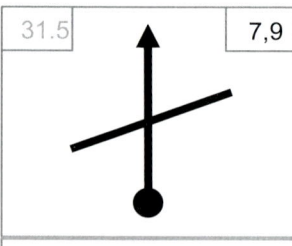 **31.5** **7,9** SCHOTTER	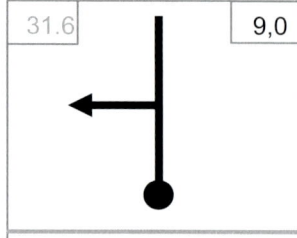 **31.6** **9,0** Richtung Hessenhöhe TEER Entspricht *R31.10*
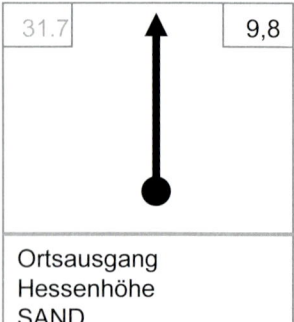 **31.7** **9,8** Ortsausgang Hessenhöhe SAND	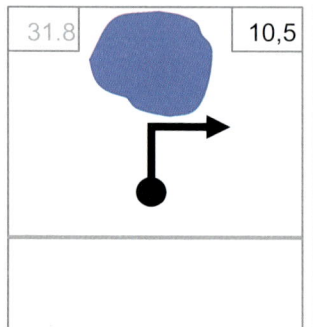 **31.8** **10,5**	 **31.9** **10,8** N 58 02 40 E 12 45 07 Badestelle Rückfahrt zu *R31.6*

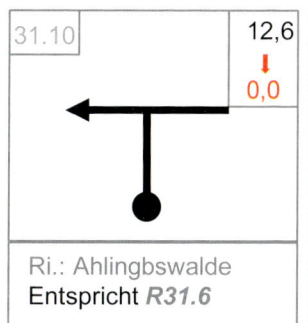

31.10	12,6
	↓
	0,0

Ri.: Ahlingbswalde
Entspricht *R31.6*

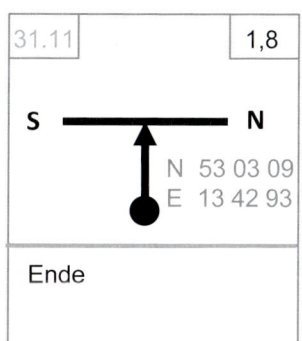

31.11	1,8

S ——————— N

N 53 03 09
E 13 42 93

Ende

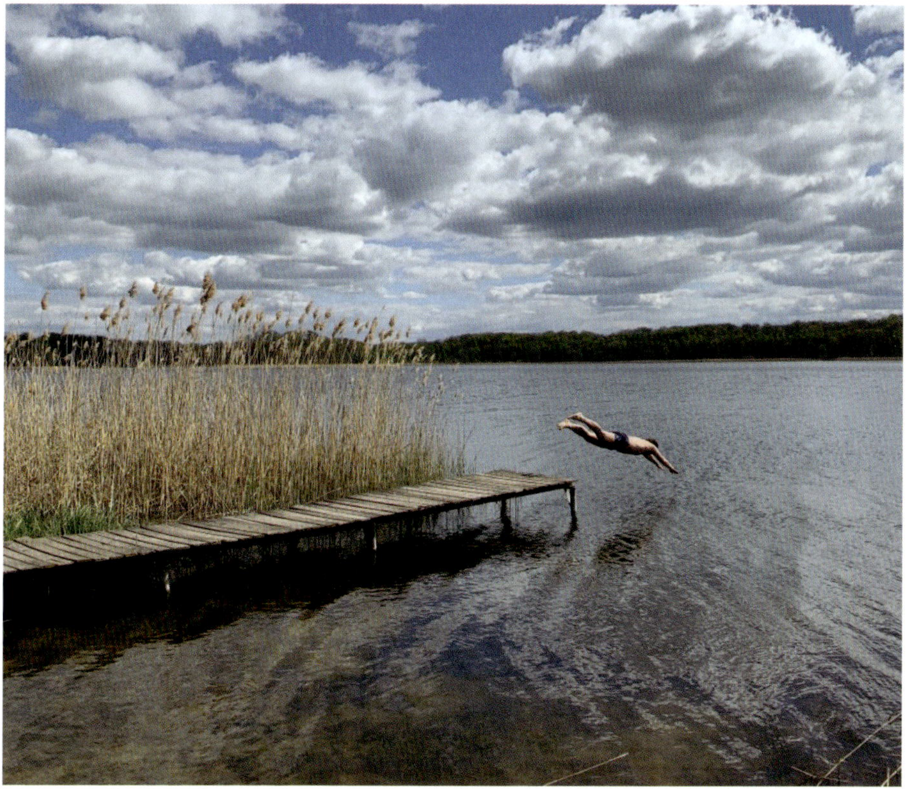

Carinhall

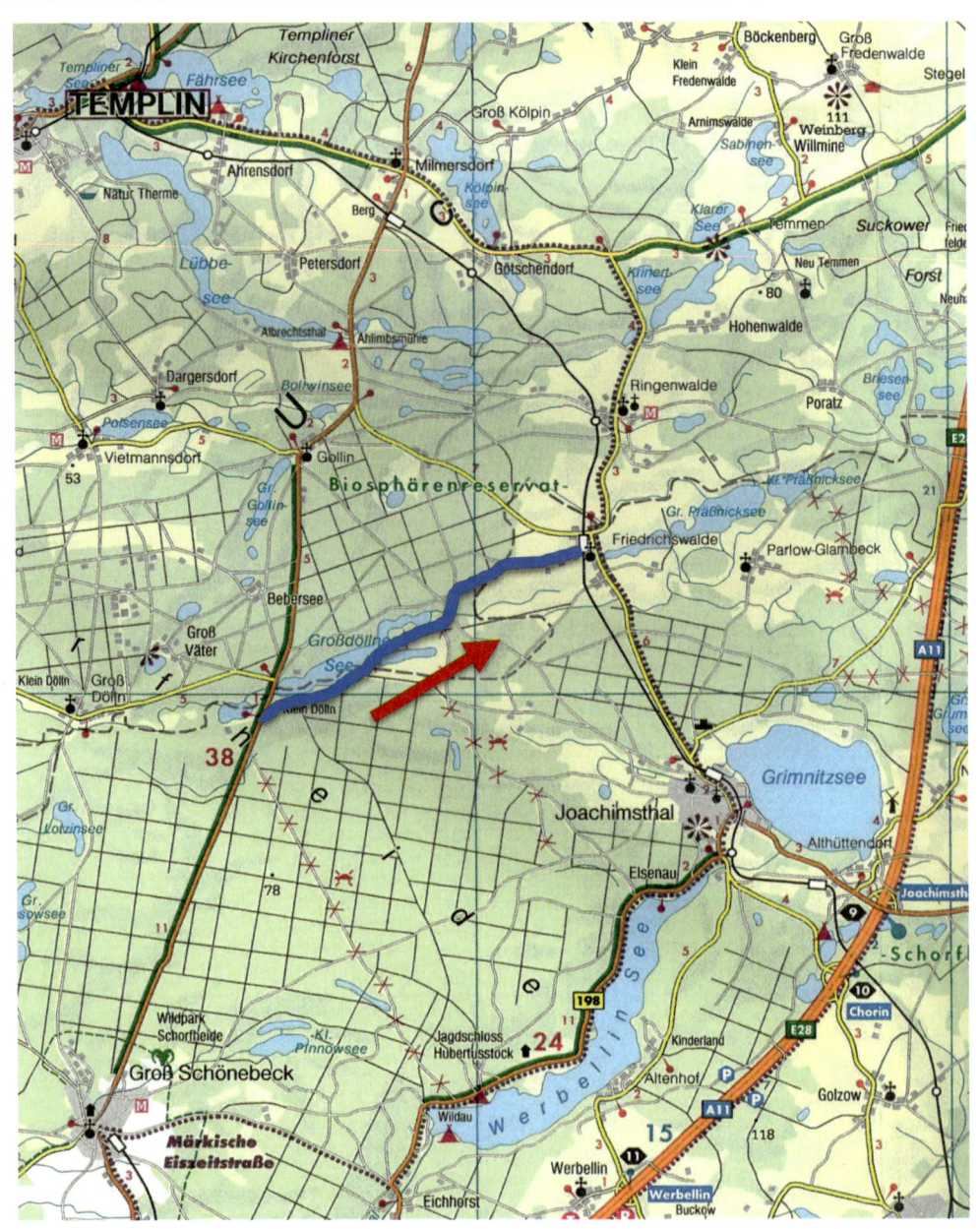

Orientierung: 1
Länge: 9,3 km
Dauer: 20 min

Auf seiner Residenz Carinhall, in einer der schönsten Ecken der Schorfheide gelegen, inszenierte sich Hermann Göring, Hitlers skrupelloser Mann fürs Grobe, als die überzeichnete Karikatur eines größenwahnsinnigen Diktators.

Anhäufung geraubter Kunstschätze, Jagdpartien in Fantasieuniformen, Posieren mit Löwen und eine riesige Modelleisenbahnanlage auf dem Dachboden seines, im Stil einer germanischen Versammlungshalle erbauten, Herrschaftssitzes – selbst Parteifreunde nannten den drogensüchtigen Generalfeldmarschall hinter vorgehalter Hand „Lametta-Heini". Nach Kriegsbeginn wurde Carinhall die Schaltzentrale des Mannes, der als Planer und Lenker hinter fast jeder Grausamkeit der NS-Diktatur zu finden ist. Kurz vor Kriegsende floh Göring nach Bayern und ließ Carinhall sprengen.

Vom Dienstboteneingang aus quert der Schottertrack das weitläufige Gelände mit altem Baumbestand und idyllischen Seen und verlässt es an den Torhäusern der Hauptzufahrt.

32.1 **O** 0,0 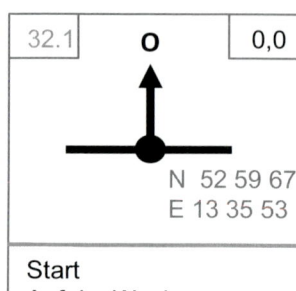 N 52 59 67 E 13 35 53	32.2 0,1 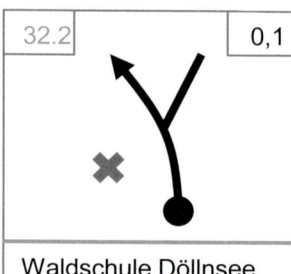	32.3 2,6 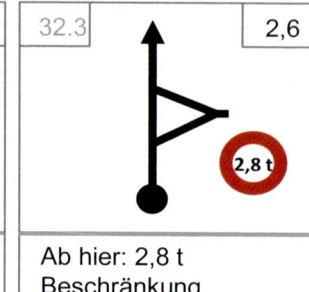
Start Auf: Im Wucker SCHOTTER	Waldschule Döllnsee Ehemaliges Gästehaus der DDR	Ab hier: 2,8 t Beschränkung
32.4 3,8 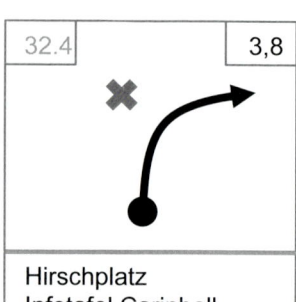	32.5 4,7 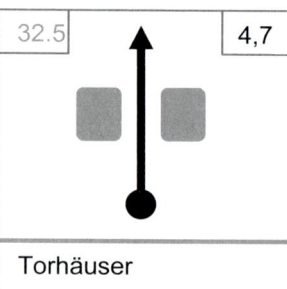	32.6 5,2 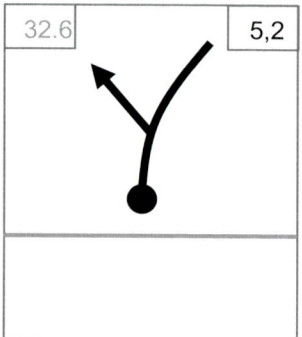
Hirschplatz Infotafel Carinhall	Torhäuser	
32.7 5,3 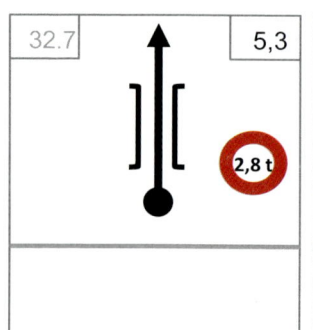	32.8 5,8 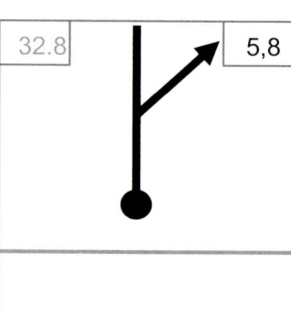	32.9 9,0 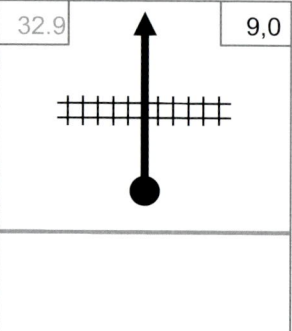

Carinhall

32

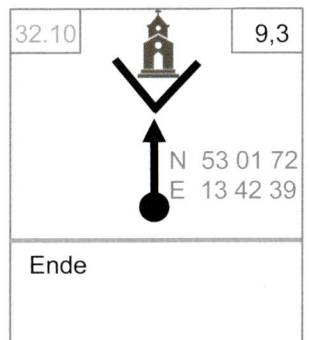

32.10		9,3

N 53 01 72
E 13 42 39

Ende

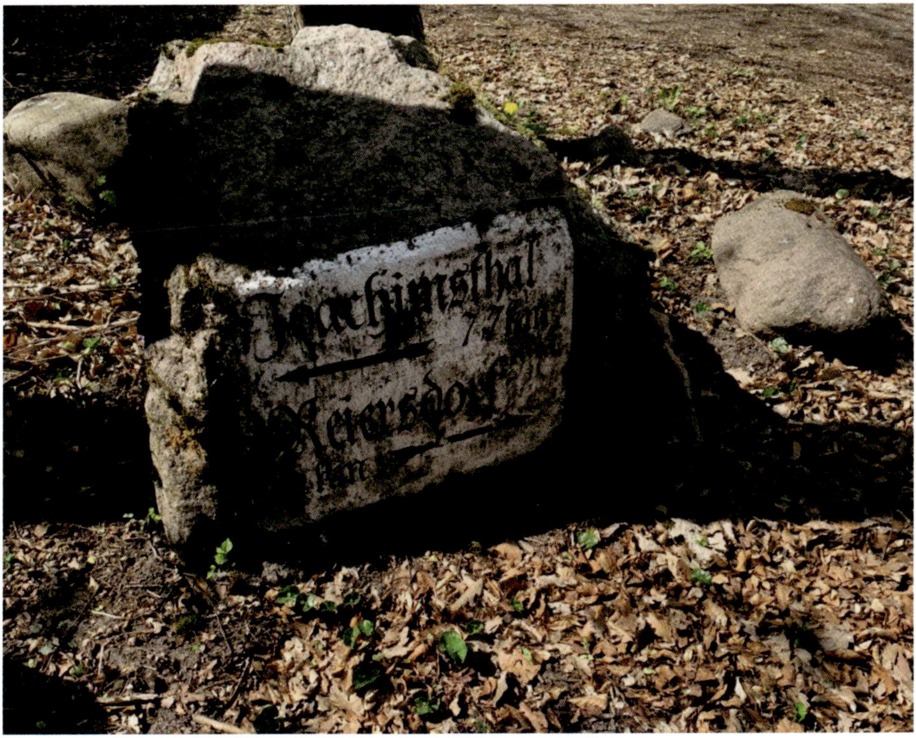

Buran

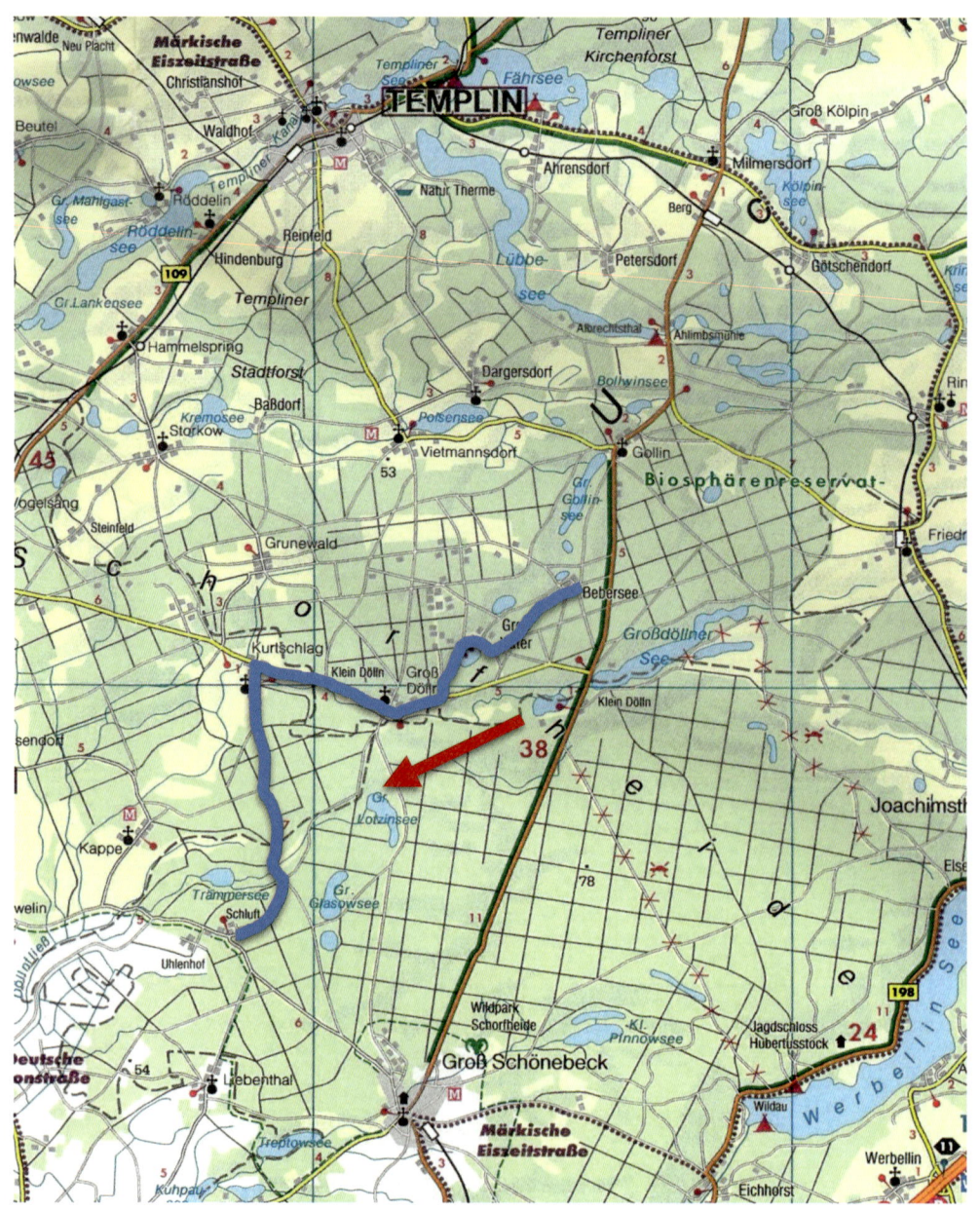

Buran

Orientierung: 1
Länge: 17,3 km
Dauer: 30 min

байконур у нас проблемы! (Baikonur, wir haben ein Problem!) Auch in der Planwirtschaft konnte ab und zu etwas schiefgehen und so sorgten die Raumfahrtspezialisten aus dem Sternenstädtchen bei dem Prestigeprojekt Buran vor.

Die Raumfähre Buran sollte die Antwort auf das amerikanische Space Shuttle werden. Für den Fall, dass es bei der Rückkehr zur Erde Probleme geben sollte, brauchte man Notlandeplätze mit ausreichend langen Landebahnen. Einer davon lag versteckt in den Wäldern der Schorfheide.

Schon seit den 50er Jahren betrieb die 16. Luftarmee hier einen gigantischen Militärflughafen, dessen Landebahn auf 3.600 m verlängert wurde. Wie versteckt dieser Flugplatz liegt, lässt sich beim Befahren dieses Tracks nachvollziehen. Über Schotter und sandige Ortsverbindungsstraßen geht es durch scheinbar unendlichen Kiefernwald. Eher unvermittelt steht man plötzlich direkt neben der Haupteinfahrt des ehemaligen Militärgeländes. Durch das Tor gelangt man zum Driving Center, hier kann man einen Eindruck der Größe des Flugfeldes bekommen.

Heutzutage wird hier in einem der größten Solarparks Deutschlands nach den Sternen gegriffen und Siemens betreibt eine Teststrecke zur Zukunft der E-Mobilität. Zum Abschluss bringt einen die ruppige Kopfsteinpiste nach Schluft und zurück in die Gegenwart.

Buran

33.1 W 0,0 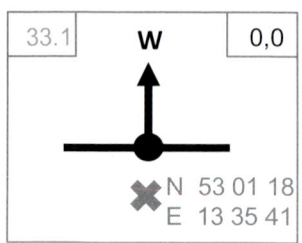 **X** N 53 01 18 E 13 35 41 Start: im Ort Bebersee X = Holzbieber	**33.2** 0,2 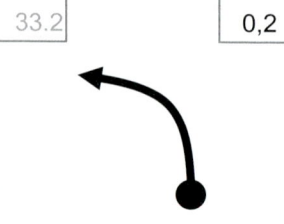 Auf Schotter	**33.3** 2,2 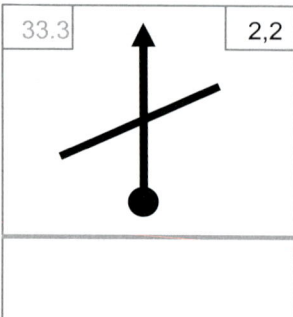
33.4 2,9 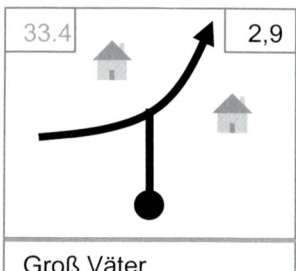 Groß Väter TEER	**33.5** 3,4 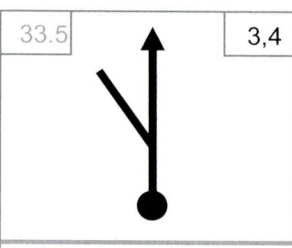 Auf SCHOTTER	**33.6** 3,9 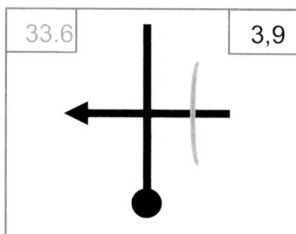 BETON (Rechts: Tor meist offen zu Ex - Flugplatz Gross-Dölln)
33.7 5,0 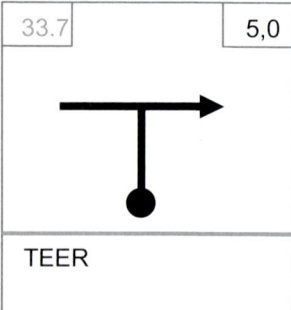 TEER	**33.8** 9,9 Ri.: Schluft KOPFSTEIN	**33.9** 11,5

Buran

33

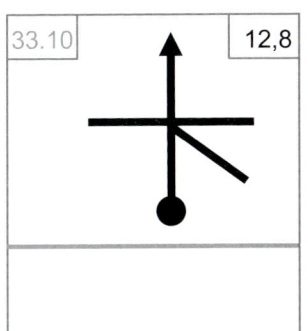

33.10	12,8

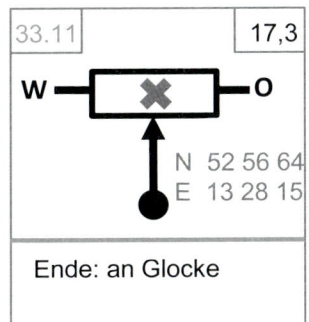

33.11	17,3

W
O
N 52 56 64
E 13 28 15

Ende: an Glocke

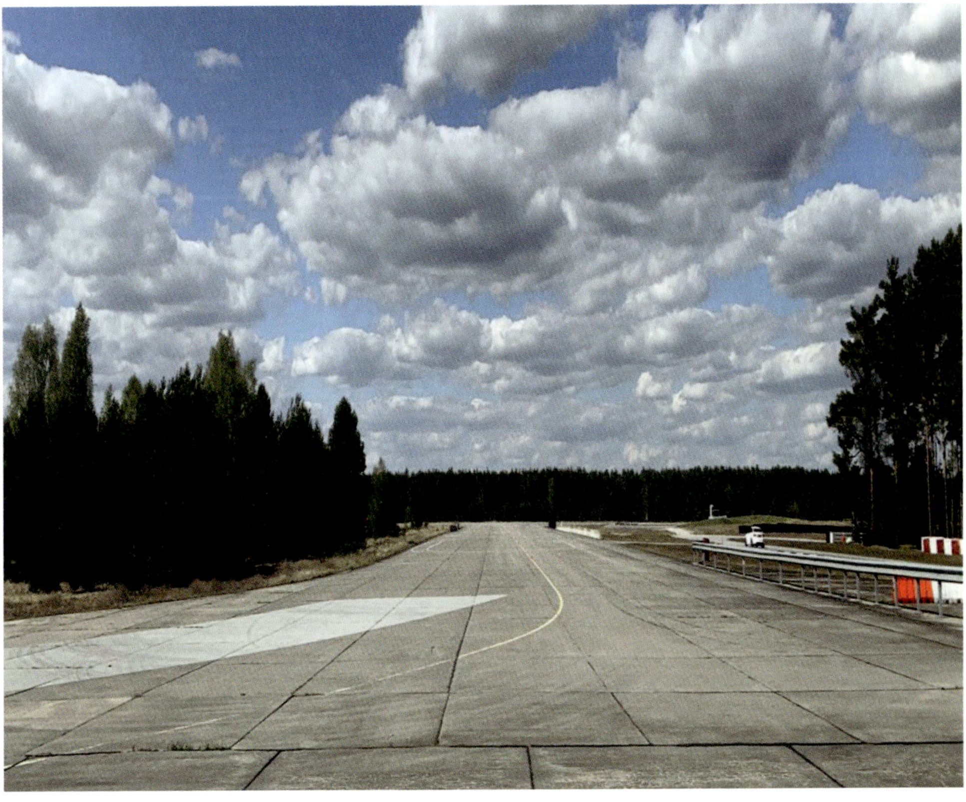

Schorfheide

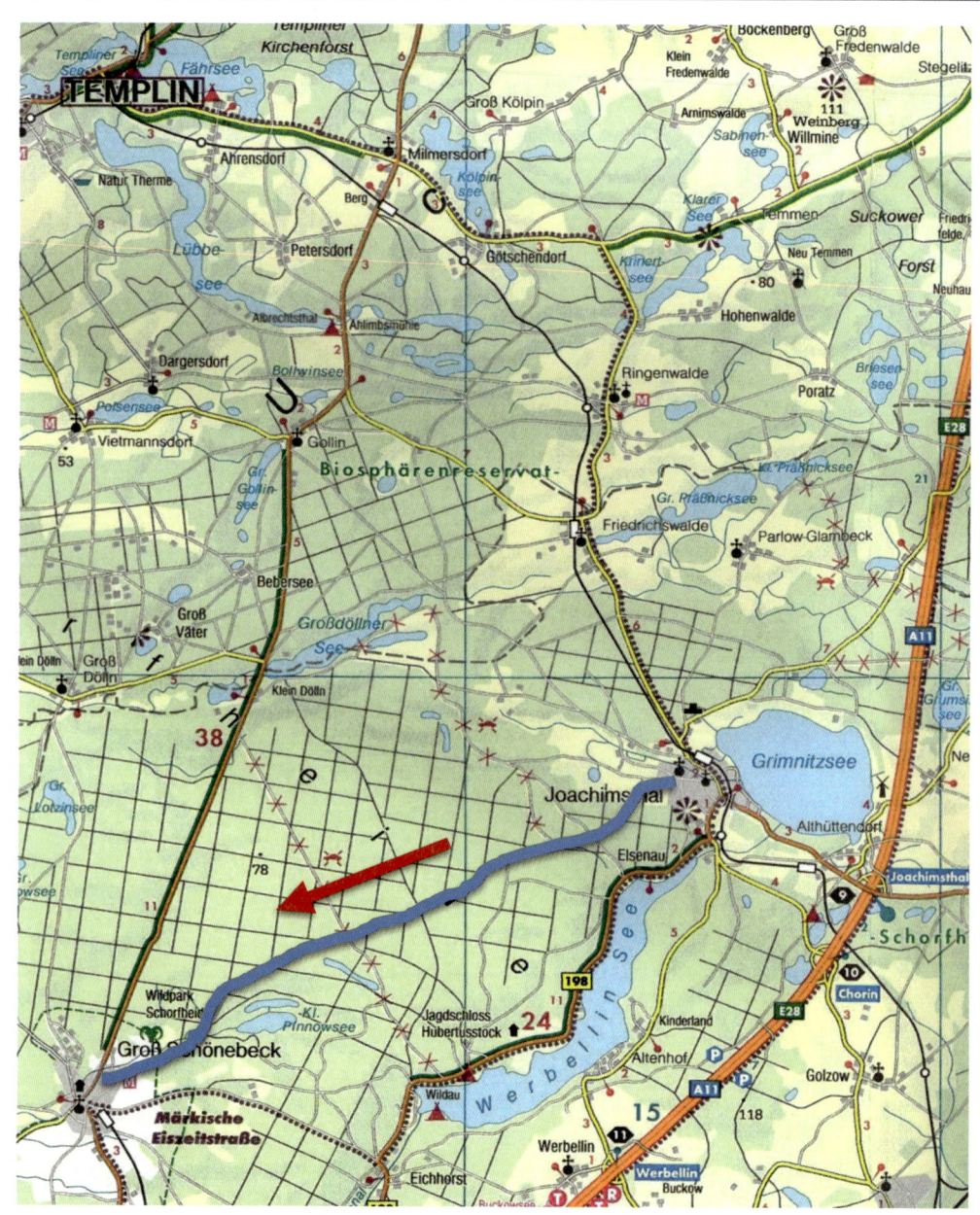

Schorfheide

Orientierung: 1
Länge: 15,4 km
Dauer: 30 min

Einen Tag vor dem Mauerfall genoss Waidmann Erich Honecker nochmals die Privilegien seiner Position und schoss am 8. November 1989 seinen letzten Hirsch. Damit endeten 150 Jahre elitäre Jagdfreude und Geheimdiplomatie in der Schorfheide.

Schon König Friedrich Wilhelm IV nutzte den informellen Rahmen der Jagd, um Männerfreundschaften zu schließen und bei dem ein oder anderen guten Tropfen wichtige politische Entscheidungen vorzubereiten. Diese praktische Kombination hielt sich vom Kaiserreich über die Weimarer Republik, das NS-Regime bis zum Ende der DDR. Nicht nur Besucher aus den Bruderstaaten wie Castro und Breschnew genossen hier die Gastfreundschaft der SED-Führung, sondern auch die pikanteren Deals mit dem Klassenfeind wurden im Kaminzimmer des Jagdschlosses Hubertusstock vorbereitet – so waren auch Strauß, Schmidt und bundesdeutsche Industriekapitäne willkommene Gäste in der Einsamkeit der Schorfheide.

Der beschriebene Track quert das ausgedehnte Waldgebiet zwischen Joachimsthal und Schönebeck auf dem rauen Kopfsteinpflaster der alten Chaussee. Er passiert dabei auch Honeckers Jagdhütte „Wildfang", die etwas versteckt südlich der Route liegt.

In Bezug auf Jagdglück führt Kaiser Wilhelm mit über 1000 Hirschen deutlich vor dem Generalsekretär Honecker mit nur etwas über 500 Hirschen …

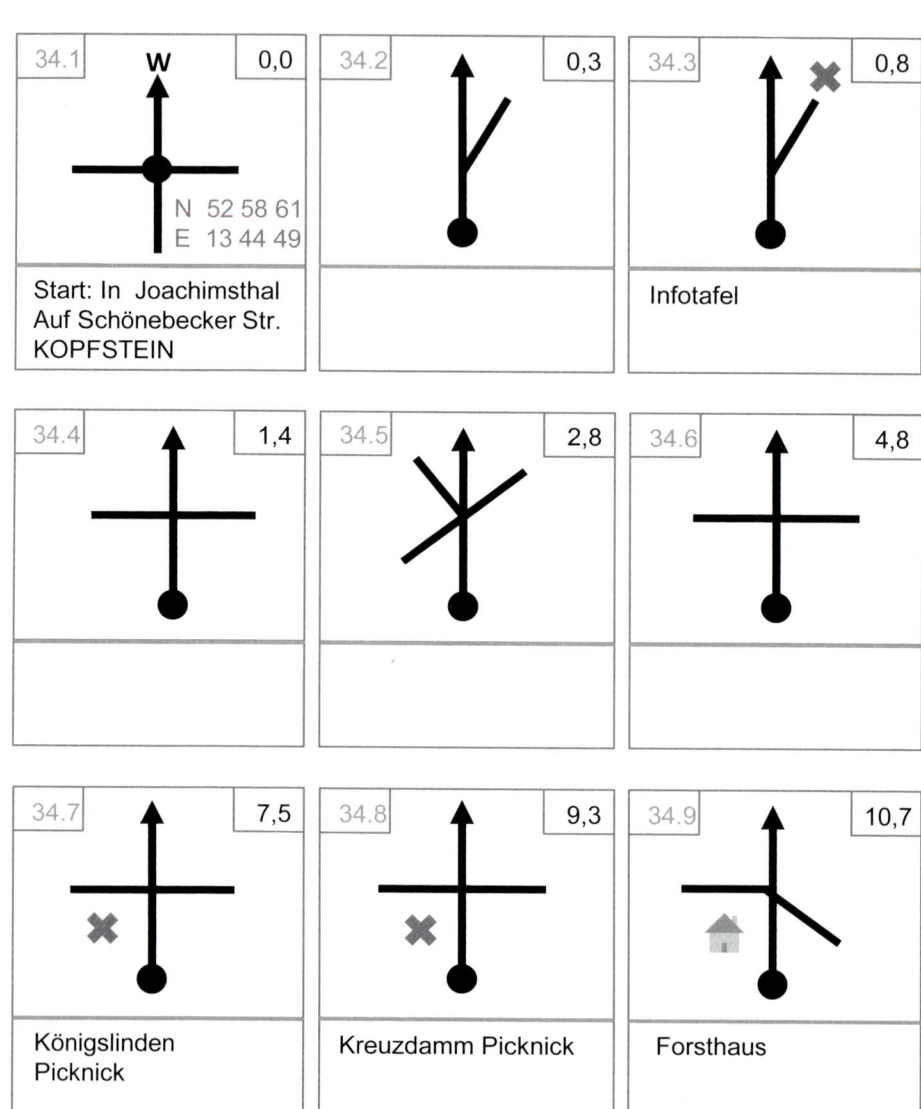

34.1 W 0,0	34.2 0,3	34.3 0,8
N 52 58 61 E 13 44 49 Start: In Joachimsthal Auf Schönebecker Str. KOPFSTEIN		Infotafel

34.4 1,4	34.5 2,8	34.6 4,8

34.7 7,5	34.8 9,3	34.9 10,7
Königslinden Picknick	Kreuzdamm Picknick	Forsthaus

34.10	12,7	34.11	13,3	34.12	15,4
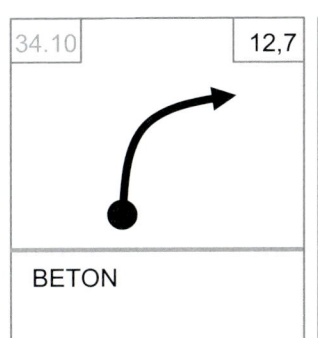		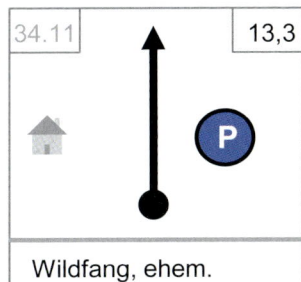		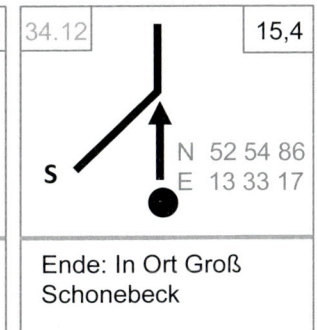 S N 52 54 86 E 13 33 17	
BETON		Wildfang, ehem. Jadghaus Honeckers, 200 m im Wald		Ende: In Ort Groß Schonebeck	

Schloss Meseberg

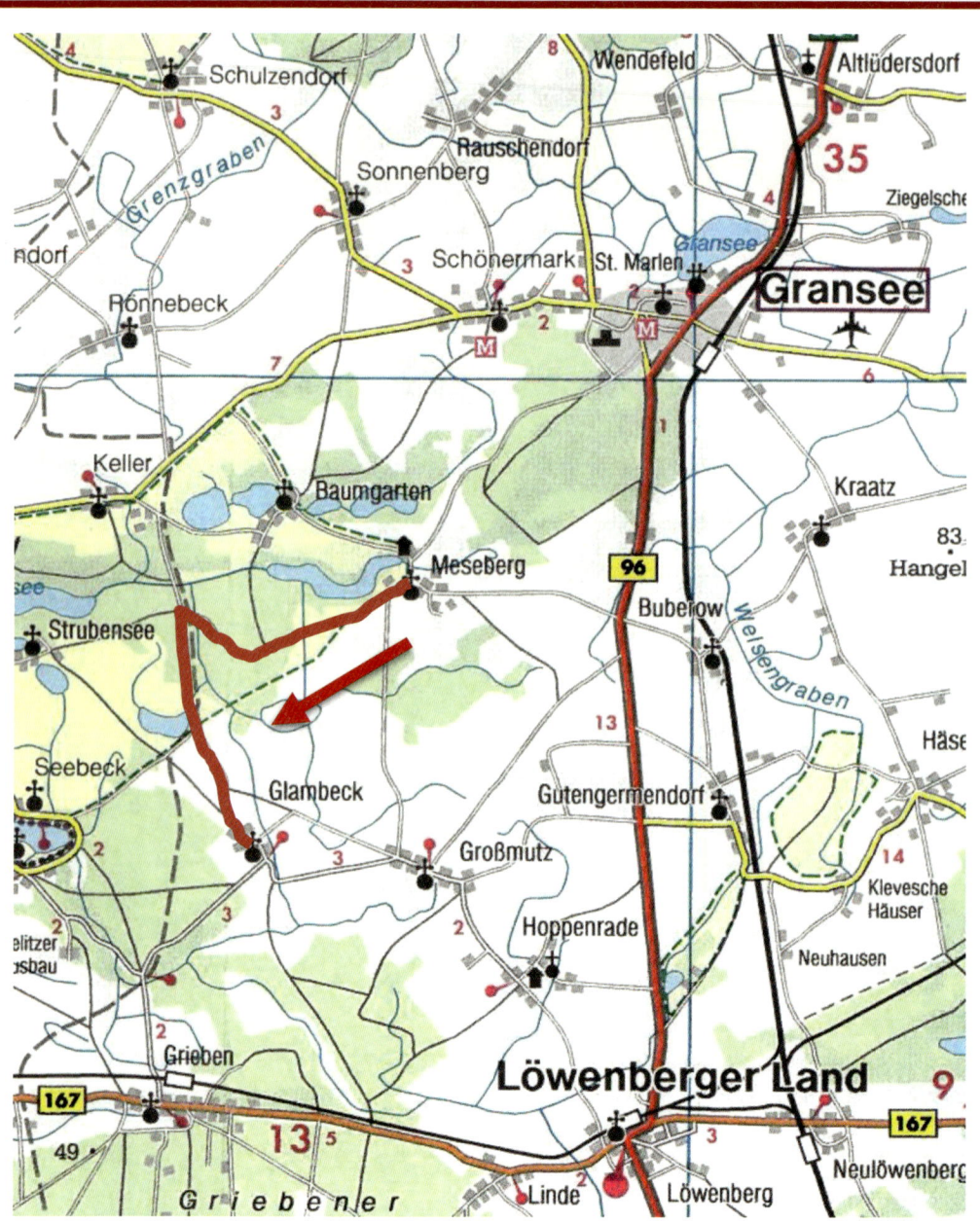

Schloss Meseberg

Orientierung: 2
Länge: 8,5 km
Dauer: 20 min

Für Theodor Fontane war das prachtvolle Barockgebäude aus den Anfängen des 18. Jahrhunderts ein Zauberschloss – für die Opposition im Bundestag ist es ein Spukschloss.

Nach wechselvoller Geschichte mietete die Bundesregierung im Jahr 2004 das Schloss für einen symbolischen Euro und baute es zum repräsentativen Gästehaus der Bundesrepublik um. Neben allerlei Repräsentationsräumen und vier Gästesuiten soll es im Keller eine sehr gemütliche und gut bestückte Weinstube geben. Trotz dieser Reize wird das Schloss nur zu für knapp 10 Veranstaltungen jährlich genutzt und steht ansonsten leer. Immerhin gibt es ab und zu einen Tag der offenen Tür und ein Teil der Parkanlage steht für Besucher offen.

Überraschend schnell entfernt sich der Track vom Glanz des Schlosses und taucht auf unbefestigten Wegen ein in das Netzwerk alter Alleen der Mark Brandenburg. Im Sommer lockt eine schöne Badestelle, im übrigen Jahr große Pfützen und tiefe Fahrspuren. Wer zur Befahrung des Tracks möglichst stilvoll nach Meseberg anreisen möchte, kann dies auf der mittlerweile befestigten ehemaligen Kutschenstrecke (Meseberger Weg) von Gransee aus tun.

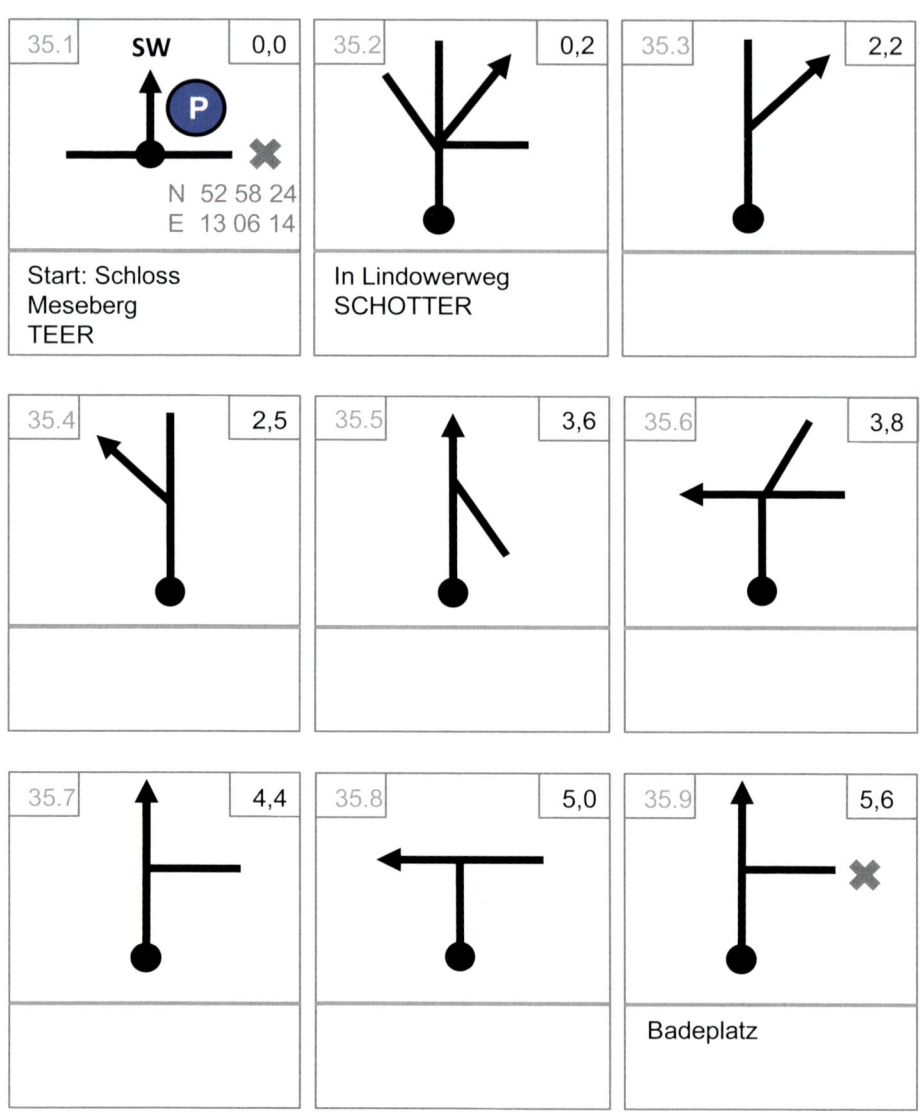

35.1 SW	0,0
Start: Schloss Meseberg TEER	

35.2	0,2
In Lindowerweg SCHOTTER	

35.3	2,2

35.4	2,5

35.5	3,6

35.6	3,8

35.7	4,4

35.8	5,0

35.9	5,6
Badeplatz	

N 52 58 24
E 13 06 14

35.10	5,7
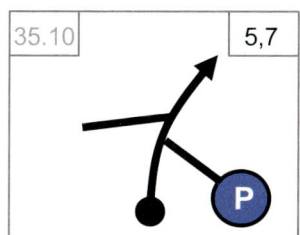

Rechts: Parkplatz für Badeplatz

35.11	6,0
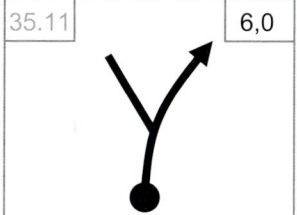

35.12	6,2
Ri.: Stubensee
Tiefe Fahrspuren

35.13	8,4
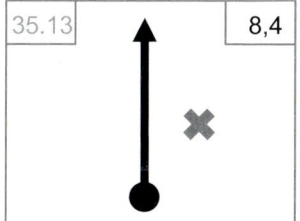

Lamas und KOPFSTEIN

35.14	8,5
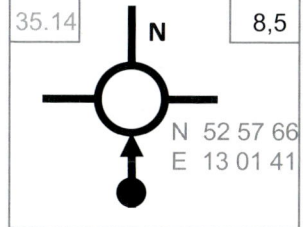

N 52 57 66
E 13 01 41

Ende: an Kreisel

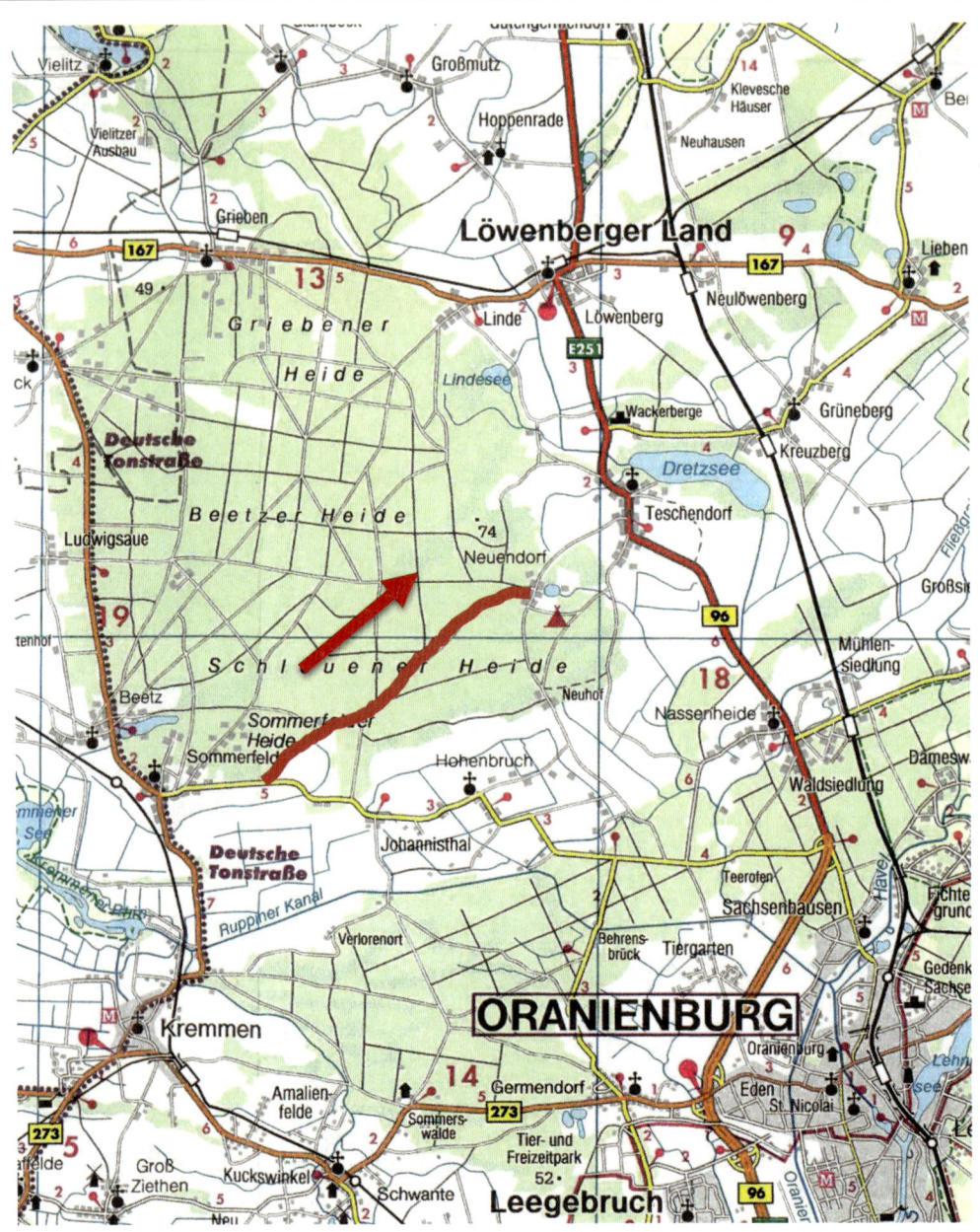

Neuendorfer Weg

Orientierung: 1
Länge: 6,9 km
Dauer: 20 min

„Weg zum See", „Badeweg", „Tannenweg", „Schäferweg" schon die Straßennamen in Neuendorf deuten darauf hin – unprätentiöser kann es ein Ort nicht signalisieren: Hier ist tatsächlich der Weg das Ziel.

Und der hat es in sich. Beinahe schon im Stil einer echten afrikanischen Piste startet der Track in mehreren, sandigen Fahrspuren entlang von weiten Ackerflächen. Diese stellen wir uns jetzt einfach mal als die Kalahari oder die argentinische Pampa vor. Spätestens nachdem der Weg tiefer und mit ausgefahrenen Pfützen in den Dschungel (Kiefernwald) eintaucht, muss soviel Wildheit doch eigentlich illegal sein? Zur Beruhigung hängen an allen Kreuzungen Verbotsschilder für die Befahrung der Nebenwege und so setzten wir die Safari legal bis zur Lodge (Campingplatz) am Plötzsee fort.

Hier drohen weder Malaria noch Krokodile, sondern nur ein Anfall von Reisefieber.

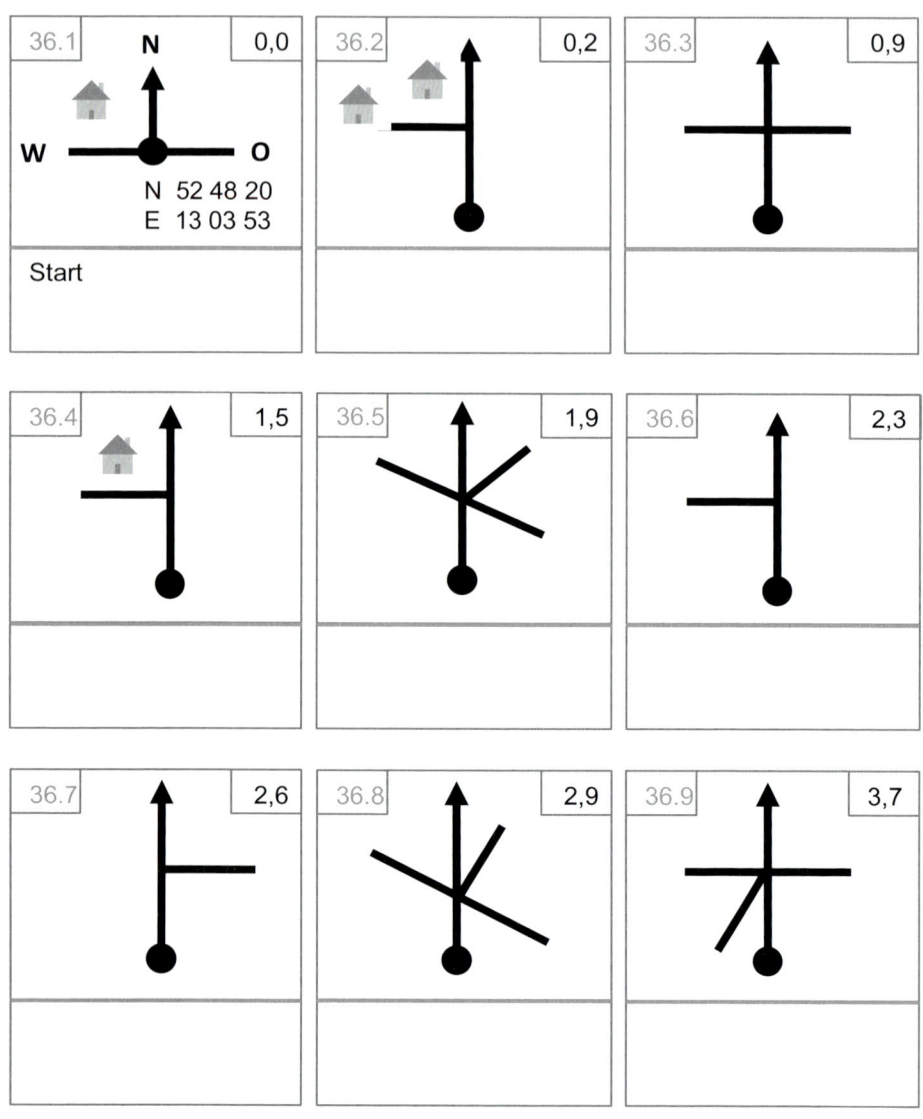

36.1	0,0
N 52 48 20 E 13 03 53	
Start	

36.2	0,2
36.3	0,9
36.4	1,5
36.5	1,9
36.6	2,3
36.7	2,6
36.8	2,9
36.9	3,7

180

36.10	4,6 & 5,1

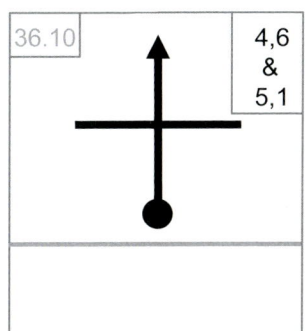

36.11	5,3

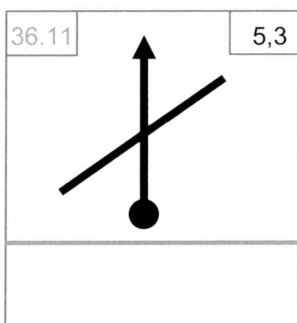

36.12	5,6 & 6,0

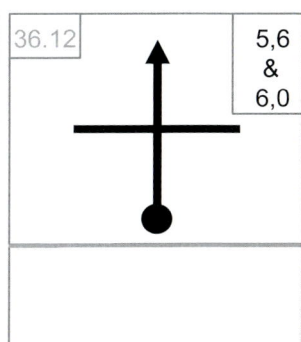

36.13	6,4

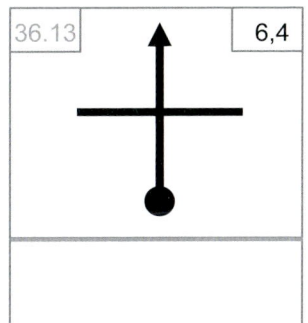

36.14	6,4

N 52 50 24
E 13 08 23

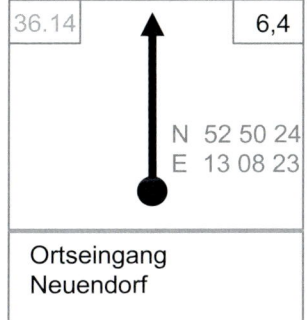

Ortseingang
Neuendorf

36.15	6,5

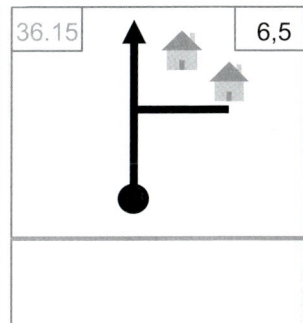

36.16	6,6

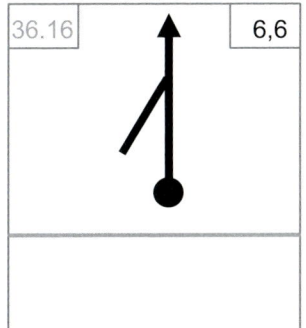

36.17	6,9

S   N

N 52 50 31
E 13 08 46

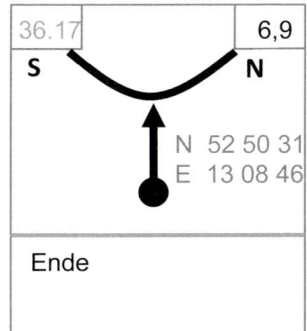

Ende

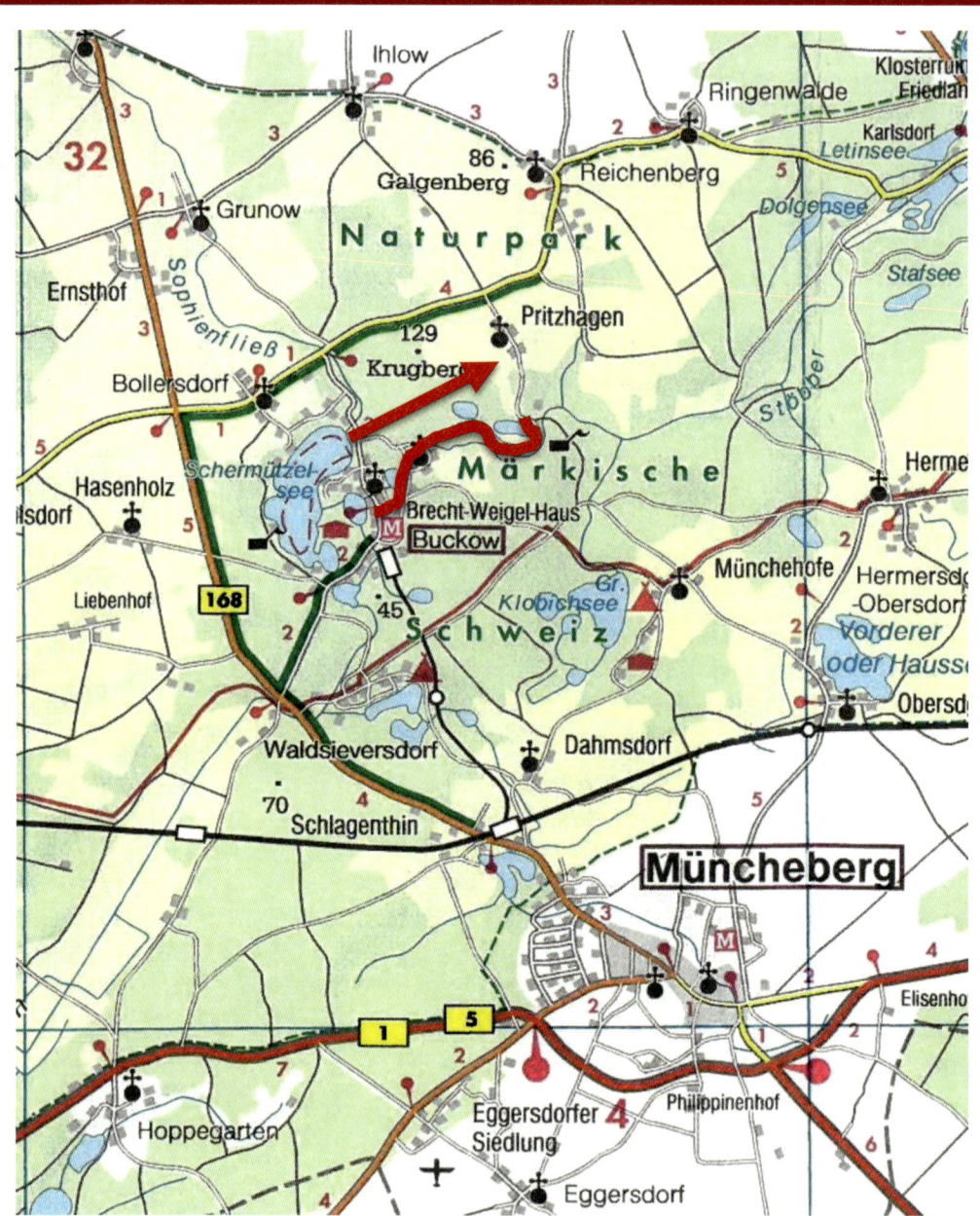

Orientierung: 1
Länge: 3,7 km
Dauer: 15 min

Die märkische Schweiz ist im Vergleich mit den sonstigen Landschaftsformen im Nord-Osten ungewöhnlich schroff und zerklüftet.

Stauchungen der Moränen und Schmelzwasserkanäle unter den Eismassen der letzten Eiszeit bildeten ein deutlich ausgebildetes Hügel- und Schluchtenrelief. In Kombination mit den jahrhundertealten Laubbäumen und abgeschiedenen Seen ist sie, obwohl es in dieser Region schon über 100 Jahre Ausflugstourismus aus Berlin gibt, ein echter Geheimtipp. Schon der kaiserliche Leibarzt riet: „Majestät, in Buckow geht die Lunge auf Samt."
Reiche Berliner ließen sich hier in der Sommerfrische Villen bauen und das sehr sehenswerte Städtchen Buckow wurde zum Ziel von Musikern, Künstlern, Schriftstellern und Adligen.

Auch heute noch ist die märkische Schweiz um Buckow an Wochenenden und in den Sommermonaten ein sehr beliebtes Ziel. In diesen Zeiträumen raten wir von der Befahrung dieses Tracks ab, er lässt sich dann auch sehr gut in eine Rundwanderung einbauen.

Märkische Schweiz

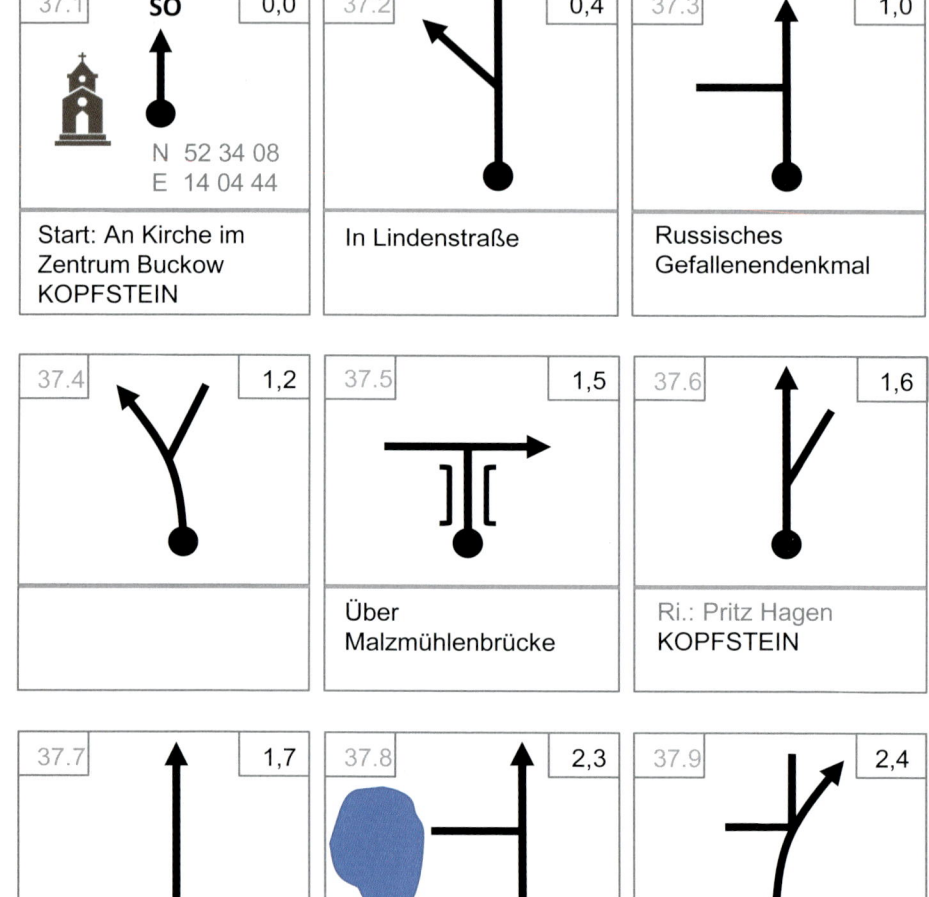

37.1 SO 0,0 N 52 34 08 E 14 04 44 Start: An Kirche im Zentrum Buckow KOPFSTEIN	**37.2** 0,4 In Lindenstraße	**37.3** 1,0 Russisches Gefallenendenkmal
37.4 1,2	**37.5** 1,5 Über Malzmühlenbrücke	**37.6** 1,6 Ri.: Pritz Hagen KOPFSTEIN
37.7 1,7 NATURBELAG	**37.8** 2,3 Links Kleiner Tornowsee	**37.9** 2,4 (Gerade: zum Großen Tornowsee)

37.10	3,2	37.11	3,4	37.12	3,5

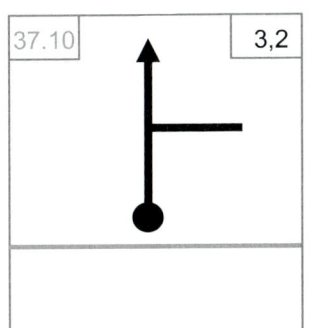

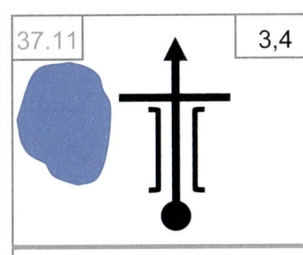

Links: Großer Tornowsee

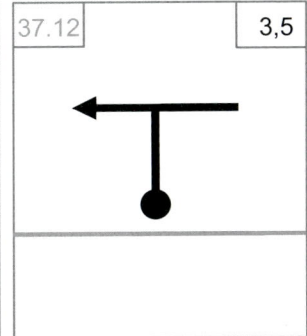

37.13	N	3,7

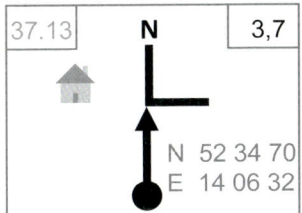

N 52 34 70
E 14 06 32

Ende: an Schule am Tornowsee

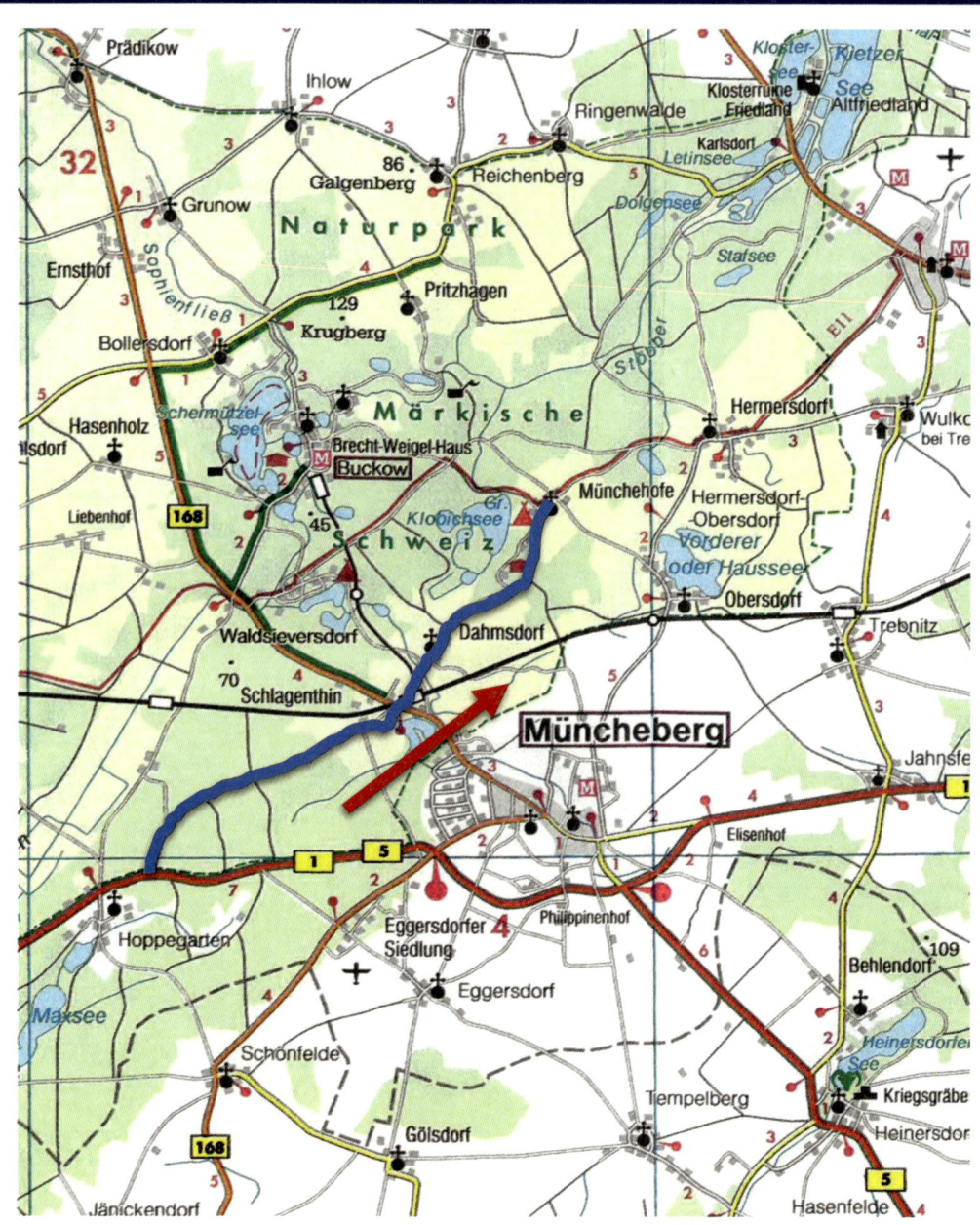

Hoppegarten

Orientierung: 2
Länge: 11,5 km
Dauer: 20 min

Willkommen auf Deutschlands wahrscheinlich niedrigster Höhenstraße.

Der Höhenzug zwischen Dahmsdorf und Münchehofe liegt nur 60 m über Normalnull, trotzdem bietet dieser Track ungewöhnlich weite Sicht zur Märkischen Schweiz und nach Osten. Er führt zunächst auf der Transportstrecke einer Kiesgrube nach Norden, auf diesem Abschnitt gibt es viel und staubigen Schwerlastverkehr. Platz machen und Fenster zu! Über eine kurze Teer- und Kopfsteinpassage geht es durch Schlagenthin, bevor die Aussichtsstrecke anfängt.

Vom Endpunkt des Tracks kann man auf Schotter noch weiter nach Neuhermersdorf und von dort nach Neuhardenberg fahren. Die direkte Strecke nach Buckow ist leider nach ein paar Kilometern gesperrt.

38.1	0,0	38.2	0,9	38.3	1,2

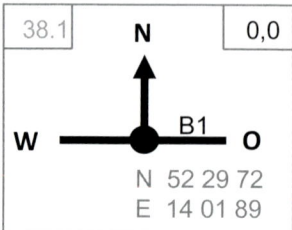

N 52 29 72
E 14 01 89

Start: Auf Straße nach Schlagenthin
TEER !LKW Verkehr!

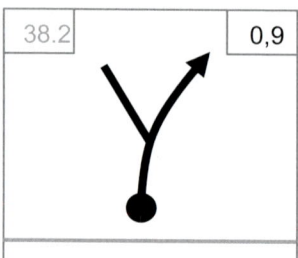

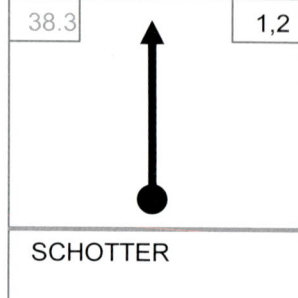

SCHOTTER

38.4	2,0	38.5	2,8	38.6	5,0

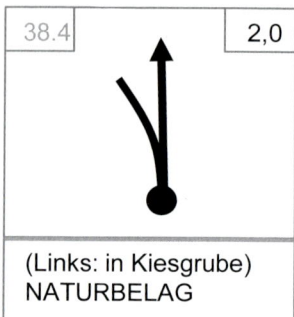

(Links: in Kiesgrube)
NATURBELAG

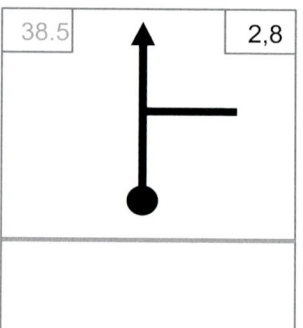

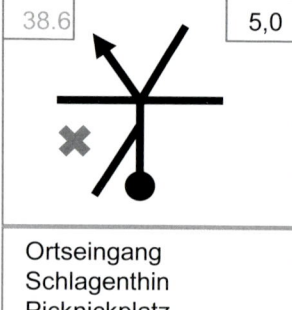

Ortseingang
Schlagenthin
Picknickplatz

38.7	5,6	38.8	5,7	38.9	5,8 ↓ 0,0

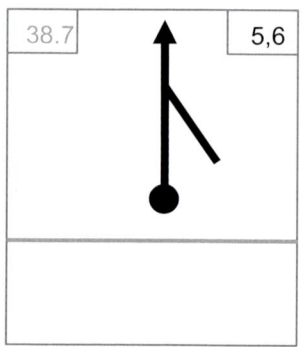

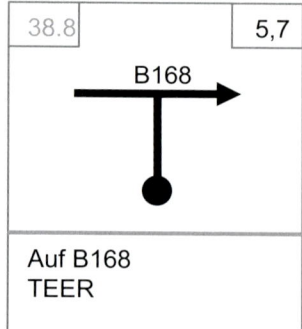

Auf B168
TEER

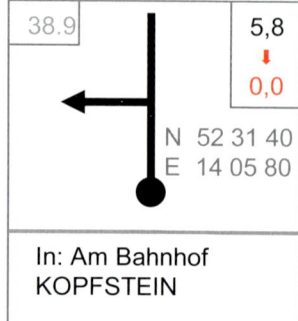

N 52 31 40
E 14 05 80

In: Am Bahnhof
KOPFSTEIN

38.10	0,5

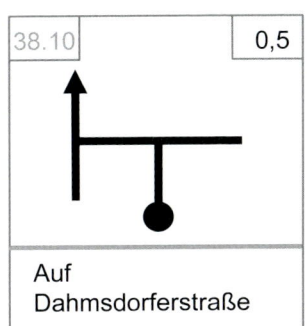

Auf
Dahmsdorferstraße

38.11	0,6

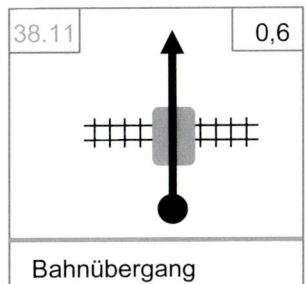

Bahnübergang

38.12	1,5

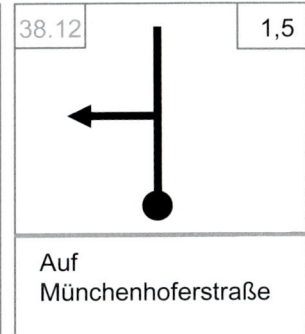

Auf
Münchenhoferstraße

38.13	2,3

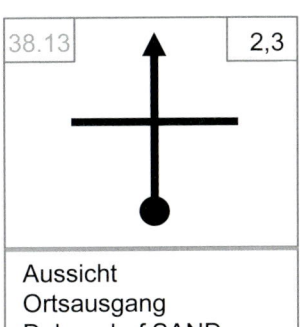

Aussicht
Ortsausgang
Dahmsdorf SAND

38.14	4,2

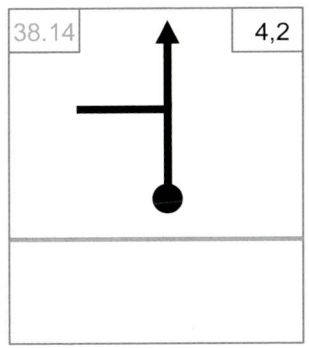

38.15	5,1

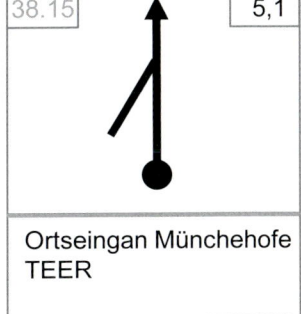

Ortseingan Münchehofe
TEER

38.16	5,7

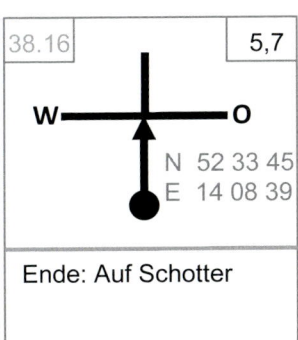

W———O

N 52 33 45
E 14 08 39

Ende: Auf Schotter

Behlendorf

Behlendorf

Orientierung: 2
Länge: 17,3 km
Dauer: 40 min

Dieser einsame Track zwischen dem Ortsrand des geschichtsträchtigen Neuhardenberg und dem erstaunlichen Gutshof Behlendorf aus dem Anfang des 19. Jahrhunderts, ist nicht das Einzige, was diese beiden Orte verbindet.

Bei der Anfahrt zum Start dieser Route fallen die ungewöhnliche Struktur und die prachtvollen Gebäude im historischen Zentrum von Neuhardenberg auf. Das Stadtbild prägte, beim Neubau der Stadt nach einem Großbrand, der wohl bedeutendste deutsche Architekt Karl Friedrich Schinkel. Zusätzlich neben vielen prägnanten Gebäuden in der Mitte Berlins, soll dieser aber auch den achteckigen Gutshof am Ende dieses Tracks entworfen haben.

Die Route führt entlang eines Truppenübungsplatzes auf sandiger Piste nach Süden. Nur wenige Kilometer östlich liegt die Gedenkstätte Seelower Höhen, der Schauplatz einer der größten Schlachten am Ende des Zweiten Weltkriegs (siehe auch nächster Track). Nach einer kurzen Waldpassage endet der Track auf dem achteckigen Wirtschaftshof.

Eine Pause an der nahegelegenen Badestelle ist sehr empfehlenswert.

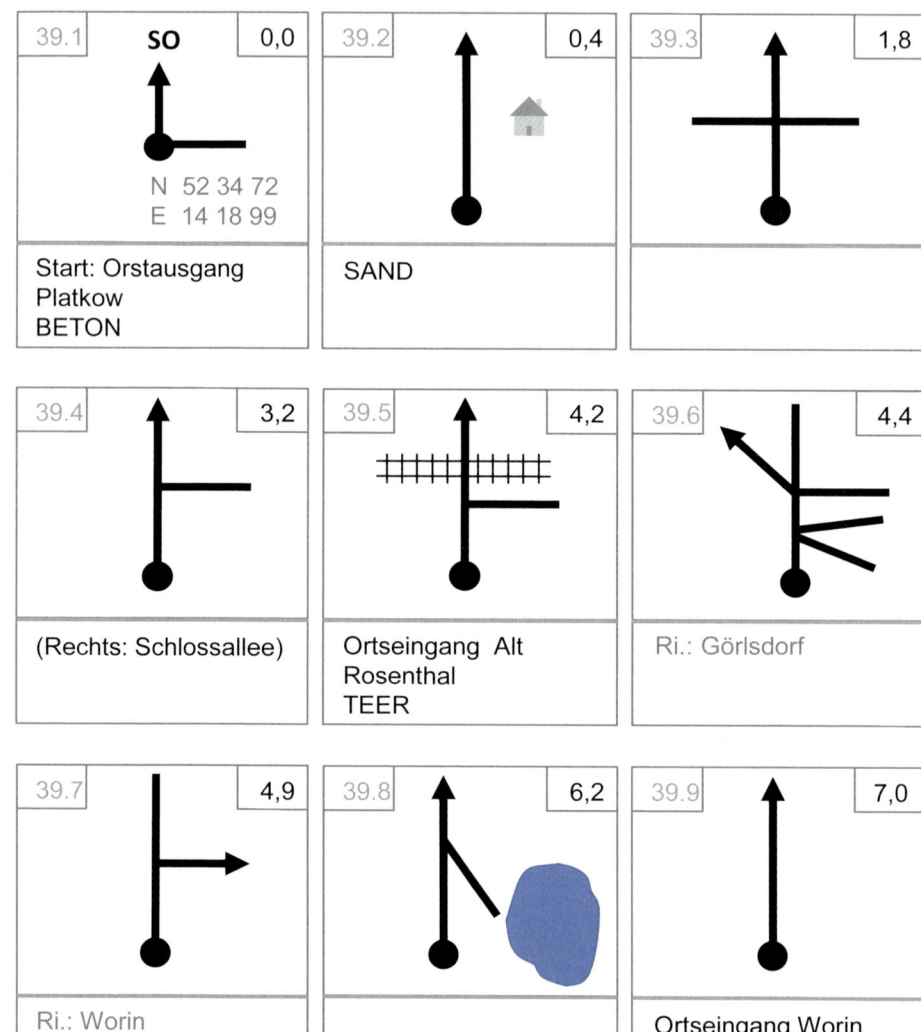

39.1 **SO** 0,0	39.2 0,4	39.3 1,8
N 52 34 72 E 14 18 99		
Start: Orstausgang Platkow BETON	SAND	

39.4 3,2	39.5 4,2	39.6 4,4
(Rechts: Schlossallee)	Ortseingang Alt Rosenthal TEER	Ri.: Görlsdorf

39.7 4,9	39.8 6,2	39.9 7,0
Ri.: Worin SAND		Ortseingang Worin TEER / KOPFSTEIN

Behlendorf

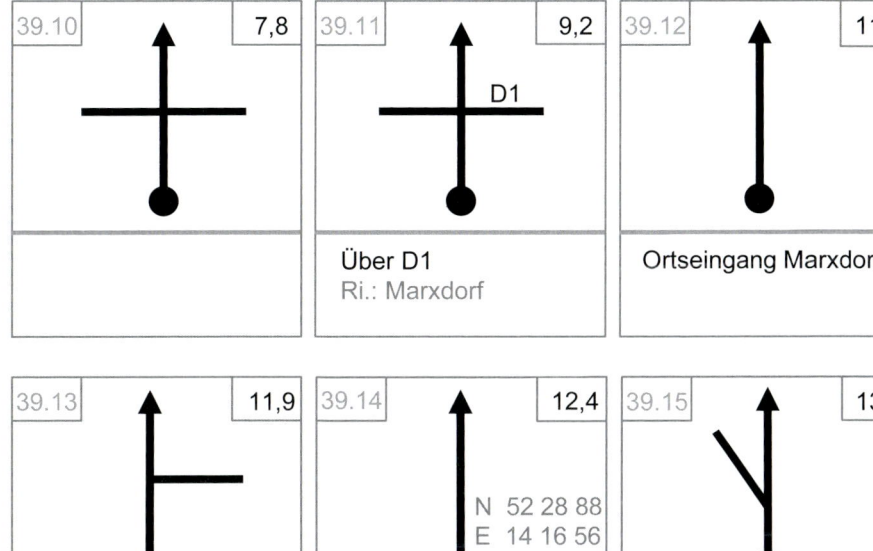

39.10	7,8	39.11	9,2	39.12	11,2
		Über D1		Ortseingang Marxdorf	
		Ri.: Marxdorf			

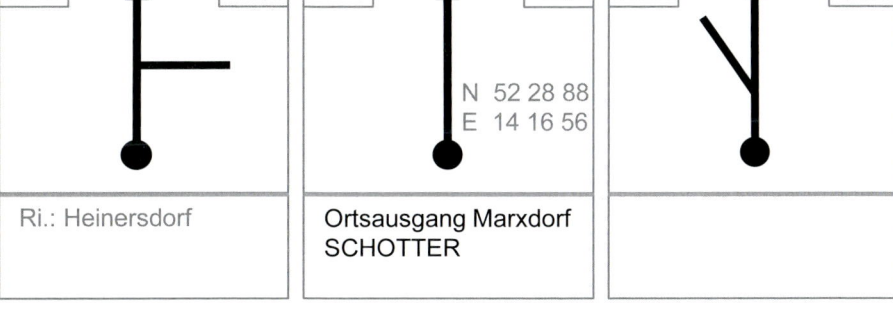

39.13	11,9	39.14	12,4	39.15	13,1
		N 52 28 88			
		E 14 16 56			
Ri.: Heinersdorf		Ortsausgang Marxdorf			
		SCHOTTER			

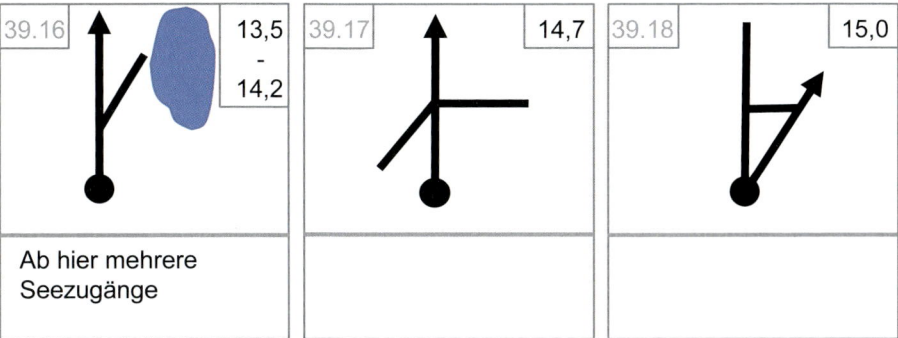

39.16	13,5 - 14,2	39.17	14,7	39.18	15,0
Ab hier mehrere					
Seezugänge					

Behlendorf

39

39.19 15,6 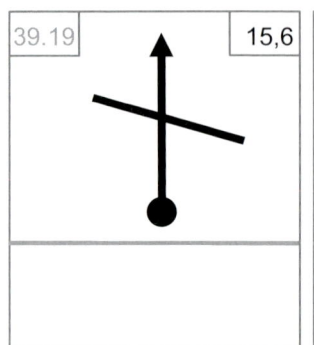	39.20 16,1 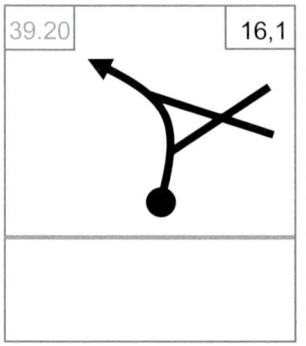	39.21 17,2 
		In Behlendorf (Rechts: zum Ortsausgang)

39.22   17,3

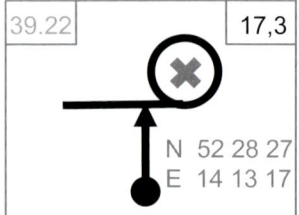

N 52 28 27
E 14 13 17

Ende: Am Gutshof
Links zu Badestelle
200 m

СЛАВА И ЧЕСТЬ
СОВЕТСКИМ
СОЛДАТАМ

ВЕЧНАЯ ПАМЯТЬ ЭКИПАЖУ
ГЕРОЕВ — 16. IV. 1945г.

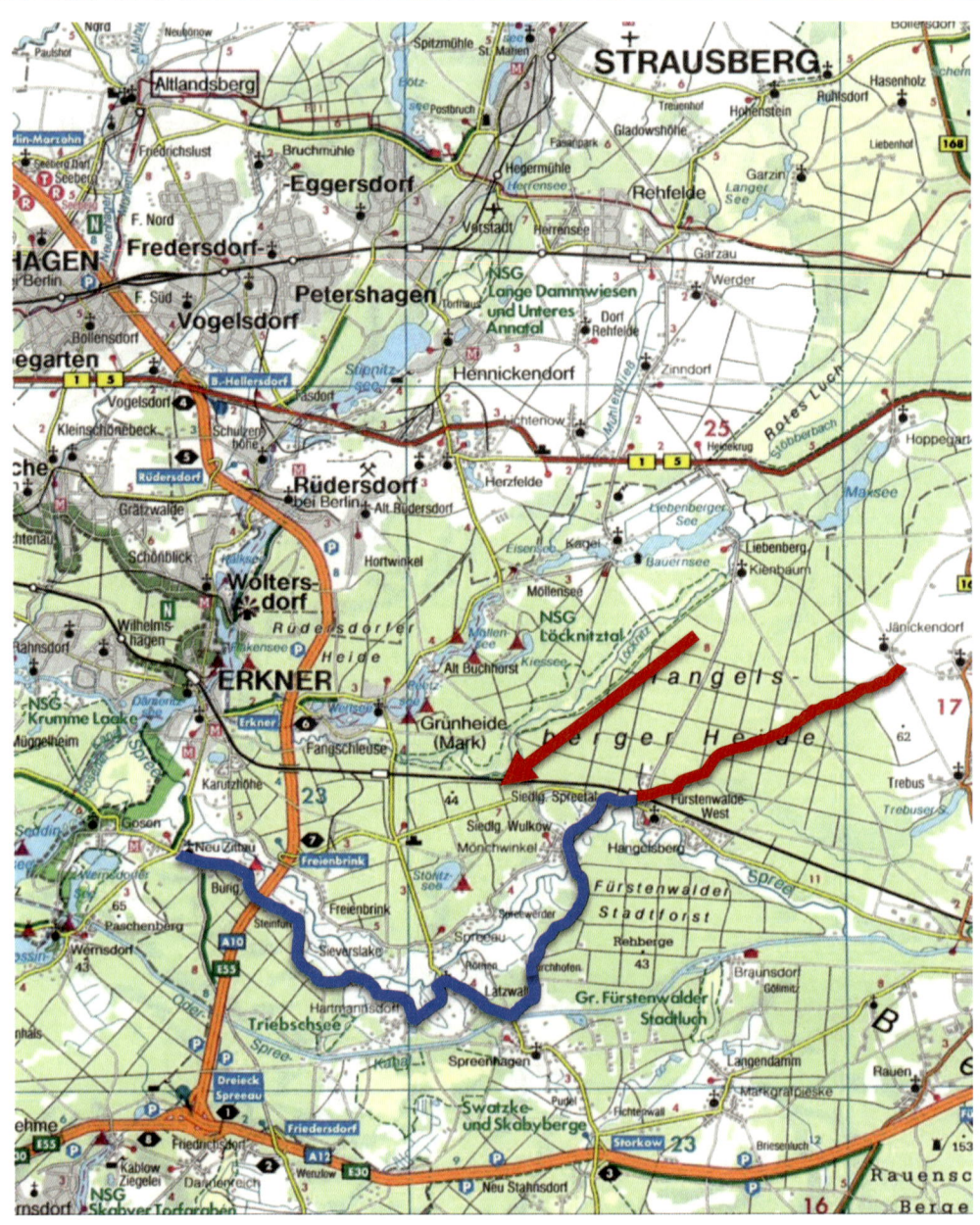

196

Orientierung: 2
Länge: 29,2 km
Dauer: 50 min

Im Raum Berlin formt die Spree ein weites Binnendelta mit zahlreichen Kanälen. Dieser Track folgt nicht nur der Spree Richtung Hauptstadt, sondern verläuft auch auf der Route der Roten Armee am Ende des Zweiten Weltkriegs.

Im April 1945 rückte die Rote Armee über die Oder nach Westen vor, und nach dem Tod von mehreren 100.000 Menschen bei der Schlacht an den Seelower Höhen, weiter nach Berlin. Hier hatte Hitler den Kampf bis zur letzten Patrone ausgerufen und auch 14-jährige Jungen als Kanonenfutter an die Front geschickt. Heutzutage ist in der friedlichen Auenlandschaft von dem Horror des Krieges glücklicherweise beinahe nichts mehr zu bemerken.

Die ersten Kilometer des Tracks können wegen tiefer Fahrspuren auch für hochbeinige Vans etwas kniffelig sein. Ab Bild 10 ist die Strecke für alle Fahrzeuge bis 2 m Breite fahrbar und führt trotz der unmittelbaren Nähe zur Millionenmetropole Berlin sehr entschleunigt durch die Spree-Auen nach Westen.

40 Straße der Befreiung

40.1 — 0,0

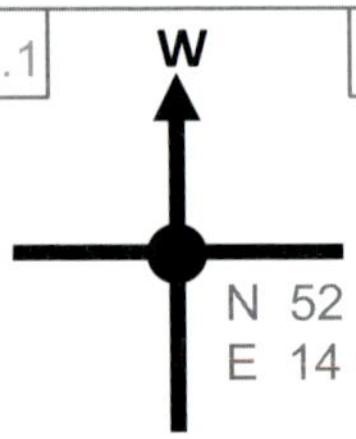
W
N 52 25 81
E 14 01 06

Start: Jänikendorf
Ri.: Hangelsberg
SCHOTTER

40.2 — 0,8

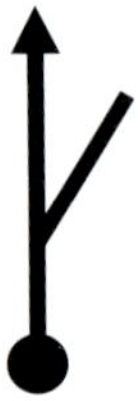

In Wald
20 cm Bodenfreiheit
NATURBELAG

40.3 — 2,5

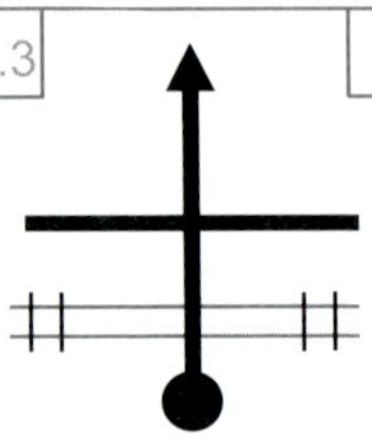

Stromtrasse

40.4 — 3,8

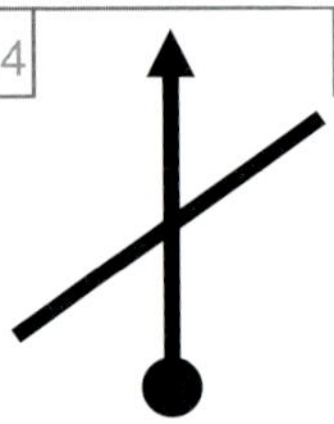

Querung
TEER

40.5 — 4,3

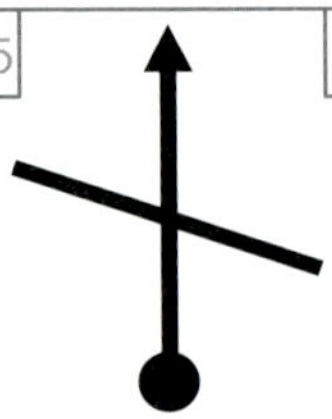

40.6 — 5,3

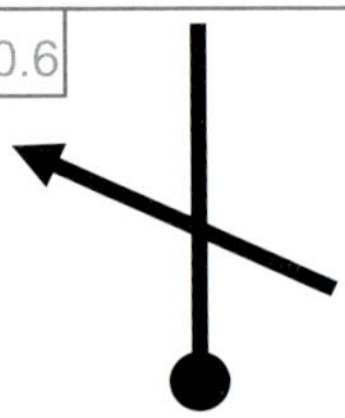

Leitung folgen

40.7 — 6,4

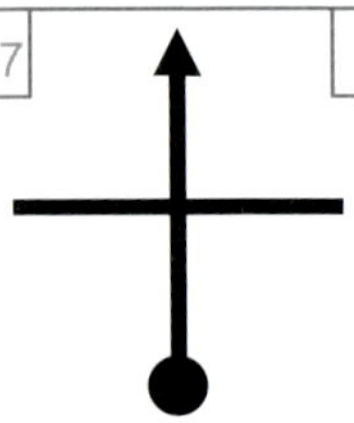

40.8 — 7,3

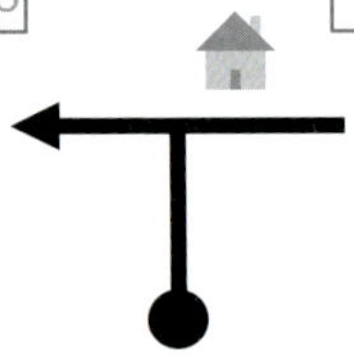

Auf Straße der
Befreiuung
TEER

40.9 — 7,7

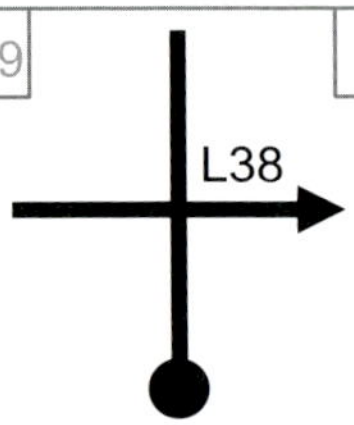
L38

40.10	8,5

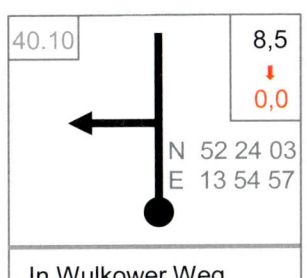

↓ 0,0

N 52 24 03
E 13 54 57

In Wulkower Weg

40.11	2,1

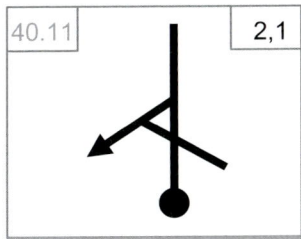

Ri.: Berlin
In Ort Mönckwinkel

40.12	2,8

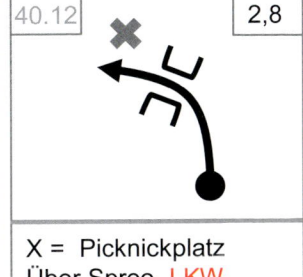

X = Picknickplatz
Über Spree, LKW
Durchfahrt verboten

40.13	3,3

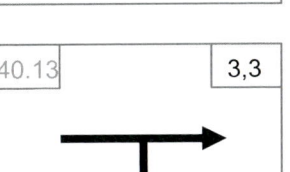

40.14	6,1

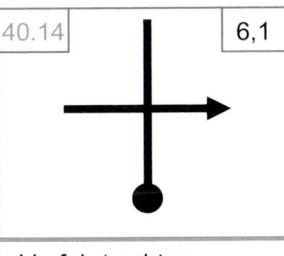

Vorfahrt achten
In Ort Kirchofen

40.15	6,3

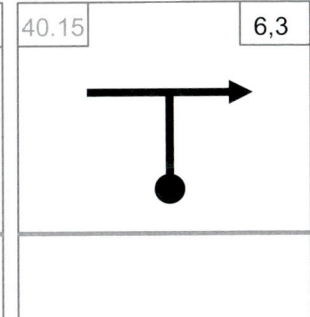

40.16	6,35

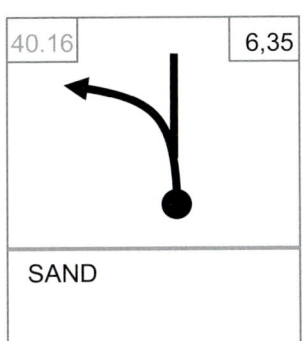

SAND

40.17	6,9

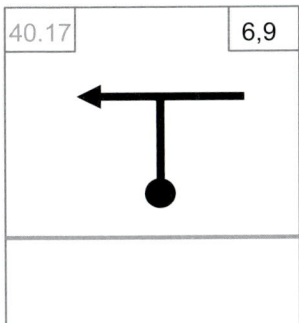

40.18	7,2

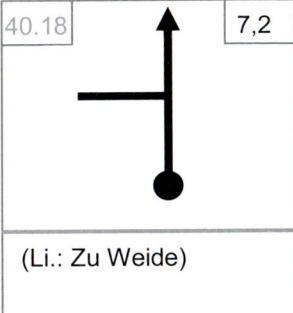

(Li.: Zu Weide)

 # Straße der Befreiung

40.19	7,8

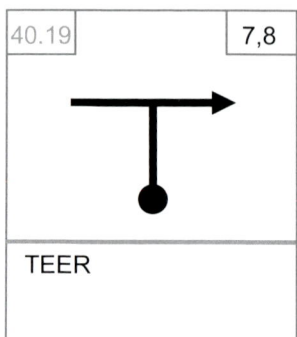

TEER

40.20	9,5

L23

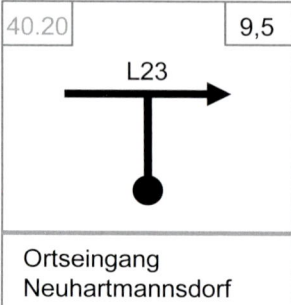

Ortseingang
Neuhartmannsdorf

40.21	9,9

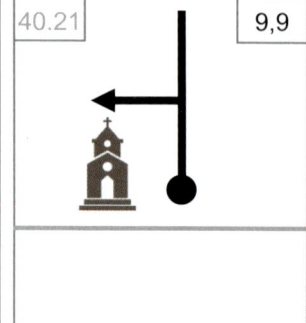

40.22	11,7

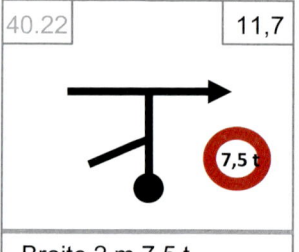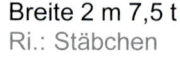

Breite 2 m 7,5 t
Ri.: Stäbchen

40.23	14,2

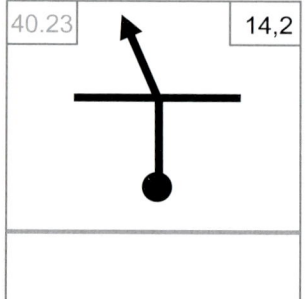

40.24	14,8

Breitenbegrenzung
2 m

40.25	17,7

A10

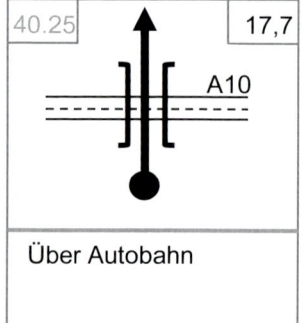

Über Autobahn

40.26	20,7

NW

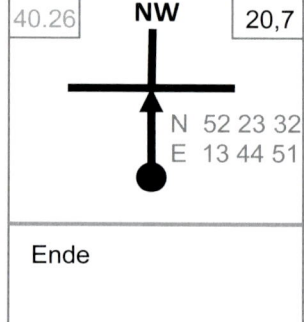

N 52 23 32
E 13 44 51

Ende

Siehdichum

Orientierung: 1
Länge: 11,8 km
Dauer: 20 min

Reinhild Karla Emma
Eyber

Der königliche Oberförster Wilhelm Reuter scheute den Blick über den Tellerrand nicht und so ist es auch ihm zu verdanken, dass das Schlaubetal heute das schönste Bachtal Brandenburgs ist.

Vor 150 Jahren brachte er von Reisen nach Nordamerika einige exotische Baumarten mit, die er in seinem Forst erfolgreich ansiedelte. Heute wächst hier ein artenreicher Laubwald am Rand einer von dem Bach Schlaube durchflossenen glazialen Rinne. Für Naturliebhaber ist das Tal immer noch ein echter Geheimtipp, der vor der Wiedervereinigung nur Mitarbeitern der Stasi zugänglich war.

Mit diesem - auf etwas Schotter, aber meist Kopfstein und etwas Teer - recht einfach zu fahrendem Track wollen wir Euch auch dazu verführen, dieses Naturgebiet bei einem ausgiebigen Spaziergang zu erkunden. Lohnend ist auch eine Besichtigung des von Wilhelm Reuters angelegten Försterfriedhofs und eine Pause in mindestens einem der Gasthäuser.

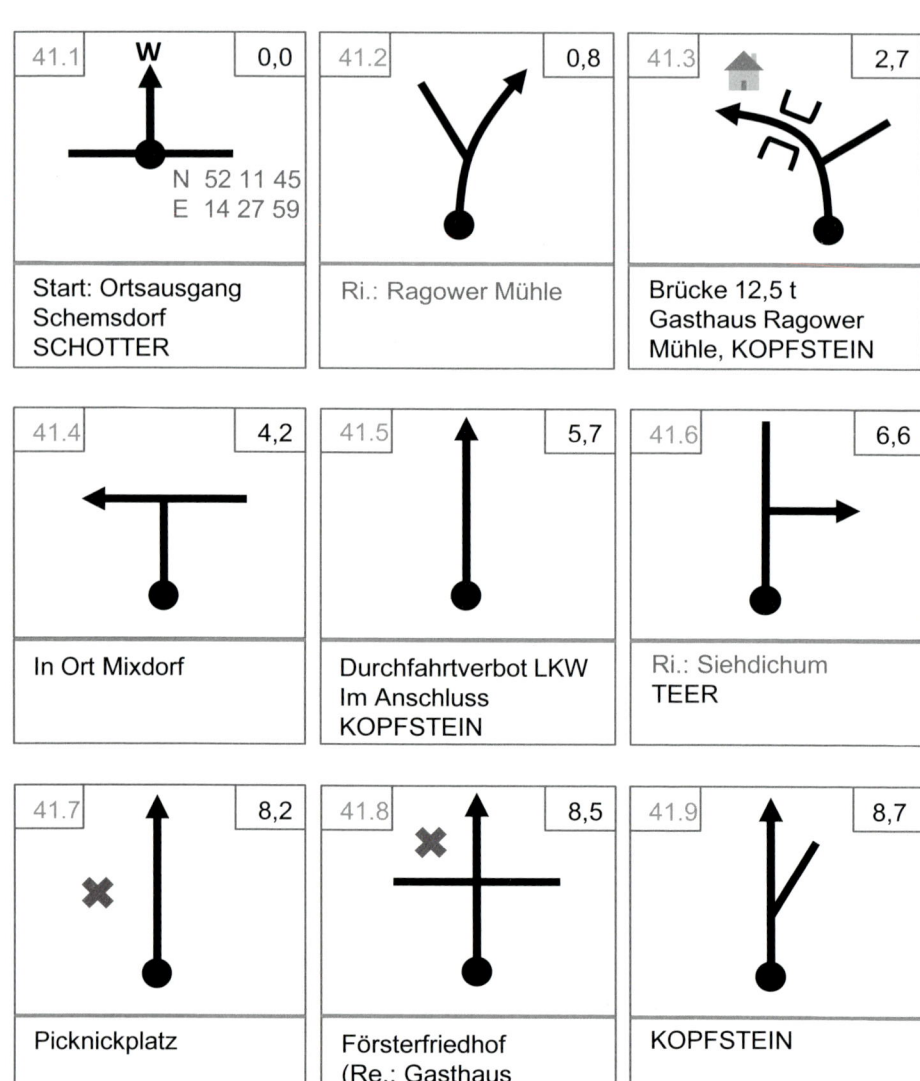

41.1 **W** 0,0	41.2 0,8	41.3 2,7
N 52 11 45 E 14 27 59		
Start: Ortsausgang Schemsdorf SCHOTTER	Ri.: Ragower Mühle	Brücke 12,5 t Gasthaus Ragower Mühle, KOPFSTEIN
41.4 4,2	41.5 5,7	41.6 6,6
In Ort Mixdorf	Durchfahrtverbot LKW Im Anschluss KOPFSTEIN	Ri.: Siehdichum TEER
41.7 8,2	41.8 8,5	41.9 8,7
Picknickplatz	Försterfriedhof (Re.: Gasthaus Siehdichum 300 m)	KOPFSTEIN

41.10	11,7

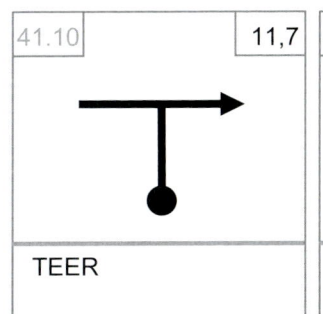

TEER

41.11	11,8

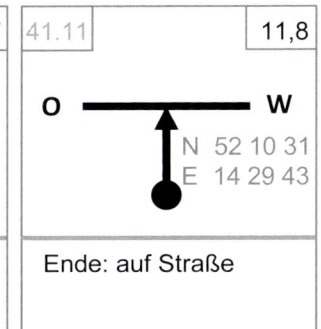

O ——— W

N 52 10 31
E 14 29 43

Ende: auf Straße

Wasserscheide

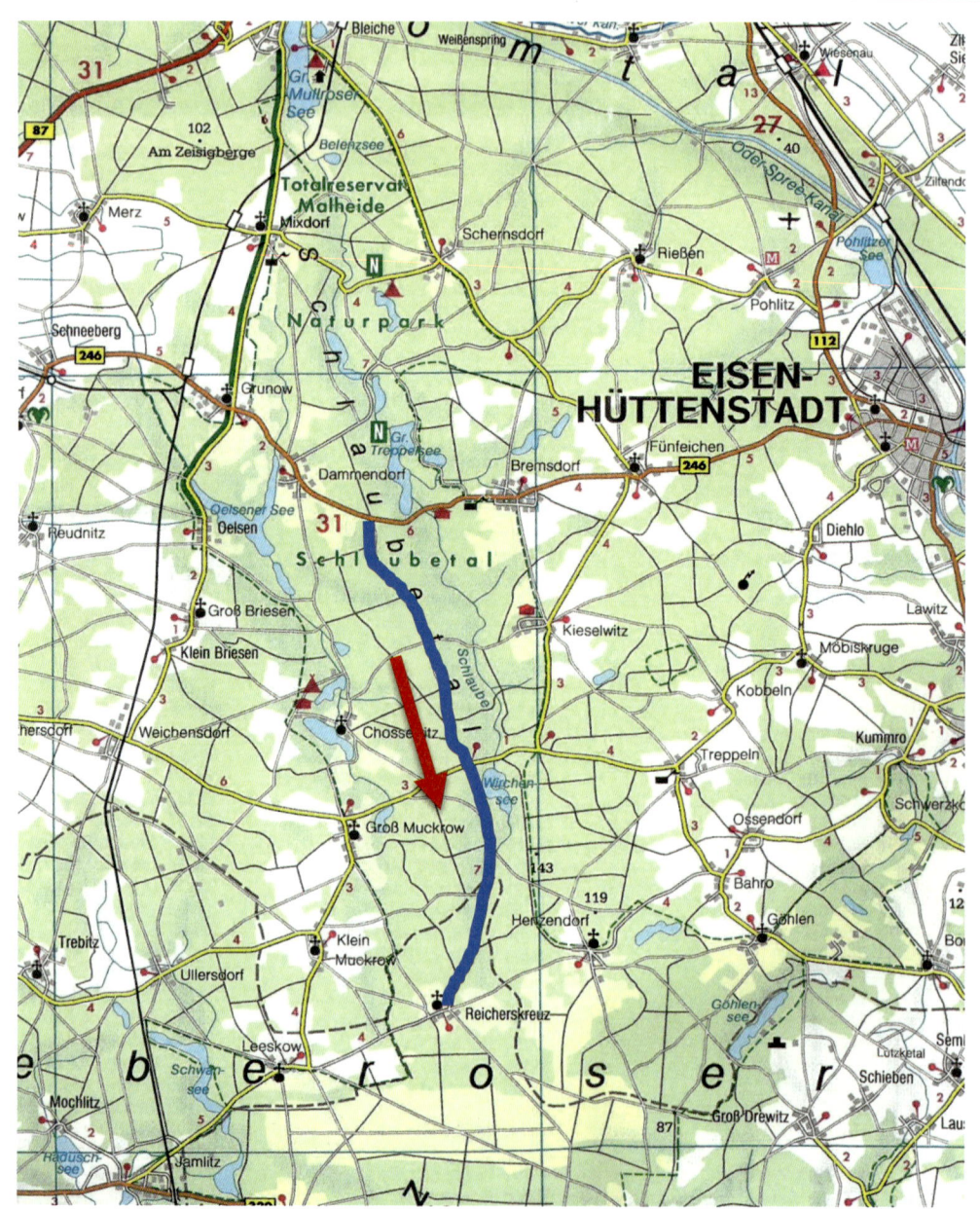

Wasserscheide

Orientierung: 1
Länge: 17,3 km
Dauer: 30 min

Auf der Wasserscheide zwischen Nord- und Ostsee verläuft die nach unserer Meinung schönste Trasse einer historischen Kopfsteinpflasterstraße im Nord-Osten. Als die ersten befestigten Straßen Anfang des 19. Jh. entstanden, wurden diese als Kunststraßen bezeichnet.

Meist verläuft diese alte Überlandverbindung direkt auf dem leichten Höhenrücken der Wasserscheide, besonders nach Osten kann man einen überraschend steilen Abhang erahnen. Achtung: Der Kopfstein ist tief ausgefahren und es kann zu Aufsetzern kommen. Leider wurden Teile der Strecke vor Jahren mit einer dünnen, mittlerweile sehr brüchigen Teerschicht übertüncht. Vielleicht wurde der Kopfstein auch ein Opfer der DDR Devisen-beschaffer. Tatsächlich wurde in den 80ern historisches Kopfstein für mehrere Millionen Mark in den nostalgischen Westen verkauft. Trotzdem geht nicht viel von dem Zauber dieser alten Straße verloren.

Aber die Zeiten ändern sich: Beim Neubau der Dorfstraße im Walddorf Reicherskreuz mit seiner einzigartigen Fachwerkkirche wurde übrigens Kopfstein der alten B97 recycelt. Wir empfehlen eine kurze Pause bei dem etwas skurrilen Findlingsgarten auf dem staubigen letzten Abschnitt des Tracks.

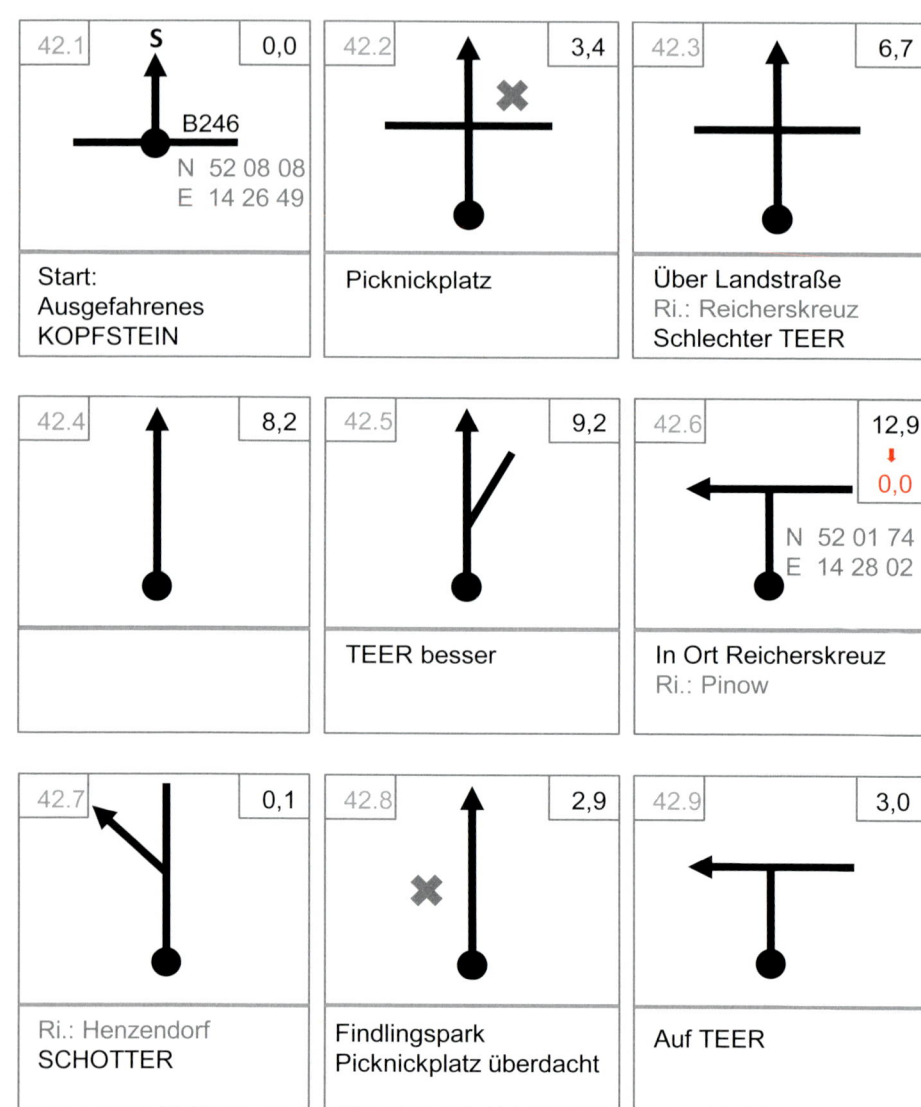

42.1 S 0,0 B246 N 52 08 08 E 14 26 49 Start: Ausgefahrenes KOPFSTEIN	**42.2** 3,4 Picknickplatz	**42.3** 6,7 Über Landstraße Ri.: Reicherskreuz Schlechter TEER
42.4 8,2	**42.5** 9,2 TEER besser	**42.6** 12,9 0,0 N 52 01 74 E 14 28 02 In Ort Reicherskreuz Ri.: Pinow
42.7 0,1 Ri.: Henzendorf SCHOTTER	**42.8** 2,9 Findlingspark Picknickplatz überdacht	**42.9** 3,0 Auf TEER

42.10	4,1
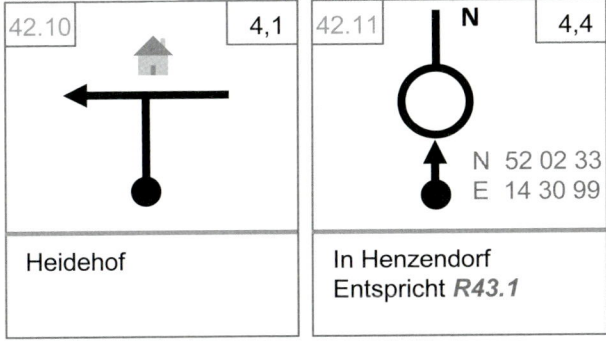	
Heidehof	

42.11	N	4,4
N 52 02 33		
E 14 30 99		
In Henzendorf Entspricht *R43.1*		

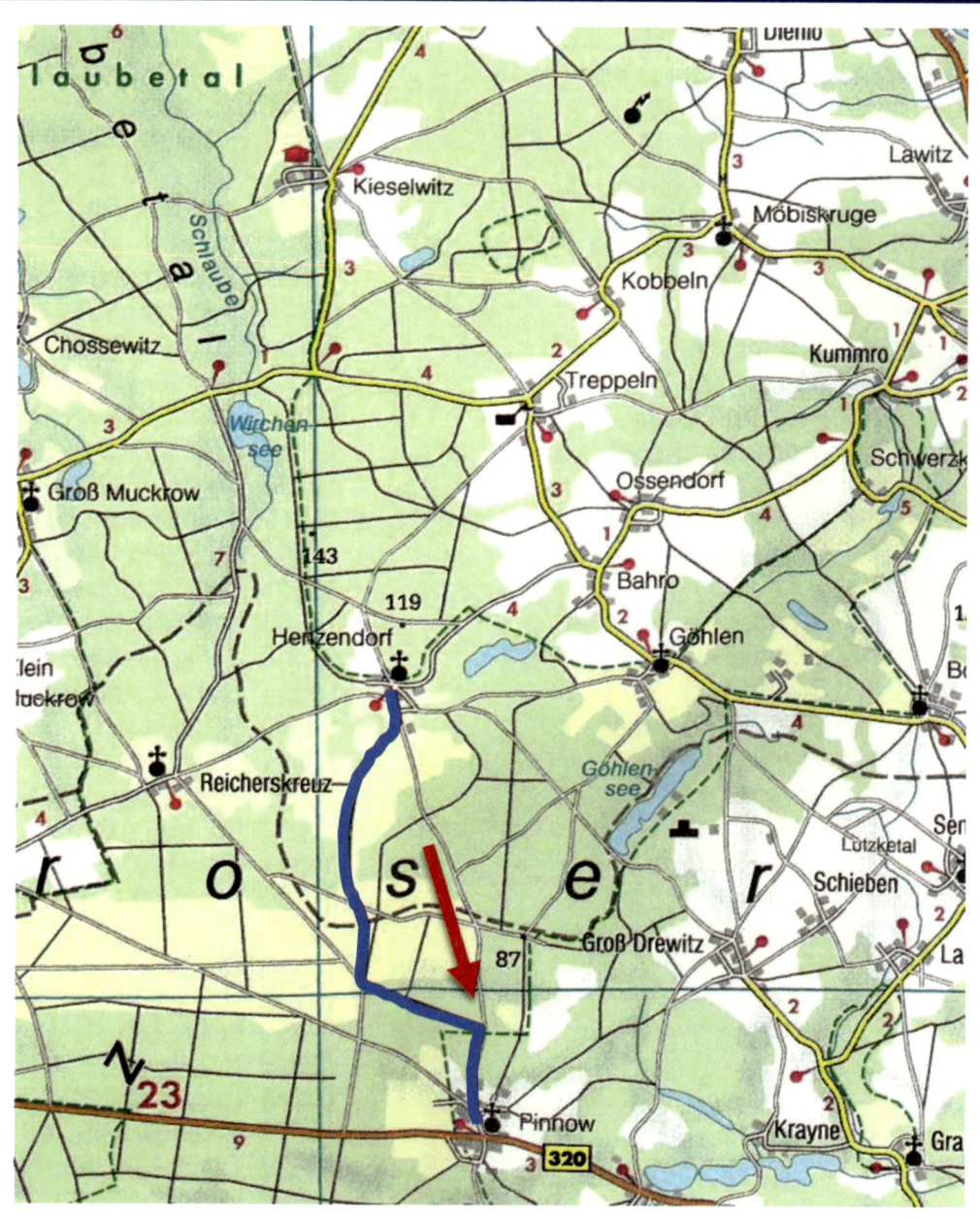

Lieberoser Heide

Orientierung: 1
Länge: 8,1 km
Dauer: 20 min

Der Wolf ist zwar schon seit 2009 wieder in den Weiten der riesigen Flächen der scheinbar unberührten Naturlandschaft heimisch. Doch kaum ein Gebiet in Deutschland ist so stark von der wechselhaften Geschichte im 20. Jahrhundert geprägt wie diese heutzutage nahezu unzugängliche Heidelandschaft.

Kaum hatte die Waffen-SS über die Einrichtung eines Großübungsplatzes nachgedacht, standen schon große Teile des Gebietes durch unaufgeklärte Brandstiftung in Flammen. Zwangsarbeiter aus dem KZ Lieberose mussten die militärischen Einrichtungen aufbauen. Nach dem Krieg führte hier der Warschauer Pakt Großraumübungen unter anderem mit chemischen Waffen durch. Seit Mitte der 90er sind große Teile des Gebietes zwar Naturschutzgebiet mit großem Tier- und Artenreichtum, aber wegen der umfassenden Kontamination gibt es nur sehr wenige Zugangsmöglichkeiten. Selbst die Feuerwehr muss bei den häufig auftretenden Bränden oft wegen der explosiven Altlasten kapitulieren.

Dieser Track streift diese einmalige Heidelandschaft auf einer der wenigen legal und gefahrlos befahrbaren Strecken und erlaubt einen Einblick in eines der größten, aber auch tragischsten Wildnis-Gebiete Deutschlands.

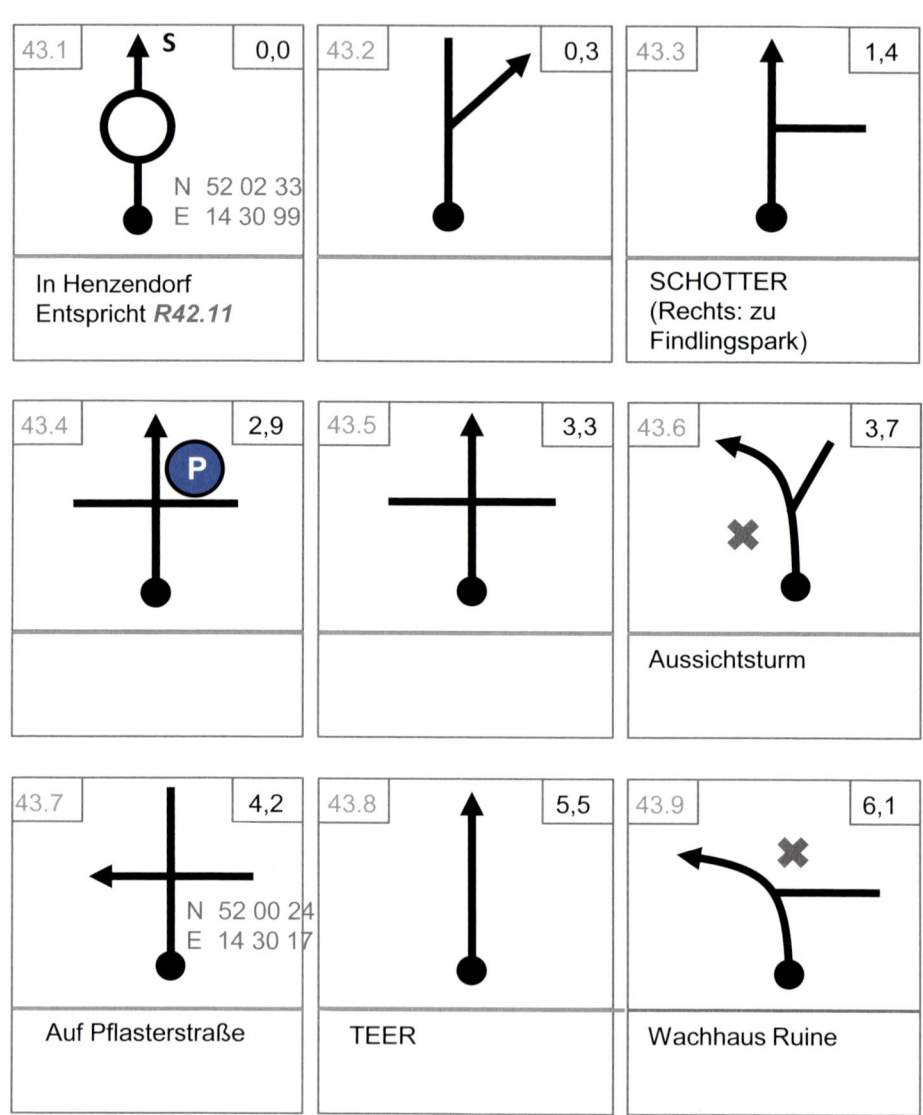

43.1	0,0
S N 52 02 33 E 14 30 99	
In Henzendorf Entspricht *R42.11*	

43.2	0,3

43.3	1,4
SCHOTTER (Rechts: zu Findlingspark)	

43.4	2,9
P	

43.5	3,3

43.6	3,7
Aussichtsturm	

43.7	4,2
N 52 00 24 E 14 30 17	
Auf Pflasterstraße	

43.8	5,5
TEER	

43.9	6,1
Wachhaus Ruine	

43.10	7,7
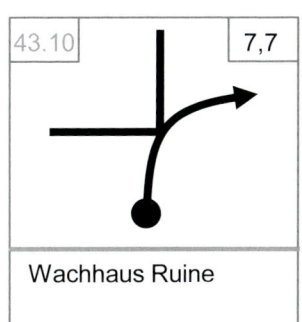	
Wachhaus Ruine	

43.11	8,1
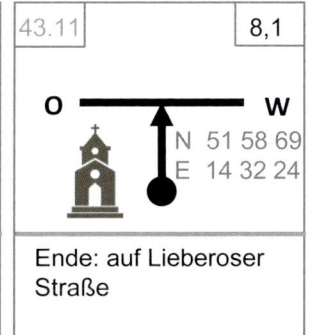	
Ende: auf Lieberoser Straße	

213

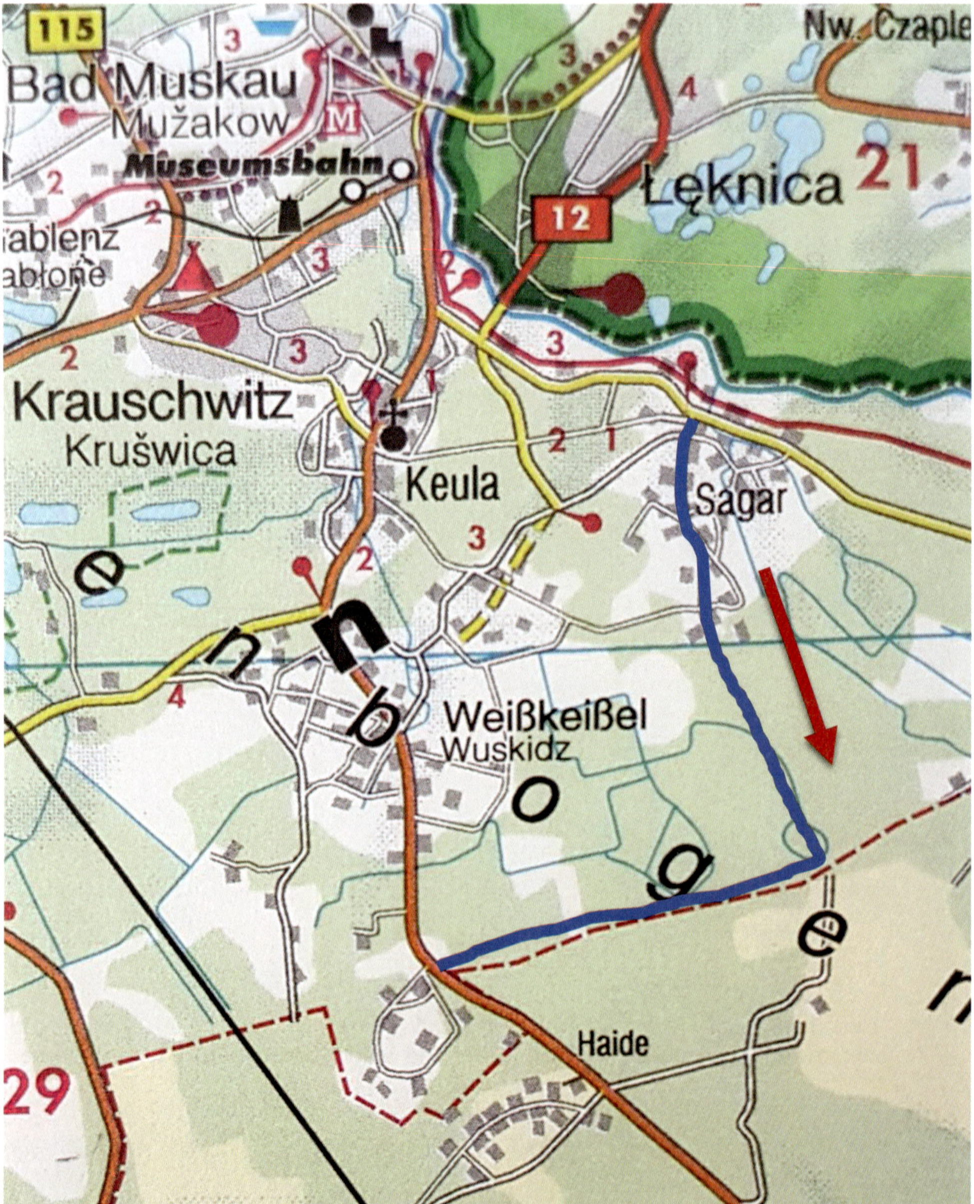

Mužakowska hola

Orientierung: 1
Länge: 6,4 km
Dauer: 15 min

Unser letzter Track führt hinüber nach Sachsen in die Lausitz. Hier leben schon seit weit über 1000 Jahre die Sorben mit eigener Sprache und Kultur.

Dies ist eine der wenigen Regionen in Deutschland mit zweisprachiger Ausschilderung und es lohnt, mit offenen Augen durch die Dörfer und Städte der Region zu fahren. Dieser Track soll auch dazu dienen, Euch in diese von gigantischen Tagebaugruben, historischen Ortskernen und schönen Badeseen geprägte Region zu locken.
Mit einem schnellen Schotterabschnitt entlang eines noch aktiven Truppenübungsplatzes ist er auch der südliche Schlussstrich dieses Trackbooks.

44.1	0,0

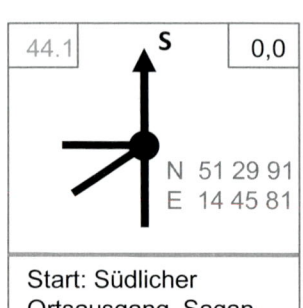

S

N 51 29 91
E 14 45 81

Start: Südlicher
Ortsausgang Sagan
SAND

44.2	0,1

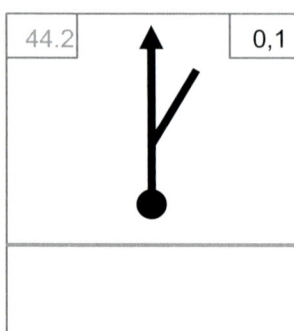

44.3	0,9

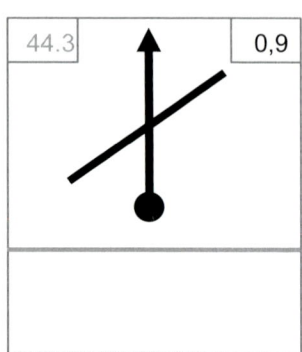

44.4	1,0

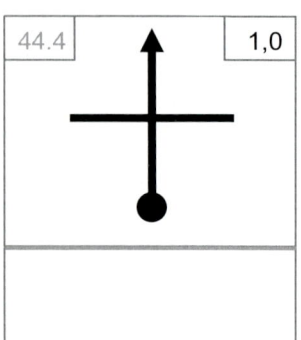

44.5	1,5

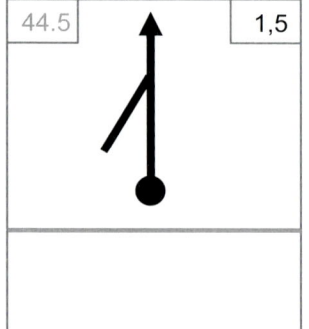

44.6	2,3

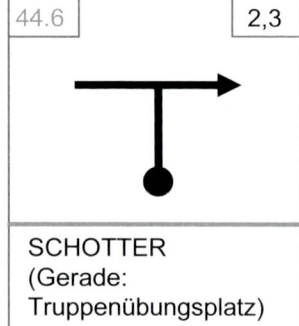

SCHOTTER
(Gerade:
Truppenübungsplatz)

44.7	6,4

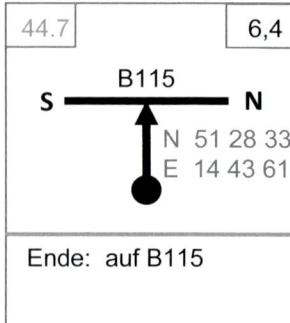

B115

S   N

N 51 28 33
E 14 43 61

Ende: auf B115

Nachwort

Flensburg / Fulda Ende Mai 2020

Wir sind kurz vor Fertigstellung unseres vierten Trackbooks: nach Island, Sardinien und Korsika diesmal der weite Nord-Osten Deutschlands. Schon Ende 2018 hatten wir hierfür die ersten Strecken ausgekundschaftet, und dann kam Anfang diesen Jahres Corona … Reisebeschränkungen, gewonnene Zeit, warten auf neue Entscheidungen … Wahrscheinlich hat jeder von uns (Ihr als Leser und wir als Autoren) seine ganz eigenen Erfahrungen und Erkenntnisse in Corona-Zeiten gesammelt. Vieles wurde neu und anders gemacht.
So war es auch bei diesem Trackbook. Matthias ist diesmal mit Leander nochmals über 4.000 km in Deutschlands Nord-Osten unterwegs gewesen und hat gefahren, umgedreht, gesucht, gefunden, aufgezeichnet, verworfen und entdeckt. Melina hat auf Landkarten recherchiert, Piktogramme gezeichnet, Texte geschrieben, nebenher versucht Matheaufgaben oder den Unterschied zwischen Vokalen oder Konsonanten zu erklären und dann auch noch mal Zeit für eine abschließende Recherche im Norden gefunden.
Ganz reibungslos liefen die letzten Wochen nicht ab, umso glücklicher sind wir über das Ergebnis.
Und ohne die Reisebeschränkungen wäre das Buch sicher nicht so früh fertig gewesen. Danke an alle, die uns hierbei unterstützt haben!

Wir danken besonders:

- freytag&berndt für die Nutzung der Karten
- Seikel 4x4 für die Unterstützung, sowie schnellen Service
- Falko Peters für seine Streckentipps
- Leiff van der Campen aka Leander Bindewald für unermüdliches und vergnügliches Trackscouten (das ist ja sowas wie Arbeit)
- Barbara und Sabine für ihr Lektorat und Geduld
- VW Nutzfahrzeuge für das rollende Hotel im Lock-Down

Wir sind uns ziemlich sicher, dass wir es schon wieder nicht geschafft haben Fehler zu vermeiden. Daher bitte das Hirn unterwegs nicht ausschalten.

Wir freuen uns auf Eure Rückmeldungen und auch über neue Streckenvorschläge.

Gute Reise!
Melina und Matthias

Über uns

Wir sind Melina und Matthias, neugierig, abenteuerlustig und sehr reisefreudig. Wir lieben es, andere Länder und Kulturen immer wieder auf Nebenstrecken neu zu entdecken. Wahrscheinlich tragen wir ein bisher unerforschtes (aber einigen wohl bekanntes) Normaden-Gen in uns …

Diese Leidenschaft haben wir zum Beruf gemacht und sind neben den Autoren dieses Buches auch Reiseleiter, die sich auf außergewöhnliche 4x4-Reisen rund um den Globus spezialisiert haben.

Mit unserer in Deutschland ansässigen Firma experience GmbH haben wir gemeinsam mit unserem Team abenteuerliche 4x4-Erkundungsreisen auf fünf Kontinenten und in mehr als 120 Ländern für Individualreisende und Firmenkunden organisiert und durchgeführt.

Falls Du mehr über experience wissen möchtest, besuche unsere Website www.experience.de.

Schau Dir gerne unser Reiseprogramm an – vielleicht bekommst Du Lust, uns bei einer unserer Touren zu begleiten.

Für kleine Gruppen ab 4 Personen bieten wir auch Sondertermine auf der ganzen Welt an.

Kontakt: info@experience.de